O que vi
Diário de um espectador comum

Eduardo Pellejero

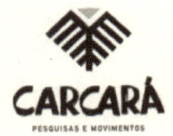

Copyright © 2018 Eduardo Pellejero
Todos os direitos reservados.
Código de registo (SafeCreative): 1511185811521

Carcará - Pesquisas e Movimentos

ISBN: 9781728964102

Tradução de Susana Guerra
Revisão de Eduardo Lirón

Arte de capa: Eduardo Lirón

SUMÁRIO

Prólogo..5

Primeira parte
1/1/15 - 4/5/15..11

Segunda parte
7/5/15 - 26/7/15..119

Terceira parte
27/7/15 - 28/7/15..197

Quarta parte
3/8/15 - 31/12/15..241

O que vi

Prólogo

Devo admitir que na realidade não vi tudo o que testemunham estas páginas, pelo menos não diretamente, como se diz, *em pessoa*. Outros (muitos) viram essas e outras coisas antes que eu – de alguma forma, *o fizeram por mim*. Nesse sentido, o presente ensaio é, por princípio, *em colaboração*. Falo de historiadores e filósofos, de escritores e curadores, de aficionados e especialistas, mas sobretudo falo dos desiguais artistas que, através das suas obras, permitiram-me entrever vislumbres da realidade e da fantasia que de outro modo jamais teria imaginado possíveis.

Apesar de nem sempre ter conseguido evitar o uso de conceitos filosóficos ou noções da história da arte, a minha intenção não foi propor um método de observação nem esboçar uma teoria do visível. Deter-se para olhar alguma coisa, contemplar algo com atenção e delicadeza, são gestos que carecem de razão suficiente e parecem prescindir de qualquer condição necessária. Sobre a lição das imagens, preferi a fidelidade ao que podemos chegar a aprender desses encontros que têm lugar, sem antecipação nem cálculo possível, *a golpes de vista*. Nenhum saber especializado ou conhecimento específico, portanto, servem de pressuposto à presente experiência. Sem ideias preconcebidas nem reservas mentais, tentei apenas atender às solicitações do sensível e às variações do meu desejo, respeitando a sutil materialidade do que se oferecia aos meus sentidos e à imprevisibilidade dos voos aos que se arriscava a minha imaginação.

O resultado é uma série de observações – quiçá nem sempre verdadeiras, mas sempre, sim, honestas – nas que se confundem, sem ordem nem precedência, questões que guardam relação com o poder das imagens e o exercício do olhar, a intrínseca singularidade do visível e o comum da sua intelecção, o tempo da arte e o espaço do museu – e, em última instância, com a minha vivência de tudo isso como espectador.

Acatei, na medida do possível, a forma e as alternativas do diário que mantive durante os meses nos quais me consagrei a esta empresa (sem projeto), eliminando apenas ênfases desnecessários, repetições e redundâncias. A isso deve-se, em parte, a fragilidade e a hesitação que caracterizam as observações das primeiras páginas, condicionadas pela falta de trato com as imagens da que carecia por negligência própria. Inclusive quando nascemos imersos no visível, ver exige um prolongado adestramento do olhar, que cada qual deve realizar com os meios ao seu alcance, sem outro apoio que o que podem nos oferecer as experiências de outros homens e mulheres como nós que, nas pausas da sua aprendizagem pessoal, julgaram importante deixar registro do que viram e pensaram para o uso dos outros. Há um inquietante desafio nisso: a emancipação é um processo rigorosamente individual, mas só é possível e ganha sentido no diálogo com os outros.

Algo me moveu a recolher-me durante todo um ano para levar a cabo este experimento: recuperar a sensibilidade e o entendimento do mundo. Realizei consideráveis progressos no primeiro. Não posso assegurar o mesmo do segundo. De todos os modos, nem uma nem outra coisa admitem acumulação significativa e exigem, de cada um de nós, que retomemos, sempre e em todo o momento, como em estado nascente, a aventura que nos propõe a experiência sensível.

A minha não acaba aqui. Tampouco aqui começa a tua. Ainda está tudo por ver, por pensar e por fazer.

MADRID, JANEIRO/DEZEMBRO DE 2015

para S.
que desafia as leis da minha solidão.

Há, sobre a serapilheira desgarrada, elementarmente cerzida para conter a definitiva desagregação da superfície, uma massa de trapos retorcidos, embebida na mesma pintura negra que cobre a parte superior do quadro, à qual se encontra atada, cosida, presa, numa espécie de crucificação improvisada, que não guarda sequer as formas de uma execução sumária. Uma substância vermelha escorre pela extremidade esquerda da figura até fazer-se barro sobre a terra e, quase saindo de cena, volta a aparecer a um lado, seca, como se alguém tivesse limpado a mão contra a parede. Mais acima, onde se abre o maior buraco, o marco aparece descoberto, denunciando a precariedade do suporte da brutal cena. Trata-se apenas dos materiais elementares com os que, há séculos, se exerce esta arte – a madeira, a tela, a pintura – postos a jogar um jogo diferente, um jogo muito difícil, muito duro de jogar, porque não admite mistificações.

Lembro os corpos mutilados das gravuras de Goya, os cavalos enlouquecidos de Masson e de Picasso, os abrumadores quadros negros de Rothko. Neles a barbárie dos monumentos da cultura se mostra sem pudor, assombra as apostas estéticas e os compromissos políticos, e afunda na podridão a cabeça dessa coisa ligeira, alada e sagrada, da que falava Platão. Não é impossível que, se permaneces perante a tela mais do que é prudente, sintas um nó no estômago, uma espécie de náusea, ao mesmo tempo fisiológica e metafísica. Eu demorei-me mais do que devia; começo a sofrer esse influxo. Sob a luz neutra da sala, sobre a parede na qual se encontra pendurada, as sombras da pintura projetam outra imagem, mais obscura, se possível, que a primeira, que se move cada vez que eu me movo tentando afastar-me, sem conseguir sair do meu lugar, convocando fantasmas onde apenas existe a matéria.

Nem tudo é beleza na arte, mesmo sendo na arte que mais facilmente (quero dizer, com menos confusão) encontramos a beleza. Na frágil superfície sobre a que se desdobra, nesse espaço de nada, o que somos e o que não somos, o que fomos e o que poderíamos ser, avança e retrocede como sobre um campo de batalha.

Cai a noite sobre o monte. As primeiras estrelas brilham como cruzes de giz sobre ardósia. O que aí tem lugar é desmesurado e sem sentido, inumano, ou quiçá tristemente humano, e isso depende em grande parte de mim e de ti.

    Ninguém devia ser obrigado a contemplar uma cena assim. Mas tu, por favor, não desvies o olhar enquanto te reste um pouco de inteireza. Se não houvesse olhos na noite, os verdugos diriam que aqui não aconteceu nada.

PRIMEIRA PARTE

O verdadeiro mistério do mundo é o visível,
não o invisível.

Oscar Wilde

O que vi

1º de Janeiro

Fracos, monótonos, desmaiados, chegam do andar de baixo os últimos estertores da festa. Pouco antes da meia-noite S. veio por mim para que me unisse a eles, mas lhe menti que não me sentia bem e me deixou em paz. Não despegara os olhos do livro que tinha à minha frente, fazia horas aberto numa página qualquer, à que não dedicara ainda atenção, para lhe responder. Chamou-me a atenção que não insistisse. Acho que começa a cansar-se da minha atitude. Quase de imediato, a linha do mar acendeu-se intermitentemente durante alguns minutos. Apesar da distância que me separa da praia, pude escutar os ecos dos gritos que celebravam o fim de outro ano. Eu não sentia que tivesse nada que celebrar. Entre as sombras acreditei distinguir a silhueta de alguns amigos que faz meses que não vejo. Também a de S., momentaneamente apartando-se do grupo, dirigindo a vista para onde me encontro, buscando-me em vão. Levo dias sem deixar o quarto. A sua preocupação é natural, mas ao mesmo tempo torna tudo mais difícil. A imobilidade forma parte da vida, mas não admite testemunhas.

2 de Janeiro

Discuto com S. Chora, mas sou incapaz de consolá-la. Vejo as coisas que me rodeiam como se estivessem dispostas numa vitrine. Me é impossível alcançá-las. Ao mesmo tempo, sinto que estou ficando cego.

3 de Janeiro

Pobre daquele privado de mundo.

5 de Janeiro

Tomei uma decisão. Na quarta parto para Madrid. Na universidade me deviam uma licença faz algum tempo e não colocaram maiores objeções. De todos os modos, assim não presto para nada.

S. está preocupada. Teme que me faça mal. Isso me inquieta, porque ela me conhece muito melhor do que eu me conheço a mim mesmo. Uma razão mais para que eu faça o que tenho que fazer. Não serei capaz de despedir-me dela. Acabaria voltando atrás. Sairei antes que acorde, pela noite, como um ladrão.

7 de Janeiro

"Se devo entrar na solidão, já estou só. Se a sede vai me abrasar, que me abrase já"

8 de Janeiro

Ao contrário do que acontece na literatura, na vida das pessoas nenhuma história tem começo. Quando alguém compreende que embarcou em algo extraordinário, já se encontra muito complicado (é tarde demais).

9 de Janeiro

Quem conhece o destino de uma viagem, não viaja, apenas faz turismo. Cheguei a Madrid faz dois dias, mas ainda não estou certo aonde me dirijo. Ando sem rumo pelas ruas. Leio nos parques. Frequento os museus. Sou incapaz de me concentrar em qualquer coisa. Tudo exige tudo de mim, solicita a totalidade do meu tempo e da minha atenção. Tenho medo de dar tudo e que não aconteça nada.

12 de Janeiro

"Há momentos em que não podemos nem pensar nem sentir. Porém, sem pensar nem sentir, onde estamos?"

13 de Janeiro

Sonho com vastos e estranhos domínios onde o mistério em flor se oferece a quem quer tomá-lo. Pela manhã, ao acordar, tudo é cinzento ao meu redor. Esfrego os olhos com força sem qualquer efeito. A realidade é pobre para quem é incapaz de deixar-se afetar pela sua riqueza.

O que vi

16 de Janeiro

Carolina me enviou uma mensagem perguntando o que penso que irei conseguir fugindo desta maneira. Não me repreende por ter abandonado os projetos nos quais trabalhávamos. Teme que me perca completamente.
S. deve ter falado com ela sobre as minhas obsessões. Tenho que pedir-lhe que deixe de fazê-lo. Quando mais gente esteja por dentro do que me acontece, mais difícil me será regressar. Carolina levou a coisa a sério. Escreve-me: "melhor seria que fosses procurar um par de olhos no fundo da tua alma e os colocaras no teu peito". A intuição é de Paul Celan.
Se apenas dependesse de mim conhecer o que, sem dissimulação nem pausa, se dá a ver...

19 de Janeiro

Kafka dizia que é irresponsável viajar sem tomar notas, que não basta apenas viver. A experiência é fugidia e tende a confundir-se na memória. A lei que rege o mundo exterior dos fenômenos e a interioridade dos nossos sentimentos é a do passageiro. Não duvidava da sua realidade, temia a sua fugacidade. Pela escrita entrava no domínio da ficção, mas também no da significação e do sentido. Sem essa forma da autenticidade não ligada à forma do verdadeiro, pensava, os dias sucederiam aos dias, monotonamente, sem mais.

20 de Janeiro

Como distinguir o que é importante do que não o é?

23 de Janeiro

Escrever não é fácil. A forma custa caro.

24 de Janeiro

Levo quase três semanas em Madrid. Deixei tudo para atrás. Tudo. De qualquer forma, já nada me dizia respeito. As coisas me chegavam como que através de distâncias interestelares. Podiam continuar aí ou ter desaparecido há séculos. Não me interessavam. Passava dias inteiros perante a televisão. Necessitava tomar distância de mim. Decidi fazer o mais fácil (o mais difícil de entender): desisti da vida que levava.

Agora estou aqui. Tenho alguns conhecidos na cidade, mas evito no possível qualquer contato. Não saberia o que dizer-lhes. Nem sequer eu compreendo muito bem para que é que vim. Entrego-me sem reservas ao elusivo prazer da irresponsabilidade. Nos cafés e nos bares é onde me sinto melhor. Sentado numa mesa, junto da janela, deixo passar o tempo olhando a gente passar.

Impus-me uma dieta ao mesmo tempo rigorosa e absurda, como Karen Blixen nos últimos anos da sua vida, ainda que por limitações económicas me estejam vedados as ostras e o champanhe. Esgoto os dias na rua. Com frequência faço a travessia da noite. Entre uma coisa e outra, escrevo estas notas, que me impedem ceder ao temor que me inspira o exercício irrestrito da minha liberdade. É uma vida pequena, mas que vivo com intensidade. Porque aqui sou menos, sinto mais.

Pelas tardes trabalho no Reina Sofia. Tento recuperar a sensibilidade e o entendimento do mundo. Nem sempre entro nas galerias – há dias em que careço do ânimo para isso –, mas frequento com assiduidade a biblioteca. Atribuiram-me uma mesa no térreo. A sala comporta um espaço acolhedor, que se abre até o segundo andar e remata uma enorme forma oval e convexa de tijolos de vidro. Quando entra o sol pelas grandes janelas superiores, alguns tijolos enchem-se de luz, formando figuras geométricas, mas cálidas e volúveis, de alguma maneira vivas. Se levantar a vista, com os olhos apenas entreabertos e me abstraio de qualquer conceito, é como contemplar as nuvens.

Para me ambientar, costumo percorrer as estantes ao acaso. Não procuro nada em especial. Deixo que os livros me encontrem. Leio sem objeto nem método. Como se (mais uma vez) contemplasse as nuvens.

O que vi

25 de Janeiro

Cotejo um pequeno opúsculo de Jean Clair, quem recorda que Freud comparava os efeitos da arte a uma *leve narcolepsia*. Parece que o velho preferia drogas mais duras. Tinha um gosto espantoso no que concernia à arte e aconselhava subordinar sempre o prazer de ver à necessidade de interpretar.

Pouco a pouco vou aquecendo. Lá fora está frio. Leio praticamente adormecido, num estado de semiconsciência, me deixando levar pelas imagens alucinatórias que suscitam as palavras na minha imaginação, desertando do território da elaboração discursiva, no qual também Lacan (outro inesperado iconoclasta) me insita a permanecer.

* * *

Esfrego os olhos com força. Adormeci? Levanto a vista. Se o fiz, ninguém notou. Tenho os sentidos excitados e alerta. O livro é, antes de ser um instrumento pedagógico ou edificante, a deliciosa rugosidade do papel na ponta dos meus dedos, o dissonante sonido das páginas ao passar, os reflexos da luz da lâmpada sobre a tinta impressa, o penetrante cheiro de um povo estudioso, secreto. Quase posso ouvir a admoestação das abadessas de Port-Royal, repreendendo-me como duas tias solteironas: se não controlas os teus sentidos, não conhecerás as elevações do espírito.

* * *

Seduzido pelos livros, se condenou a si próprio. Os signos da perversão se podiam ler em seu rosto. O mal alastrava nesses tempos como a peste. Seguindo o modelo dos leprosários, as autoridades espirituais ordenaram construir bibliotecas ao longo de todo o império, onde os afetados se acolhiam voluntariamente, muitas vezes para não as abandonar jamais. Não foi pouca a curiosidade que esses estabelecimentos despertaram na população, que não raramente confundia com templos dedicados a um deus antigo. Circulavam lendas de festas pagãs e de bacanais, mesmo quando os funcionários adscritos ao seu controle coincidiam em que o comportamento dos internos era, em regra, de uma circunspecção admirável. A clausura se demostrou eficaz durante alguns séculos. Cada vez era mais raro cruzar com um leitor e as pessoas costumavam proceder com extrema reserva quando surgia um caso na família. Era algo de que não se falava. Pouco a pouco o interesse pelas bibliotecas também foi languidescendo, abrindo lugar a novos paradigmas na compreensão da doença. Escolas e centros de formação surgiram um pouco por todos os lados com o objetivo de tornar o vício um meio de adestramento e edificação. A inoculação da leitura em doses homeopáticas e o acompanhamento permanente de especialistas curaram uns poucos, mas imunizou gerações inteiras. O zelo e a aplicação de iniciados e alunos substituíram rapidamente nas ruas a abstraída fisionomia dos leitores. Ao mesmo tempo, a produção e o comércio de livros foram legalizados, sob a cuidadosa fiscalização do estado e a providencial regulação do mercado. Sem as antigas restrições, os livros perderam em grande medida a sua carga de transgressão e começaram a ser consumidos com sensatez e mesura. Já não surpreende ninguém que um jovem abra um livro numa praça pública, à vista de todos, nem que o feche quase de imediato, para fazer uma chamada ou consultar as redes sociais, como se não houvesse operado nenhum efeito no seu espírito.

* * *

Voltei a dormir. Sobre a mesa continua o livro de Jean Clair. Fala do hábito de alisar cada noite com palavras. É uma imagem de uma beleza incomparável. Agora me pertence para sempre.

28 de Janeiro

Ainda costumo me perder na cidade. Perdido, me aproximo de uma tabacaria para solicitar indicações. Antes que termine de formular a pergunta, compreendo que me dirijo a um cego. Lia um texto em braile, invisível para mim, quando o interrompi.

Durante um instante não sei o que fazer. Vou me desculpar quando, contra todas as minhas expectativas, ele começa a me dar as orientações que necessito. Houve um tempo em que a cegueira me fascinava. Agora, que me sinto incapaz de ser afetado pelas coisas mais simples, o tema projeta a sua sombra sobre mim.

O que vi

Sigo as suas indicações, não sem alguma suspicácia, e não tardo a encontrar o lugar que procurava.

* * *

O-Kayo, uma das muitas mulheres que povoam os contos de Kawabata, escuta a descrição que um cego faz de um bosque que ela pode observar todos os dias das janelas da sua casa, e sente como se o estivesse vendo pela primeira vez.

* * *

Provocativamente, enquanto todo o mundo parece obnubilado pelas operações de catarata que um médico de sobrenome Réamur começou a realizar – nos encontramos na França, em 1749 –, e mesmo tendo sido convidado especialmente a assistir à cura da cegueira da filha de um tal Simoneau, Denis Diderot prefere deslocar-se de Paris até Puiseaux, uma pequena vila do Gâtinois, para conversar com um homem que é cego de nascença.
Chega ao lugar ao cair da noite. A sua singular jornada começa às horas em que costuma estar acabando. Está penetrando num reino desconhecido para quase todos, onde a vida segue outros caminhos, contrai outros hábitos, afirma outros valores. Diderot não ignora que inclusive as nossas ideias morais e metafísicas dependem da conformação dos nossos órgãos e da forma dos nossos sentidos.

29 de Janeiro

Vejo um pequeno documentário sobre a vida de Hugues de Montalembert, um pintor francês que, em 1978, pouco depois de se ter mudado para New York, perde a vista durante um assalto no qual é agredido de forma violenta.
Perde a vista, mas não deixa de ver. No princípio, imagens perturbadoramente eróticas que cintilam na escuridão quando fala com as pessoas que o visitam. Mais tarde, verdadeiros filmes, que parecem produzir-se na sua cabeça a partir de toda a informação sensorial que recebe. Mais tarde ainda, figurações dos rostos de pessoas que conheceu

muito depois do acidente, impressões vívidas no seu cérebro, rostos que acha impossível nunca ter visto. Por fim, o seu mundo começa a tornar-se abstrato, feito, sobretudo, de sons, inclusive quando o seu cérebro continua a demandar imagens a todo o tempo.

Sabemos que a visão é uma construção que não depende apenas dos sentidos e que não basta ter olhos para ver. Hughes se lamenta de que as pessoas deem por descontado que veem as coisas quando na realidade não veem nada. Não estão interessadas no que veem. Usam a vista para não bater nas coisas, isso é tudo. Mas para o pintor que era e continua a ser, o olhar deve conduzir uma autêntica aventura ao coração do visível – ou reconhecer a sua inanidade. No fundo, é possível chegar a ver algumas coisas sem olhos, mas não é possível ver nada sem paixão.

* * *

De todos os modos, alguma sensibilidade é imprescindível. Podemos sempre tentar ver com a mente, mas o problema é que a mente só vê o que nos propomos ver. Os sentidos nos abrem a um universo cuja diversidade a nossa imaginação é incapaz de representar.

* * *

Picasso dizia que haveria que rebentar os olhos aos pintores, como se faz com os pintassilgos, para que cantem melhor. Não podia dizer isso a sério, por muito convencido que estivesse de que na pintura deve-se dar privilégio ao que se sabe e não ao que se vê. Não tem sentido negar o que se impõe à nossa sensibilidade em nome do que afirma a nossa inteligência. Pôr em causa a hegemonia do visível não pode significar simplesmente abandoná-lo. Só pode significar alargá-lo, para dar lugar ao que, para além dos olhos, veem a imaginação, a memória, a razão, etc.

Também o resto dos sentidos. Interrogado por Diderot sobre o sentimento da sua incapacidade, o cego de Puiseaux parece não entender de que incapacidade ele está falando. Não sente que lhe falte nada. Confessa que, se a curiosidade não o dominasse, preferiria, antes que possuir a vida, ter longos braços – "me parece que as minhas mãos me instruiriam melhor do que acontece na Lua que os vossos olhos ou os vossos telescópios".

O que vi

* * *

Mélanie de Salignac, cega praticamente de nascença, a quem Diderot visita alguns anos mais tarde, podia distinguir sem dificuldade uma voz entre centenas e recordá-la para sempre depois de escuta-la apenas uma vez. Também era capaz de medir o espaço circunscrito pelo ruído dos seus passos ou a ressonância da sua voz. O seu olfato era delicadíssimo.

30 de Janeiro

Abandonei a pensão onde me alojara e me mudei para um pequeno apartamento que aluguei de um amigo de Jordi. Mesmo carecendo de algumas comodidades elementares, o preço acordado foi simbólico, o que me permitirá permanecer em Madrid por mais tempo sem grandes preocupações. Todavia, me oferece uma tranquilidade e um silêncio que não encontrava entre as paredes do meu quarto na pensão. Entre outras coisas que deixou para trás o inquilino anterior, encontrei um velho violão e uma descuidada coleção de discos de vinil – na sua maior parte de blues: Robert Johnson, Magic Sam, Albert King, Willie Dixon, Buddy Guy, Howlin'Wolf, Elmore James, John Lee Hooker, T-Bone Walker. Como não disponho de um aparelho adequado para reproduzi-los, penso baixa-los de algum site e escutá-los no meu computador enquanto escrevo. Quiçá também troque as cordas do violão. Quando me canse de escrever, ensaiarei algumas escalas para me distrair.

31 de Janeiro

Folheio um pequeno ensaio de Eulália Bosch, que tomei apenas movido pelo título. Chama-se: *O prazer de olhar*. Começa da seguinte forma: "As imagens que aprendemos a ler nas salas dos museus podem modificar a maneira em que nos relacionarmos com as coisas que formam parte da nossa vida, permitindo-nos vê-las com novos olhos, com a curiosidade de averiguar *o que aconteceria se...*".

Lamentavelmente, não é senão uma declaração de intenções. A maioria deste tipo de obras as inclui (nem sempre com tanta claridade, é certo), mesmo que muitas vezes acabem propondo um método de leitura como resposta. Basta isso para desconfiar. E se somamos que as salas dos museus não são lugares onde habitualmente conduzamos as nossas vidas, é natural que coloquemos em questão o valor de toda a operação.

* * *

Não consigo deixar de pensar na cegueira. Não na cegueira do homem do quiosque da loteria, que quiçá viva com a sensibilidade à flor da pele como eu não me atrevo a viver faz anos, mas numa cegueira mais parecida à presbitia, ao cansaço ou o esgotamento da capacidade que temos para deixar-nos afetar pelo mundo.

A imagem que acode à minha cabeça não é a de Cristo em Jericó restituindo a vista aos cegos, é a da revelação de um universo de um brilho que nada deixava prever, através de um livro de Balzac, em um vale que hoje não existe, durante os anos da China de Mao.

No romance de Dai Sijie, Luo lê *Ursule Mirouët* durante a noite, até terminar, e pela manhã acorda o narrador da história para lhe passar o livro; este permanece na cama até à noite seguinte, sem comer, sem fazer mais nada, experimentando a revelação *do desejo, dos impulsos, das pulsões, do amor, de todas essas coisas sobre as quais o mundo tinha permanecido mudo até então para ele.*

No filme realizado a partir do livro, que o próprio Sijie realiza, é Luo quem manifesta a transfiguração que opera nele o romance de Balzac, e é mais dramático e mais intenso na hora de exteriorizar o seu assombro. Ma pergunta-lhe: "Como é?", e Luo, olhando para as montanhas, como se as visse pela primeira vez, responde: "Incrível! Sinto como se o mundo tivesse mudado. O céu, as estrelas, os sons, a luz... Inclusive o cheiro dos chiqueiros! Nada é igual!".

* * *

Não teças ilusões sobre o poder da arte. O mundo repete-se sem variações, a estupidez triunfa. Porém, cada vez que te adentras nas galerias de um museu, na sala de um cinema ou nas páginas de um livro, fá-lo com essa desmesurada expectativa de que, ao sair, o mundo se revelará para ti como nunca o viste antes, como nem sequer consegues imaginar, como apenas te atreves a pensar.

O que vi

1º de Fevereiro

Ontem, quando deixei a biblioteca, a cidade me infundiu uma exaltação inesperada. Seria efeito da leitura? Pela primeira vez em muito tempo, me sentia bem. Andei sem rumo durante horas. Gosto de perder-me assim. Algumas vezes me resulta difícil encontrar o caminho de volta – e não há metáfora nisso: as ruas do centro são um verdadeiro labirinto.

Penso melhor andando, se é que penso alguma coisa. Ao mesmo tempo, caminhando não me sinto sozinho. É diferente da solidão do meu quarto, quando cai a noite. Então é inseparável do cansaço. Se conseguir me antecipar aos meus fantasmas, desabo sem consciência na cama, como um saco vazio.

3 de Fevereiro

Não resisti e entrei numa cabine para ligar para S, ontem à noite. Atendeu de imediato.
– Onde estás? – perguntou-me.
– Continuo em Madrid – respondi –. Estou bem.
– Passa-me um endereço ao qual possa escrever-te – disse.
Tentei lhe dizer algumas palavras de afeto, mas fui incapaz de convicção. Depois discutimos por questões banais. A culpa não é de S., é minha. Sempre estive junto dela e agora não estou. Disse que voltaria a ligar. S. não disse nada, e desligou.

4 de Fevereiro

Previra que me sentiria mais cômodo nas salas do *Reina Sofía* que nas de qualquer outro museu de Madrid? Cheguei à cidade com essa ideia? Tinha um plano, afinal? E, no caso de que o tivesse, qual era o papel dos museus nesse plano e, especificamente, do *Reina Sofía*? Porque não os parques? O *Parque do Retiro*, por exemplo? Ou a rua, simplesmente, sem regras nem limites?

Quando criança, no bairro, algumas vezes jogava esconde-esconde desse modo. Claro que então o jogo mudava de natureza; fazia-o, pelo menos, para mim, que esquecia de imediato o meu dever de gritar *"salva todos!"*, e me concentrava apenas em me esconder tão bem como para nunca mais ser encontrado. Caía a noite e ouviam-se os gritos dos outros rapazes para que saísse; que acabara, diziam, que não brincavam mais, diziam, e eu sempre acabava por resignar-me e saía – o que podia fazer! Mas a tentação, sempre, era desaparecer.

Também se pode brincar assim na literatura. Existem uns poucos truques cujo domínio permite escrever um livro, publicar um conto ou um ensaio, sem grandes dificuldades; basta ater-se a algumas coordenadas preestabelecidas, mover-se num perímetro restrito. Claro que se você tem a paixão pelo jogo, depressa se aborrece, se pergunta se não poderia ir mais longe, escrever sem imagens de um objeto ou um fim a atingir, mesmo que para isso tenha que estar disposto a perder.

Quando parti para Madrid levava anos jogando esse jogo, esgotando cadernos e cadernos em dilações e digressões que pospunham indefinidamente o juízo que pesa sobre qualquer obra concluída, um juízo que sentia (e sinto) que recairia sobre mim como escritor e como intelectual, como pensador e quiçá também como homem. Em Madrid, disse-me, isso vai acabar.

O museu era uma demarcação como qualquer outra, nem melhor nem pior, apenas minha, que além de um problema crónico com a escritura sofria de um incipiente problema da vista, pelo que o museu me permitiria quiçá matar dois coelhos numa cajadada só. Se não os matava, o morto era eu.

5 de Fevereiro

Pela primeira vez me atrevo a adentrar-me nas galerias do museu. Digamos que planejei frequentá-lo com alguma regularidade, ainda que deva averiguar a razão durante o processo. Cedendo à ilusão cronológica, subo ao segundo andar e procuro a sala 201, cujo conteúdo ignoro por completo. Apenas sei que é a primeira sala da coleção permanente, que por outro lado admite uma pluralidade de percursos (pelo menos dois), mas que indubitavelmente começa aí.

* * *

À esquerda, ao fundo, passa em *loop* o filme que Louis Lumière fizera da saída dos operários de uma fábrica de Lyon no dia 5 de outubro de

O que vi

1864. As portas abrem-se, sai primeiro um grupo de mulheres, algumas de vistosos vestidos (terão sido advertidas da filmagem?), todas de chapéu, depois três ou quatro homens, um cachorro, que late a um deles e quase faz cair outro que sai em bicicleta, outro grupo de mulheres, menor que o primeiro, mais bicicletas, mais homens, alguns fumando, outros conversando, o fluxo, que a princípio lembra um formigueiro, vai minguando, no final sai o último, fecha-se a porta, acabou. São apenas 46 segundos, mas poderíamos passar horas assistindo a essa cena várias vezes (no fundo, essa fascinação subjaz o cinema na sua totalidade).

* * *

À direita da parede na qual se projeta o filme de Lumière encontram-se alguns d'*Os desastres da guerra*, uma série de gravuras de Goya. À esquerda, uma seleção de fotografias de Alfonso Sánchez García.

Demoro-me um momento perante uma das fotografias: *Crianças do bairro de Tetuán*. Do fundo, à esquerda, umas crianças me devolvem o olhar, como se me desafiassem a seguir o meu caminho, impedindo que possa contemplar tranquilamente a cena principal, um registo da pobreza de Madrid da década de vinte. Não é fácil olhar à vontade quando se é olhado assim, e é a pobreza a que me olha, a pobreza que olho, como perguntando *"Estás olhando o quê?"*. Nesse jogo de olhares cruzados, a fotografia cobra uma tensão difícil de suportar. Baixo a vista primeiro – desta vez ganham eles.

Ainda tenho as gravuras de Goya. A luz é pobre, quiçá com a intenção de agravar a obscuridade das representações. Uma a uma percorro-as em silêncio. Antes de chegar ao final apodera-se de mim uma profunda melancolia. Em que lugar entrei? Não chego a ver sequer as obras que ocupam a outra metade da sala. Necessito tomar ar.

* * *

Alguns minutos mais tarde encontro-me no ponto mais alto do *Parque do Retiro*. O vento é cortante, está caindo uma geada, mas começo a sentir-me algo melhor. Uma multidão de pessoas perde-se nas veredas que se internam no bosque. Caminham sozinhos ou em grupos. Atuam com naturalidade. Tento comportar-me da mesma forma. Digo-me: são apenas

imagens, não aconteceu nada, apenas viste algo que outros já viram, noutro lugar, faz muito tempo. Também não é que esteja tomando conhecimento do mundo pela primeira vez. Mas não posso deixar de perguntar-me o que aconteceria se pudesse ver tudo o que já viram todos e cada um dos homens.
– Com certeza, ficarias louco.
– E se não fosse tudo? E se fosse apenas uma parte? Digamos: tudo o que há para ver no museu?
– Bem, evidentemente, terás que pagar para ver.

6 de Fevereiro

Passo o dia sem sair de casa. Leio o prólogo do catálogo da coleção permanente, que comprei na livraria do museu. O texto está cheio de referências previsíveis e de boas intenções, o que me faz temer que todos estejamos lendo os mesmos livros ao mesmo tempo, pensando as mesmas coisas, crendo estar exercendo certa resistência, fazendo a diferença, quando na realidade nos limitamos a reproduzir uma série de lugares comuns.

A história é astuta, dizia Hegel. Pergunto-me como é possível escapar à recorrência de certos nomes e de certos conceitos, ao abuso da ambiguidade e do quiasmo, à mesma programática vontade de combate e ao conformismo intelectual. Como fazer para não cair nessa forma da correção? Como fazer para errar?

7 de Fevereiro

A gente tomou as ruas. Milhares e milhares de homens e mulheres desconcentram depois de uma manifestação na *Porta do Sol*, onde protestaram contra o desemprego, os despejos, os cortes na saúde e na educação, a falta de perspectivas. Exigem uma mudança. Juntos parecem fortes, sentem-se fortes, são fortes.

Oferecem uma imagem de si para si – não um símbolo, mas uma alegoria. Saíram a lutar, mas parecem estar regressando de uma festa. Inevitavelmente vem-me à cabeça uma das variações do romance infinito de Ts'ui Pên. *Um exército marcha para a batalha; atravessa um palácio no qual há uma festa; a resplandecente batalha parece-lhe uma continuação da festa e consegue a vitória.*

Perto da *Praça de Espanha* alguns grupos voltam a desdobrar os cartazes e ocupam várias faixas da avenida. A luz cai sobre as cúpulas mais altas, produzindo um contraste dramático contra o céu plúmbeo. Aconteceu, penso – pode voltar a acontecer. Sem notá-lo, a multidão me arrastrou mais longe do que esperava ir.

8 de Fevereiro

Desenho um pouco. Nunca desenhei antes. Careço de qualquer técnica. Faço-o, poderia dizer-se, às cegas. Não me preocupa o resultado. Farei o que seja necessário para chegar a ver. Se vim até aqui, é para voltar a sentir – não apenas para sentir, mas para sentir de forma diferente.

9 de Fevereiro

Curioso por ver mais da obra de Goya, entro no *Prado*. Há tanta gente que é difícil avançar pelas galerias. É notável, porque lá fora faz um tempo esplendoroso e tive que fazer um esforço para me arrastar até aqui. O que vieram procurar nestas superfícies pintadas? O que procuro eu?

Estou a ponto de desistir de Goya (de todos os modos, teria que observá-lo em meio de uma multidão, aos bocados) quando me deparo com a anunciação de Fra Angélico. Trata-se de uma pintura capaz de suscitar em não importa quem uma felicidade quase física, como o dia que faz lá fora. No raio de luz que, do vértice superior esquerdo, cai em diagonal sobre o rosto de Maria, o dourado é de uma intensidade enlouquecedora, como cabe a um anúncio alucinado. Oculta, no seu seio, um pombo elementar, que parece dirigido a um olhar infantil, não aos doutores da lei. Se alguma vez brilhou com outra luz, não o faz mais. Hoje celebra apenas o milagre da sua própria existência, o que não é um pequeno milagre.

* * *

Aprendo isto: não vim procurar sinais, mas algo mais simples e mais intenso, que se esgota no caráter imediato da experiência. Se escrevo tentando prolongá-la, é porque temo que não volte a repetir-se. Não o fará, pelo menos não em sentido estrito. A escritura, por sua vez, poderá dar lugar a outras experiências, jamais à mesma. Contemplar a pintura de Fra Angélico foi como sentir o sol na cara.

10 de Fevereiro

Vejo *Like someone in love*, o filme de Abbas Kiarostami. Conta a história de Akiko (Rin Takanashi), uma jovem universitária, distante da família, que se prostitui para pagar os seus estudos, e que trava uma improvável relação com um professor aposentado (Tadashi Okuno). Só que o filme não mostra tudo o que vemos (em nossas cabeças), continuamente deixando fora de campo as personagens em torno das quais gira a ação: no princípio, Akiko discute com o proprietário do clube para o qual trabalha ou conversa com a sua colega, mas não vemos o seu rosto, só ouvimos a sua voz; mais tarde, despe-se no quarto do seu cliente, tentando seduzi-lo, mas só vemos as suas roupas acumulando-se no chão, ou o seu pálido reflexo na tela de uma televisão; todavia, no final do filme, quando o noivo ciumento de Akiko descobre o seu segredo e vai atrás dela, não só não o vemos (apenas aparece como projeção da violência que ameaça a tranquilidade do departamento do velho professor onde tem lugar a cena), como o filme termina sub-repticiamente (deixando fora de cena o desenlace da história). Em todos os casos, o preenchido dos planos com aquilo que não mostram ou não podem mostrar fica a nosso cargo.

* * *

Através do recurso ao fora de campo, a imagem cinematográfica afirma o seu inacabamento, o seu caráter inconcluso, aberto, e solicita a colaboração do espectador, confiando nele o seu funcionamento, o seu sentido ou a sua resolução.

Algo similar fazia Goya na gravura que mais chamou a minha atenção alguns dias atrás. Nem tudo o que vemos salta à vista. Teria esquecido o que vi, se não tivesse visto o filme? Agora, por alguma razão, sinto necessidade de ver essa gravura novamente.

O que vi

11 de Fevereiro

Há, em primeiro plano, uma mulher que, com uma criança ao ombro, parece voltar sobre os seus passos para pegar outra criança pelo braço e, com movimentos firmes e decididos, literalmente arrancá-la dali. Tem o olhar vigilante, como se medisse o perigo e calculasse o tempo do que dispõe, que não deve ser muito.

Os olhos da criança olham de outra forma, com incredulidade e quiçá também com terror. A sua alma está pendente desse olhar, enquanto seu corpo se abandona ao gesto peremptório da mãe.

À esquerda, um pouco mais atrás, a cena se repete, revelando sem ambiguidade o terror pânico que virtualmente derruba o homem de negro que foge junto de um clérigo. Os seus olhos abrem-se a um espanto inumano, como na *Medusa* de Caravaggio. Algo pavoroso, algo terrível, algo inimaginável deve estar tendo lugar fora de quadro.

Ao fundo, subindo a ladeira, avança uma multidão em êxodo. Foge da guerra. Se nos aproximássemos mais da gravura, a imagem revelaria aí outros olhares semelhantes. Imediatamente à direita do rosto da mulher, o de uma mulher que carrega um fardo sobre a sua cabeça, apreensiva mas alerta – há que continuar, é necessário continuar! E um pouco à esquerda, logo acima da criança em braços, a de um homem a cavalo, afundado no seu capote, que observa também, porém com distância e resignação. Debaixo do braço do homem de negro que olha despavorido, a cena repete-se mais uma vez: dois, ou quiçá três rostos, imóveis, assustados, parecem ter detido a sua fuga, por um momento, para ver. O que é que olham? Por que é que olham? Ou melhor, por que não se concentram no que têm à frente e correm para salvar as suas vidas?

Por fim, em plena corrida, à direita da imagem, vemos um rapaz alcançar o cimo da colina, um adolescente apenas, que dirige o seu olhar à direita com visível constrição, ainda que pareça ter sido atingido pelo espetáculo que se lhe oferece, como nos casos do homem e da criança que se encontram em primeiro plano. Senti-lo-á a qualquer instante, seguramente, e como os demais deterá a sua corrida, como se batesse de bruços contra uma parede.

Lembro uma cena similar de *War of the worlds*, o filme de Steven Spielberg, na qual Robbie (Justin Chatwin), que foge junto à sua família, de repente se afasta dos seus e tenta atingir o alto de uma colina, detrás da qual se ouvem tremendas explosões. É uma cena na qual ressoa de muitas formas a imagem de Goya. A escassos metros da linha da frente, uma multidão escapa em êxodo. Ray (Tom Cruise), o seu pai, consegue alcançá-lo e derrubá-lo, interrompendo a sua corrida. Mas Robbie não pensa parar: quer, necessita ver. Já livre do abraço paterno, desfaz a distância que o separa do cume e perde-se de vista.

O que ele vê, já não o vemos nós. É-nos inclusive difícil de imaginar.

12 de Fevereiro

Nem Spielberg nem Goya carecem de recursos para retratar os horrores da guerra. As suas imagens abundam em corpos mutilados e torturados, em execuções sumárias e retaliações sangrentas. Ao mesmo tempo, porém, as suas obras parecem não ignorar que todo o testemunho tem os seus limites, e que viver para contá-la implica sempre não ter visto o pior, o derradeiro, o terminal.

13 de Fevereiro

Noite de insônia. Não consigo tirar a imagem de Goya da cabeça. Procurando conciliar o sono, me imagino no *Parque do Retiro*, levantando a vista para o sol até que a luz me obriga a fechar os olhos.

* * *

Cada vez que estou a ponto de dormir vem-me à memória a mesma imagem. É em junho, a última vez que estivemos em Lisboa com S. Voltávamos a casa quando reparámos num pombo no meio da estrada. Subitamente desesperada, S. tentou espantá-lo, para que saísse do meio, mas não conseguia aproximar-se o suficiente, porque o trânsito era intenso. Os carros passavam a alta velocidade, cada vez mais perto do pombo, até que por fim aconteceu o inevitável. Ao ser esmagado, o corpo fez um barulho espantoso. Eu dera meia volta, tentando me interpor entre a cena e S., mas ela afastou-me para o lado e não desviou a vista. Pude ver o horror nos seus olhos e foi para mim pior que o espetáculo da própria morte.

O que vi

Achei que envelhecia de repente, visivelmente, na minha presença. Me senti um estranho perante ela. Deixei-a ir. Quando o sinal cortou o trânsito, voltei à rua, para ver, mas lá não havia nada.

* * *

Ainda sem dormir, às duas, decido sair para dar uma volta. Chove. As ruas estão desertas. Procurando um bar, subo até à *Praça de São Idelfonso*. Muitos lugares fecharam cedo pelo mau tempo. Em *Colón*, por fim, encontro uma tasca aberta. Peço um vermute e sento-me junto da janela.
    É noite fechada. Então era isto a aventura? Uma poça de água se ilumina intermitentemente de verde sobre o asfalto. Em vão tento imaginar o neon que alimenta esse reflexo. Tem alguma importância, afinal?
    Apesar do frio, as empregadas saíram à rua para fumar. Do salão interior chegam de tempos a tempos as flutuações de uma festa. A luz do balcão faz relumbrar as garrafas como pedras preciosas, mas o resto do ambiente se afantasma na penumbra. Quiçá não me encontro sozinho. Se não estivesse sozinho, talvez poderia conversar. Forço a vista, procurando decifrar se há mais alguém aí. Então, lentamente, à medida que os meus olhos se habituam à escuridão da esquina mais afastada, vão se acendendo nas paredes umas fosforescências esbranquiçadas. Como nos sonhos, me aproximo sem ser consciente do meu deslocamento. As imagens se iluminam como se lhes acercasse a chama de uma vela: montes de cadáveres, corpos mutilados, rostos embrutecidos pela violência. São as mesmas gravuras de Goya que vi ontem pela manhã no museu e que mais tarde me impediram conciliar o sono e suscitaram a lembrança de S. e dos pombos. Levo a mão até uma das gravuras, na qual um cavalo se defende de um ataque de uma matilha de lobos, procurando comprovar a sua realidade. É dura e fria como a parede sobre a qual se encontra montada. A umidade enrugou o papel nas bordas. Se consigo tocá-la, está aí, não é um sonho.

* * *

Uma das empregadas pergunta-me se vou querer mais alguma coisa. É difícil ocultar o meu sobressalto. Apenas espreitou pela porta, esticando o braço com o cigarro para fora.

– Não, obrigado – digo-lhe –, já vou embora.

14 de Fevereiro

O título da gravura é: *Eu o vi*. O que pode significar esse título justamente no caso dessa imagem em particular? Abundam as interpretações que se limitam a fazer do título uma forma de reforçar a vontade de Goya de que a sua obra fosse vista como um testemunho do acontecido. Afinal, ele vira aquilo com os seus próprios olhos. Não é o suficientemente claro? Estabelecido isso, os especialistas perdem-se em interpretações vagamente edificantes, que celebram a visão crítica que Goya tinha da sua época, a heroicização das mulheres (mais clara em outras imagens da série), o seu desprezo pelo clero, e assim por diante.

Não é que isso não esteja aí, mas a verdade é que também é possível ver outra coisa. Já não uma representação do êxodo, testemunhado pelo próprio Goya ou reconstruído a partir dos relatos dos sobreviventes (pouco importa isso), mas um olhar, ou vários – esses olhares que Goya deve ter-se cansado de ver nos homens e nas mulheres que escapavam da frente. Um olhar, não uma imagem, porque, ainda que aplicasse todo o seu ofício na produção de imagens, Goya não podia ignorar que nenhuma imagem é capaz de dar conta desses olhares esvaziados, como por um tiro de espingarda, pelo espetáculo da guerra. O monstruoso não esgota o sublime objeto do horror. É por isso que, assim como o resto da série estimula os nossos sentidos e excita a nossa imaginação para que não esqueçamos jamais o que uma guerra traz consigo, em *Eu o vi* dirige-se à nossa razão, ao nosso intelecto, porque há coisas que apenas podemos pensar, mas não intuir pela sensibilidade nem pela imaginação. Além dos olhares, não há nada a ver, apenas algo a entender.

* * *

Orson Scott Card dizia que era necessário distinguir entre o horror, o espanto e o terror. "O espanto é a tensão pela qual sabemos que devemos temer algo que ainda não identificámos. O terror se produz quando vemos o que tememos. O horror é o rastro que fica depois de que acontece o que temíamos". Na imagem de Goya, os rastros do terror gravados no profundo horror dos olhares suscitam em nós um espanto difícil de dominar, mesmo que nos separem séculos das guerras napoleónicas, porque o seu objeto não é a representação de uma tragédia particular, mas um apelo aos que olham, para que não volte a acontecer. (Mas acontece, não deixa de acontecer, acontece o tempo todo, e cada vez é mais difícil sobrepor-se ao estrondo das bombas, ao rumor incessante dos mercados e ao silêncio arrepiante dos meios de comunicação.)

* * *

– Por que desviaste o olhar, quando a morte do pombo era inevitável?
– Tu sabes que necessitava ver.
– Sim, mas porquê assim, até o final?
– Achas que se desviasse o olhar mudaria alguma coisa?
– Não doeria tanto, suponho.
– Doer, já não dói. Não te preocupes.
– Eu, pelo contrário, não posso deixar de ver essa dor no teu olhar.
– Todos somos iguais perante a dor e a morte.
– Mas eu não me atrevi a ver, eu desviei o olhar.
– ...
– Não saberia o que fazer com isso. Acho que ficaria louco.
– Como Marguerite Duras.
– ...
– Talvez se não estivesses comigo, se não estivesses preocupado por que eu não olhasse, terias olhado sem medo. Talvez até tivesses escrito sobre isso.
– Não sei. Às vezes sinto que escrevo para não ter que ver.
– Mas vês-me a mim, não é verdade? Vês a dor no meu olhar, e não desvias a vista, desta dor comum ao pombo, à sua escrita e a mim.
– Não me digas que agora vais fazer-me escrever sobre o pombo!
– Morreu sem dor, disseste. Lembras?
– Não é certo.
– Claro, disseste: "pelo menos foi rápido, não deve ter sentido nada".

– Não, digo que a dor continua, que a morte continua, que não nos deixa.
– ...
– ...
– Hoje morreram mais trinta e cinco pessoas na costa de Lampedusa.
– ...
– Igual ao pombo. Ninguém viu. É como se as tivesse tragado o mar.

* * *

Duras diz que houve uma época em que passava muito tempo sozinha em casa, numa solidão tão grande que podia pressentir a loucura. Um dia viu uma mosca agonizando na parede. Não foi algo rápido. Duras sentou-se no chão e ficou quieta. Não queria assustá-la. Por momentos alentava uma vã esperança de que a mosca se recuperasse, que pudesse viver, não podia fazer mais, é impossível ajudar uma mosca nessas circunstâncias. Ao mesmo tempo, é improvável que a sua companhia oferecesse algum consolo à mosca, que não é bicho de sentimentos. Nem essas nem outras considerações possíveis fizeram retroceder Duras, que permaneceu firme até o final, resistindo ao desejo de fugir. Sabia que devia olhar. A morte de uma mosca, escreveu, é a morte: a de um cachorro, a de um cavalo, a dos judeus, a do proletariado, a de todas as guerras. A morte daquela mosca comum, "aquela rainha negra e azul".

* * *

Durante o último ano, mais de três mil pessoas morreram afogadas nas águas do Mediterrâneo. Homens e mulheres e crianças que escapavam à fome e à violência, à miséria e à guerra, cada um escapando ao seu inferno particular, procurando uma vida – não *uma vida melhor*, apenas *uma vida*. Das costas da Turquia continuam lançando-se ao mar, em embarcações precárias e sobrecarregadas, que naufragam com uma frequência espantosa. Vêm por vezes de muito longe, se diria que de outro mundo, mas estão feitos da mesma substância da que está feito cada um de nós. *A sua morte é a morte*, mesmo que não digamos nada, não demos constância de nada, mesmo que olhemos para outro lado.

Os números são terríveis, mas são apenas isso: números. As imagens que, sem ênfase, resgatam fugazmente os jornais e a televisão, acompanhadas sistematicamente dos dados da imigração na Europa, também não fazem a menor diferença. Uns e outras dão lugar de imediato a discussões que não guardam a menor relação com a tragédia que aí tem lugar: o Mediterrâneo convertendo-se numa vala comum. Ninguém quer saber. Depois de tudo, o problema não parece ter solução. Melhor não se preocupar.

Em 1969, Harun Farocki produzia *Fogo inextinguível*, um estranho filme no qual se perguntava como era possível fazer com que a sociedade da sua época abrisse os olhos para a guerra do Vietnam; como mostrar o napalm, por exemplo, sem que o público desvie o olhar ou se recuse a ouvir, esquecendo-se de imediato do assunto. O filme começa com a carta de um jovem vietnamita de vinte anos, Thai Bihn Dahn, quem escreve que na tarde de 31 de março de 1966, enquanto se encontrava lavando a louça, uma incursão aérea norte-americana sobrevoara a sua aldeia, arrojando bombas de napalm, uma das quais acabou por cair muito perto dele, queimando o seu rosto, os seus braços e as suas pernas. Ato contínuo, Farocki oferece *uma débil demonstração de como funciona o napalm*, se infringindo uma queimadura de cigarro no braço, um gesto inesperado e chocante que – espera – nos force a abrir os olhos para o que vem a seguir, que é a exploração da *aterrorizante economia do napalm*. Num ensaio recente, Didi-Huberman mostrou, de forma aguda e original, o modo em que essa queimadura metonímica é capaz de desarticular as defesas e a má vontade naqueles que não querem saber, naqueles que prefeririam não ver. Há um detalhe, em todo o caso, que quiçá não passe despercebido: antes que caíssem as bombas, Thai estava lavando a louça. Essa imagem, de uma cotidianidade que dificilmente encontra lugar na nossa imaginação quando escutamos notícias de uma guerra distante, nos intima, nos desarma, nos deixa expostos.

Quase posso imaginá-lo, quero dizer, *pôr-me no seu lugar* (mesmo tentando evitá-lo, algumas vezes lavo a louça). Logo, não estranha que, ao arder, a imagem do cigarro me queime na pele (e o cigarro arde apenas a 400 graus, enquanto o napalm chega aos 2000 graus).

Como fazer para sentir o que se passa no Mediterrâneo, para deixar que nos afete? Que imagem será capaz de fazer com que abramos os olhos, que despertemos a nossa empatia e a nossa sensibilidade, que apelemos ao nosso compromisso e à nossa responsabilidade? Carmen me dizia que haveria que conhecer esses rostos, antes que, inchados e carcomidos pela corrupção, venham dar à costa italiana. Mostrá-los, na imagem dos que cruzaram e viveram, ou na dos que ficaram, na dos que os viram partir, para ter uma noção do que é e significa que tenham morrido dessa forma, para entender o que é e significa que sigamos deixando que morram dessa forma.

Enquanto continuemos a reduzir tudo a questões legais e demográficas, enquanto continuemos a falar de imigrantes ilegais e de clandestinos, enquanto continuemos aludindo taxas de desemprego e rombos na segurança social, nada do que possa ter acontecido ou possa vir a acontecer terá uma existência autêntica, uma realidade efetiva, e a gente continuará morrendo. Roberto Saviano escreveu: "Repete uma história todos os dias, com as mesmas palavras, com o mesmo tom, e lograrás que já não se escute. Essa história não receberá atenção, parecerá a mesma de sempre. Será a mesma de sempre".

Entretanto, as instituições reduzem tudo o que aconteceu e continua a acontecer a uma mera questão de cálculo, como se fosse possível calcular o custo de salvar uma vida sem abdicar, por esse gesto, da nossa humanidade. Ninguém pode *de direito* estabelecer o que uma vida vale, mesmo se *de fato* esse cálculo seja realizado cotidianamente, e não só na administração das fronteiras. Nessa nova forma da banalidade do mal, que desperta tantos ecos do holocausto, e não nos fantasmas do mal radical que agitam os governos, radica o nosso maior desafio. Os limites da nossa imaginação para articular uma solução política não podem endurecer a nossa sensibilidade nem assombrar o nosso entendimento. Algo tem que mudar. Não é possível continuar a viver deste modo.

Quando na Europa me perguntam como é a vida no Brasil, e falo dos enormes problemas com os quais nos enfrentamos (problemas de discriminação e de indigência, de marginalidade e de violência), a reação mais comum nos meus amigos europeus é confessar-me que não seriam capazes de viver num lugar assim, no qual não pudessem andar pela rua com tranquilidade ou sair à janela sem deparar-se com o espetáculo da miséria. Compreendo-os perfeitamente. Ninguém pode viver num lugar assim, pelo menos não sem fazer algo, sem exigir justiça, sem comprometer-se de alguma forma para que as coisas mudem. Nem no Brasil nem em lado nenhum. Os corpos que vão dar às costas do Mediterrâneo a cada dia, gastos e desfigurados pela corrente, começam a fazer da Europa um lugar assim.

15 de Fevereiro

"Fui mosca quando me comparei à mosca."

16 de Fevereiro

Acordo com a viva lembrança de uma conversa com S. antes de viajar para Madrid. Regressávamos a casa depois de ver *Natureza morta*, de Susana Sousa Dias, com quem, curiosamente, estudei faz anos em Lisboa, e discutíamos sobre a forma em que o filme conseguia que as imagens oficiais da ditadura mostrassem o que não mostravam, o que justamente pretendiam ocultar: a miséria, o descontentamento, a opressão. Quando isso se manifesta, dizia S., temos a sensação de ter visto mal, pelo que voltamos sobre as imagens outra vez, tantas vezes como seja necessário, até que todo o espetáculo se contamina de irrealidade, dando lugar a uma imagem espectral, onde o que vemos são fantasmas (mas os fantasmas não são visíveis, claro).

Como na gravura de Goya, o objeto do horror dos olhares não está em quadro, ainda que isso não signifique que possua uma existência fora de quadro; dir-se-ia que assombra os olhares como uma presença elusiva e, em última instância, se confunde com o horror que os olhares expressam.

Se desviassem a vista, me digo, se corressem para salvar as suas vidas sem olhar para trás... Não adianta, continuam aí. Quiçá a existência de algo incompreensível seja pior para nós que o seu semblante inumano, me dizia S., pelo que voltar o olhar sobre o que nos aterra é inevitável. No fundo está a ideia de que, uma vez compreendido, o terror desaparecerá, inclusive quando o horror persista, e então voltaremos a nos sentir em posse da nossa liberdade, donos dessa potência única que é capaz de negar o dado. Falo de comportar-nos como adultos e não como crianças. Por isso, sempre, é preciso ver.

17 de Fevereiro

O trabalho na biblioteca sobre a imagem de Goya lentamente vai me devolvendo a confiança de que ver é um exercício, não uma especialidade, e que as imagens respondem se lhes damos espaço e tempo, se investimos nelas. Olhar é difícil e requer treino, *um implacável treinamento*.

* * *

Pela tarde, na Complutense, assisto a uma conferência sobre a pintura na obra de María Zambrano. Convidou-me Jordi, a quem começa a preocupar o meu prolongado isolamento. Acho que se sente em parte responsável, porque foram ele e Ana María os que tornaram possível que me instalasse em Madrid.

Zambrano tampouco era uma especialista. Era, sim, assídua do Museu do Prado e amiga de um punhado de pintores. As imagens foram parte da sua vida, como são agora da minha. Algumas comoviam, isto é, a moviam e se moviam junto dela, dando conta de uma ressonância possível entre os olhares de certos artistas desaparecidos há muito tempo atrás e o seu olhar inquieto de espectadora comum – fenómeno impessoal e poderoso, que era capaz de pôr em marcha o seu pensamento e, através do seu, hoje, quiçá, também o nosso. Considerava que a pintura era um lugar privilegiado para interrogar a realidade. Não alimentava nenhuma forma de má consciência por isso. Quando a dúvida a assombrava, colocava o problema à própria pintura, *a certas pinturas*, como à Santa Bárbara do Mestre de Flemalle que se encontra no Prado; perguntava-lhe: "Por que tem me acompanhado tanto? Por que continua me acompanhando agora que mal consigo te ver?". Não entendia como alguém podia pensar que somos nós que escolhemos e não a pintura, nós e não o real. O privilégio que atribuía à pintura não necessitava justificação para ela, porque a pintura em si não tem justificação.

Aprender disso: o desejo que alimentam em nós certas imagens é causa de si próprio e quiçá não devamos exigir dele senão que justifique o tempo que lhe dedicamos. Claro que...

* * *

O que vi

— Mas então há arte verdadeira? A arte não é toda ela mentira?
— Não sei nada da verdade e evito tanto quanto possível a mentira. Mas posso dizer-te isto: *a arte que se vê como arte é diferente da arte que faz ver.*

* * *

Há quase cem anos, nesta mesma cidade, uma mulher visitava regularmente o Museu do Prado. No México ouvira falar algumas vezes da sua obra, mas nunca me dera ao trabalho de lê-la. Talvez não fosse o momento. Os livros também têm a sua hora (e por vezes, com alguns livros, por muito importantes que sejam, essa hora nunca chega para nós). Agora estava preparado, agora estava aberto. Há gestos que nos tendem uma ponte. Alguma vez escreveu: "Eu venho aqui [ao Prado] porque não vejo. Tenho advertido que não sei ver".

Na realidade, Zambrano era uma atenta observadora de tudo o que acontecia no mundo. Se a pintura representa para ela um lugar privilegiado onde deter o olhar, ou, melhor, onde *exercer* o olhar, é porque condensa o olhar de alguns homens e mulheres que viram as coisas desvelar-se, mostrando o seu coração secreto, dando-se. A pintura revela o olhar para o olhar, permite que a subjetividade seja recuperada como objetividade e que a objetividade seja aprendida como trama (inter)subjetiva do mundo. Habitualmente, o mundo não se mostra dessa maneira. "Entre todo o real — dizia Zambrano — só umas poucas coisas dão a cara de verdade, se manifestam". Olhamos o mundo mas o mundo não nos devolve o olhar, não parece nos concernir (*regarder*, em francês, conjuga ambos os sentidos: olhar e concernir); o vemos apenas como um conjunto de ferramentas e obstáculos, a uma distância insuperável. A pintura, pelo contrário, dirige ao nosso olhar um apelo, exigindo o compromisso de todas as nossas faculdades para vir a ser.

Enigma e aprendizagem se conjugam nessa experiência na qual se trata de libertar a essência das imagens, insuflando-lhes vida (necessariamente uma nova vida), incorporando-as ao jogo proposto pelo olhar. A mesma confiança levava Schiller a escrever que no comércio com a arte podemos aprender sobre a disposição do dado para receber uma forma, isto é, para ganhar sentido, ao mesmo tempo que desenvolvemos a nossa capacidade para dar forma e sentido ao dado. Para isso, claro, não é suficiente dirigir a vista à arte; é preciso olhar com toda a nossa inteligência, e até com o coração, entrando num tempo substancial, que é o tempo da criação e da liberdade.

* * *

Tudo nasce sempre de ver simultaneamente duas imagens diferentes da mesma realidade.

18 de Fevereiro

Carta de Tânia. Escrevera-lhe procurando partilhar com alguém a experiência de Goya. A verdade é que estou muito sozinho. Quero dizer que o isolamento pelo que vim por vezes resulta-me excessivo. O correio não desafia as leis da solidão, apesar de dispersar ainda mais a minha escrita, já de si inclinada a tal.

Tânia não fez demorar a sua resposta. "O terror deixa rastros", escreveu. Viu coisas que eu não sei se seria capaz de olhar cara a cara. No norte do Brasil mantém a vista firme perante o que já ninguém parece querer continuar a ver. "Não esqueça que o terror deixa rastros", escreveu.

Padece de uma forma aberrante de estrabismo: com o olho direito contempla o presente, com o esquerdo olha para o passado. Por que escreveu justamente isso? Por que a mim?

Nasceu na ilha de Marajó (a maior ilha fluvial do mundo). De criança cruzou o rio e cresceu em Belém. Recomendou-me a leitura de *K.*, um romance de Bernardo Kucinski, e *Mão judia 1964*, um conto de Moacyr Sclliar.

Não esquece nada, não perdoa. Tem memória até para o que não parece ter deixado lembrança. Quando a conheci, faz isto já algum tempo, disse-me perante o paredão vegetal da selva: "o visível e o inominável não são a mesma coisa, há que trabalhar as palavras para arrancar formas ao que não tem nome".

A inteligência também deixa rastros.

* * *

Associação livre. O homem que se apoia no frade, avança olhando para trás, como o anjo cinzento de que falava Benjamin.

De jovem, Goya conhecera certo entusiasmo pela ilustração, que a guerra (mas não só) aniquilou por completo.

A série dos *Desastres* não teve uma boa acolhida. A radicalidade da sua denúncia, a sua recusa de qualquer forma de compromisso, deve ter sido considerada antipatriótica. Goya olhava para trás, não chamava a seguir em frente. Colocava paus na roda, acionava (outra vez Benjamin) o freio de emergência da história. Notavelmente, as gravuras só conheceram a sua primeira edição em 1863 – 35 anos depois da sua morte.

19 de Fevereiro

Leio um ensaio de Didi-Huberman que gira em torno de uma metáfora ao mesmo tempo belíssima e perturbadora: *quando as imagens tocam o real, ardem*. O texto propõe que as imagens chegam a nós cobertas de cinzas – cinzas de numerosos fogos que arderam avivados por olhares dispersos no tempo. Logo, para que voltem a arder devemos identificar o lugar onde as imagens ainda ardem, o lugar onde a cinza não esfriou, que é o lugar onde tocam a realidade que é a nossa.

O texto está cheio de achados, de citações justas, de sensibilidade e inteligência. Resgato esta de Valéry, que faz ressoar o sentimento de S. perante os vislumbres da morte: "Da mesma forma que a mão não pode soltar o objeto ardente sobre o qual a sua pele se funde e se pega, a imagem, a ideia que nos deixa loucos de dor, não pode arrancar-se da alma, e todos os esforços e os rodeios da morte para desfazer-se dela o atraem para ela".

* * *

A imagem de Goya continua a me fazer pensar. Fá-lo intempestivamente, quando menos o espero, fora de lugar, ao preço de arrestar todo o meu pensamento, de tornar-me incapaz de qualquer outra iniciativa intelectual – amante ciumenta e excessiva.

20 de Fevereiro

Nevou. A neve é um fenómeno estranho para mim. Observei-a longamente, com fascinação, como uma criança. Não neva como chove. O tempo se detém quando neva. Foi acumulando-se de forma quase imperceptível sobre os meus ombros e sobre a minha cabeça. Também pode ser cruel, pensei. Morte branca. Não aqui, claro. Aqui apenas é uma curiosidade.

Mais tarde, na universidade, enquanto assistia distraidamente a uma conversa sobre a fundação das primeiras cidades na América Hispânica (à qual fui, desta vez, convidado por Rodrigo), voltei a contemplá-la através da janela.

As nuvens escureciam o horizonte. Lembrei um conto de Míjail Bulgákov no qual um médico rural, depois de acudir a uma consulta onde administra morfina a uma jovem agonizante, decide regressar de imediato ao hospital, desafiando uma tempestade de neve. Durante o caminho dorme de tempos a tempos, sonha que já se encontra em casa, e acorda quatro horas depois em meio do nada. O frio é tão intenso que apenas sente o corpo. Não se movem. O cocheiro deteve o trenó por completo e procura em vão um ponto de referência. O médico pergunta: "Não encontra o caminho?". E o cocheiro responde: "De que caminho fala? Agora todo o vasto mundo é um caminho para nós. Estamos perdidos. Morreremos com os cavalos!".

A noite apagara a paisagem na janela. Durante um momento não soube onde me encontrava. De todos os modos, nunca estive tão atento ao que passa ao meu redor. Vai passando.

21 de Fevereiro

Almoço com Carmen e a mãe, que estão de passagem por Madrid. Tentam convencer-me de que estou com melhor aspecto. Levo tantos dias sem falar com ninguém que posso ter dado a impressão de estar um pouco louco. Ao referir-me ao que estou escrevendo, faço-o com entusiasmo e convicção. De repente, tudo parece possível, ao meu alcance.

Não é assim.

O que vi

22 de Fevereiro

Hoje passei pela pensão para ver se chegara alguma carta desde que me mudei. Chegaram, com efeito, duas cartas de S. Caminhei ensimesmado até aos *Jardins de Sabatini* antes de abrir a primeira. Não falava de nós, da distância que abri entre nós. Falava das noites junto ao mar, do tempo mole das noites junto ao mar.

Conta que para fintar a insônia costuma sentar-se na sala, junto da biblioteca, e escolher um objeto qualquer – um livro, um bibelô, uma fotografia – no qual concentra o olhar tanto tempo como seja necessário, até que o objeto se abre como uma flor, revelando o seu mistério. Quando isso acontece, o sono se apodera dela e dorme sem sobressaltos até de manhã.

Fui incapaz de abrir a segunda carta.

23 de Fevereiro

Volto sobre a imagem de Goya. A rigidez das figuras não é acidental nem se deve aos compromissos que exigiam as técnicas de gravura da época. Estão presas ao que veem. A paradoxal perenidade que Goya impôs aos olhares não é gratuita. Um olhar também pode ser preso.

Não sabemos o que veem, é certo, mas está aí, em imagem. Goya não desconfia da potência da representação como nós, e apela a todos os meios da sua arte para forjar imagens de mutilações e de torturas, de execuções e de cadáveres cada vez que lhe parece necessário. Jamais evita o horror. Se olharmos o tempo suficiente esta imagem, se fixarmos o olhar nela da mesma forma em que S. fixa o seu olhar nos objetos esperando que se abram, veremos que o horror sempre esteve aí, envolto nos olhares, como numa noz.

Os olhares em geral são fugazes. Num mundo em que tudo se encontra em permanente mudança, está bem que seja assim. Mas há imagens capazes de congelar um olhar, de gravar-se profundamente em nós, perturbando para sempre a forma em que vemos o mundo (outra vez: *como um fantasma*).

Nos anos oitenta, depois da guerra, na Argentina era comum cruzar com homens, ao mesmo tempo jovens e envelhecidos, com os mesmos olhos vidrados. Levavam o horror gravado na memória, como se continuassem lá, ou como se tivessem trazido a guerra com eles. Eram olhares que olhavam para outro lado, olhares condenados a viver vendo constantemente aquilo que viram um dia, olhares abismados naquilo que ninguém devia ver jamais.

* * *

Susan Sontag sugere que a unidade básica da memória é a imagem isolada, a fixação sobre uma imagem isolada. A pintura, a gravura, e mais tarde a fotografia, exploraram conscientes a intensificação das imagens em ordem a torná-las memoráveis. Da mesma forma que Goya, fotógrafos como Cartier-Bresson e Robert Frank são capazes de suspender o tempo num momento decisivo, tornando novamente visível o visível, chamando a nossa atenção para o que de ordinário não vemos.

Vivemos num mundo saturado de imagens. As imagens proliferam onde quer que olhemos, registradas, transmitidas e reproduzidas vertiginosamente, sem descanso. Mas isso não significa que vejamos tudo. Em geral as imagens se dirigem a nós como meros signos a ser decifrados, sobre os quais apenas nos detemos. Não é de surpreender, portanto, que não nos pareçam abertas à articulação com a nossa história e a nossa atualidade, a nossa realidade e o nosso desejo. Enquanto não abramos os olhos para isso, as imagens continuarão a nos assombrar.

* * *

Imagens que os homens e as mulheres forjam de si mesmos, para que os homens e as mulheres se vejam a si mesmos e, quiçá, se imaginem a si mesmos de outra forma daquela que se veem, dando lugar a novas imagens do que são, do que poderiam chegar a ser.

* * *

O que é que vês? Gostas do que vês? Agita esse desejo.

O que vi

24 de Fevereiro

Anteontem aconteceu-me a coisa mais estranha. Vagava pelos *Jardins de Sabatini* depois de ler a carta de S. Pensava nela. Apesar do frio, de vez em quando me detinha para tomar uma nota no caderninho que costumo carregar comigo. Fizera-o frente ao *Templo Debord*, ao contemplar o horizonte aceso pelas últimas luzes do dia, quando uma estranha personagem veio ao meu encontro. Era alto e uma profusa barba branca lhe cobria o rosto. As mãos, de pele translúcida e manchada, denunciavam a sua idade, que devia rondar os setenta anos. Fez-me um gesto discreto para que lhe passara o caderno. Empunhara uma caneta e, sem pronunciar uma única palavra, dava-me a entender que o que tinha para dizer o faria por escrito – "cabe fugir a uma ermida, à loucura, à morte; e cabe conquistar com as armas; por que precisamente escrever, fazer por escrito essas evasões e essas conquistas?". Passei-lhe o caderno com resignação, esperando que me pedisse mais alguma coisa. Não pediu nada. Com uma letra que a começo não compreendi, e que atribui a alguma variante do alfabeto cirílico, escreveu umas palavras. Era uma pergunta, que só decifraria mais tarde; dizia: "Para quem escreves essas linhas?". Como não respondera de imediato (em essência, o homem estava tentando estabelecer um diálogo comigo), escreveu mais um pouco. Cheguei a ler a palavra "contigo". Então compreendi que escrevia na minha língua e pude compreender também o anterior e lhe disse, de viva voz, não por escrito, que escrevia apenas para mim (ainda que não fosse totalmente certo, sobretudo naquele momento, em que pensava em S.). Voltou a aproximar o caderno ao seu rosto. Escreveu: "Melhor não escrever para si mesmo". Pareceu-me uma observação lúcida. Escreveu: "Com a tua participação mental nós dois poderíamos mudar o sentido". Se outro autor, alguém como Vila-Matas, por exemplo, introduzisse uma cena similar à que narro no seu diário, não duvidaria em suspeitar uma impostura. Mais tarde, inclusive, me sentaria longamente num café para tratar de ganhar uma consciência mais clara do acontecido, porque tudo, a partir dessa frase, cobrou tons de uma irrealidade familiar. É o tipo de cena que escreveria, disse-me, e me perguntei se não o teria feito de alguma forma. Quiçá alucinava, febril pelos efeitos do frio (estava gelando). Só que o caderno estava aí, e as palavras no caderno. Continuam aqui ao meu lado, de fato. Claro que bem poderia ter escrito essas palavras em alguma espécie de transe psicótico, mas a tranquilidade com que me lembro da cena, e em geral a calma na que tenho vivido as últimas semanas, não me induzem a suspeitar uma crise semelhante. O homem continuava alí, esperando uma resposta da minha parte. Disse que tinha que ir embora. Sem contrariar-me, girou um pouco o caderninho, para aproveitar o exíguo espaço que restava na folha. Escreveu: "Não tens pressa. És o teu dono". Concedi-lhe isso. Escreveu: "Dispões de toda a tua vida para compreender". Aqui cabem pelo menos duas interpretações diferentes. Dispunha de toda a minha vida para compreender que não há pressas, que sou o meu dono? Ou para compreendê-lo a ele? De uma ou de outra forma, nesse momento os dois enigmas sobrepunham-se em mim, que sentia estar perdendo o contato com a realidade. O homem não parecia notar a minha confusão. Escreveu: "O autor aqui presente te convida a partilhar um chá" (sic). Fique a olhá-lo feito bobo. Por que escrevera "o autor"? Senti uma imperiosa necessidade de sair dalí. Escusei-me. Quiçá aludi um compromisso inexistente (não tinha nada para fazer), quiçá lhe prometi que sem falta me sentaria com ele da próxima vez que nos encontrássemos. Escreveu: "Não aceitamos promessas".

– Entendo – disse – tampouco eu aceitaria promessas.

Olhou para mim durante um momento, sem escrever nada. Era um olhar claro, tranquilo, sem velos. Por que não falava? Em nenhum momento considerei que pudesse tratar-se de alguém mudo. Começou a escrever novamente. Como sempre, até aí, demostrava certa dificuldade em despontar as frases. Para não o deixar nervoso, baixei a vista. Vestia uns cuidados sapatos de pele e, ao contrário de mim, calças especiais para o inverno. Apesar do seu domínio do espanhol, tinha certo aspecto nórdico. Terminou de escrever e devolveu-me o caderno. Acabara? Dizia: "Hoje, 22 de fevereiro de 2015, recusado o convite. A próxima vez é a tua vez". Chamou a minha atenção que colocara a data e me compelisse a regressar. Lembrei Borges nas margens do Ródano. Se a realidade admitisse redundâncias, aquele homem podia ser eu – mais lúcido, mais digno. Chegaria alguma vez a ser como ele? Podia a vida deparar-me tantas coisas como para mudar-me de tal maneira que chegasse a ser-me impossível reconhecer-me no que fui? Estendi-lhe a mão e lhe agradeci torpemente pelas suas palavras. A sua mão era firme e pesada como uma rocha. Não sou eu, pensei, apenas não sou capaz de vê-lo tal como é – nem de partilhar uma mesa nem beber um chá na sua companhia. Sorria quando dei a volta para continuar o meu caminho. Fi-lo sem pressas, mas também sem olhar para trás. Acreditariam se jurasse que não inventei nada disto?

25 de Fevereiro

Regresso à série completa dos *Desastres*, que consulto numa edição catalã de impecável qualidade de impressão. Não posso evitar reparar que, apesar do horror, as personagens raramente desviam o olhar ou cobrem os olhos perante as cenas da barbárie. Quiçá a única exceção seja a lâmina 26 – *Não é possível olhar* –, onde o objeto do pavor se insinua à direita, sob a forma das baionetas do pelotão de fuzilamento – mas quem é capaz de olhar a própria morte cara a cara? Na última lâmina, que leva o número 18 – *Sepultar e calar* –, dois homens cobrem os seus rostos, mas não fecham os olhos, apenas tentam preservar-se da putrefação que exala a montanha de cadáveres.

Nem a morte nem a corrupção da carne detêm o seu avanço porque as deixemos de sentir, mas só quando as sentimos elas devêm humanas, isto é, assunto nosso. As imagens de Goya desconhecem qualquer forma de piedade. Não lhes preocupa a nossa sensibilidade, apenas pensam em alcançar a nossa razão. Aí, onde reside a nossa liberdade, a sua crua realidade procura dar lugar a ideias de um mundo menos absurdo. Não é para isso que serve a arte em tempos de aflição?

* * *

– Vieste aqui para ver ou para não ver?
– Para ver, claro.
– Então por que cobres o teu rosto?
– É que há coisas que me dão volta ao estômago.
– Também tremem as tuas mãos.
– A escuridão estende-se à nossa volta.
– A escuridão jamais é absoluta, já verás.
– O que significa isso?
– Está em ti resolvê-lo.
– Ardem-me os olhos.
– Vão arder mais, se os manténs abertos...
– ...

– ... mas não os feches.
– Não.
– Não.

26 de Fevereiro

O frio polar que assola a cidade me retém em casa mais do que gostaria. Saio à rua em excursões fugazes, que me levam de um ponto a outro da cidade. Não vagueio, não me detenho. O devaneio e a contemplação me estão vedados nesses trajetos. Tudo isso se reflete na minha escrita, que regista como um barómetro as mudanças do meu humor vital.

As noites não me oferecem maior consolo. Ontem voltei a sonhar com a morte. S. me despertava a meio da noite. Estava assustada, e eu tentava acalmá-la sem sucesso. A escuridão do quarto não era total. "Está tudo bem", dizia, "vês?", mas S. já não se encontrava ao meu lado. Então se ouviam explosões na distância. O apartamento em que moro dá para um pequeno pátio de luz, ao qual dificilmente chegam ecos do exterior, de modo que não tinha como saber o que estava acontecendo. As explosões se multiplicavam e eram cada vez mais próximas. Depois eu andava entre os escombros. S. não aparecia em lado nenhum. Os sobreviventes amontoavam-se nas esquinas. Pareciam mortos. Permaneciam em silêncio, sem expressão. Os rostos ganharam uma cor indefinível, como no relato de Lovecraft. "Está tudo bem", gritei, "olha!", e tudo voltou a sumir-se na escuridão. S. dormia calmamente ao meu lado.

Acordei e acendi a luz de imediato. O silêncio era praticamente absoluto. Estou sozinho, lembrei. Não voltei a conciliar o sono.

* * *

Durante a tarde passo pela *Praça do Oriente*, onde pode-se ler uma placa que rememora a insurreição popular contra as tropas francesas a 2 de maio de 1808. Goya dedicou uma pintura monumental a esse acontecimento – *O 2 de Maio de 1808. A carga dos mamelucos* –, assim como às execuções que tiveram lugar no dia seguinte, quando a insurreição foi esmagada – *Os fuzilamentos de 3 de maio na montanha do Príncipe Pio*.

O que vi

A guerra que viu (ainda que nem sempre pelos próprios olhos) teve lugar aqui. Os pacíficos caminhos que me impõem as aventuras da crítica estão assombrados por fantasmas de um passado tenebroso, que volta e não deixa de voltar (em francês fantasma é aquele que volta, que regressa, *revenant*). Com os *Desastres*, Goya quiçá tentara conjurar esse destino, ou, melhor, esse fantasma, se é que Espanha não tem destino, mas apenas fantasmas, como dizia Zambrano.

Sabemos que Goya não era um otimista, inclusive quando as últimas imagens da série fantasiam com uma redenção possível (novamente, mais fantasmas aí). As numerosas exposições que ao longo dos anos tentaram colocar em perspectiva os *Desastres* – que não admitem perspectiva, porque assumem uma multiplicidade de perspectivas –, assim como as diversas apropriações às que deu lugar entre artistas das mais variadas origens, dão conta do seu signo último, que é o do eterno retorno. Talvez por isso o modo mais interessante de ver os *Desastres* seja de forma circular. Não é fácil empreender esse percurso com consciência, e é ainda mais difícil escapar dele.

* * *

"Há que continuar, não posso continuar, vou continuar."

1º de Março

Vou cedo ao museu para me despedir dos *Desastres*. A sala se encontra deserta. As gravuras de Goya não chamam muito a atenção. Mal iluminadas, não suscitam maior interesse nos visitantes do domingo, que não pagaram entrada e, portanto, não sentem a obrigação de ver tudo. Quero dizer: assim devia ser sempre, mas é uma pena que resulte tão mal para estas imagens de Goya.

* * *

Depois de andar um pouco pelas veredas do *Parque do Retiro*, para despejar a cabeça, no dia mais ameno desde que cheguei a Madrid, regresso ao museu. Avanço lentamente, procurando uma imagem que conquiste o meu olhar. A velha de *A visita do bispo*, de Gutierrez Solana me encara, não desvia a vista. Pergunta-se por que olho para ela, por que não a deixo em paz. Como as *Lagarterranas em missa*, de Ortíz Echagüe, tem as mãos cruzadas sobre a saia, num gesto típico da época, que sobreviveu à fugacidade que é própria dos gestos em geral. Passo rapidamente pela sala dedicada ao surrealismo e baixo a vista no *corredor* em que se encontra o *Guernica*, rodeado por não menos de meia centena de turistas.

Domina-me a ansiedade. Salto de sala em sala, de imagem em imagem, sem conseguir sentir nada, pensar nada, sem ver nada em absoluto. Começo a perguntar-me mais uma vez pelo sentido desta aventura. O que é que, afinal, vim buscar aqui?

* * *

Apesar da sua paixão pelas imagens, a Valéry também o desconcertavam os museus. Irritava-lhe que lhe tirassem a sua bengala e lhe proibissem fumar enquanto transpunha as suas portas, que constrangessem o seu desejo num lugar que deveria estar feito para o prazer.

Quanto a mim, me obrigaram a deixar na recepção a minha mala, que pende tão cômoda do meu ombro e me permite andar sem esforço levando tudo o que necessito. Fui, portanto, obrigado a optar por trazer comigo apenas o caderno laranja, o menor de todos, que torna quase impossível tomar uma nota sem que a letra trema, ao mesmo tempo que me impõe uma escrita austera. Atravesso as salas como um bêbado, solicitado e repelido alternativamente por obras que dificilmente se toleram umas às outras.

O ouvido, me diz Valéry, não aguentaria dez orquestras ao mesmo tempo, mas é a um regime desse tipo que o museu submete os nossos olhos. Recordo-lhe que ao problema dos excessos da cultura para a vida, Nietzsche opunha a potência da nossa força plástica, que é a força da apropriação criativa. Quero dizer que não é suficiente ter gosto – também há que ter estômago. Ri de mim. Diz-me que não conhece ninguém que não tenha mais olhos que estômago. Alguma vez ele, menos sarcasticamente, mas não menos amargo, soube escrever que a alternativa é tornar-nos superficiais ou fazer-nos eruditos, sendo que a erudição em matéria de arte é um tipo de derrota, porque substitui "a sensação pela hipótese, a maravilha da presença pela memória prodigiosa, anexando ao imenso museu uma biblioteca ilimitada, transformando Vênus em documento".

Deixa-me, mas não em paz. Acho que tem razão. Oscilo entre a superficialidade e a erudição. Existe algum espaço entre uma coisa e outra? Ou me engano a mim mesmo?

* * *

Continuarei a deixar as minhas coisas na recepção do museu, como, de resto, fazem todos, mas não voltarei a internar-me nas salas sem a minha bengala mental e o meu fumo.

2 de Março

Se vou jogar o jogo que me propus, não posso levar a sério nenhuma pergunta sem resposta; ante cada novo problema devo deslocar a questão. Com sorte, entre um movimento e outro, alguém (talvez eu, talvez apenas eu) sentirá algo, pensará algo, terá uma ideia.

De resto, a proliferação de imagens e de informações que caracterizam a nossa época tivesse enlouquecido os alarmes de Valéry, quem acaso concedera que, nas atuais condições de produção e circulação de imagens, o espaço dos museus pode chegar a funcionar como uma espécie de oásis, ao mesmo tempo propício para a fruição sem objeto e para a reflexão crítica – e o mesmo vale seguramente para as bibliotecas, cada vez menos frequentadas. Para isso, deveríamos deixar de fora, não abrigos e bolsas, mas tudo aquilo que nos liga a imperativos de produtividade e eficácia, assim como às lógicas de satisfação assegurada.

Não é essa a regra. Ontem, quando já me retirava, chamou a minha atenção um homem que fotografava sistematicamente, não os quadros, mas as referências dos quadros, como se não tivesse tempo para ver as imagens e esperasse poder fazer isso mais tarde, em casa, perante a tela do seu computador.

Tempo é o único que tenho (tempo e vontade). Quero acreditar que isso pode fazer uma diferença.

4 de Março

Visito uma das exposições temporárias que alberga o *Reina Sofia – Um saber realmente útil* – curada pelo grupo *What, How & for Whom*, um coletivo croata formado em 1999. Instigadora do ponto de vista do uso do museu, da sua profanação inclusive, visualmente me é em grande medida indiferente. A guerra, aqui também, está presente em todas as imagens (a guerra está em todos os lados e começo a temer que não me deixe nunca).

Numa das últimas salas deparo-me com uma série de imagens de fotógrafos dos Balcãs - Alenka Gorlovič, Nikolas Pirnat, Dorde Andrejevič Kun, Losze Lauric, France Mihelič, Vito Globočnik, Drago Vidmar, Slavko Smolej, Marijan Pfipfer, Janez Marenčič.

As fotografias de Marenčič são assustadoras: duas imagens noturnas do fim da segunda guerra. Numa – *Guerrilheiros ao redor de uma fogueira* (1944/5) –, um grupo de homens se congrega em torno do fogo, num bosque gelado; as figuras aparecem extáticas, de costas para a câmara, como fantasmas; o tempo parece ter parado; posso imaginar os movimentos lentos, resignados, quase automáticos, e a vontade de não pensar em nada, de continuar apenas, até que tudo termine. Noutra – *Noite de tromba* (1944/5) –, a névoa é ainda mais densa; além dos homens, reduzidos a sombras, adivinham-se alguns animais; estão andando, mas a sensação é de que não sairão nunca desse lugar, como nos pesadelos que Kurosawa arrancou do território dos sonhos para que pudéssemos reviver à luz do dia; só que na fotografia de Marenčič a noite não se abre, pelo contrário, dir-se-ia que obscurece o dia, que contagia a vigília de irrealidade (e de marasmo).

5 de Março

Procurei na internet as imagens de Marenčič, das que a minha memória conservou apenas uma impressão afetiva, e que as minhas palavras traem, mas o próprio Marenčič é um fantasma e são raríssimas as notícias que podem encontrar-se, a primeira das quais, que descobri num site sombrio – *findagrave.com* – reduz-se às duas datas fatais (1914-2007). A exposição terminou ontem. Provavelmente nunca voltarei a contemplar essa imagem, que me comoveu profundamente, e que quiçá por isso não consegui ver com claridade.

O que vi

Ainda tenho tudo por aprender neste ofício que me dei.

6 de Março

Ao retornar ao espaço da coleção permanente não posso evitar deter-me na sala em que se projeta *Espanha 1936*, de Jean-Paul Dreyfus, um filme militante que denuncia os horrores da guerra civil. No final, corpos sem vida amontoam-se uns sobre os outros. Mesmo sendo um filme a preto e branco, posso reconhecer a cor das suas peles: é a cor dos meus pesadelos.

* * *

Tento deixar a guerra atrás, mas não posso. Procurando a saída, acabo numa pequena sala dedicada à obra de Mario Quintanilla. Não há mais ninguém. No fundo, uma mulher vestida de vermelho cai sem fim no vazio. A sala dá voltas ao meu redor. Tenho que me apoiar numa das paredes para não cair eu também.

* * *

Não padeço da síndrome de Stendhal nem de nenhuma outra afecção literária conhecida, mesmo que possa estar um pouco esgotado. Dormi muito pouco ultimamente. Quando consigo fazê-lo, os sonhos são tão vívidos que não é raro que me levante mais cansado do que me deitara.

7 de Março

Estou na Espanha. Não em qualquer lugar, mas na Espanha. Apenas agora começo a compreender isso. Claro que comprei consciente uma passagem para Madrid, não foi um erro nem um acaso, vim até aqui de livre vontade. O mal-entendido radica no que Madrid significava para mim: a intensa vida das suas ruas, os lentos parques, a noite e os seus pedaços. *A luz de Madrid*. Essas coisas não têm história, apenas conhecem o ser e o devir, prescindem do sentido. Esquecera que a cidade está num país, que qualquer país tem a sua história.

As imagens não têm uma história como os países, mas isso não significa que a sobrevoem com total indiferença, como a luz. A suspensão do tempo que nos propõem não se parece à eternidade, mas aos instantes decisivos em que a história se abre ao que (ainda) não é, a esses momentos em que o mundo revela a sua essencial dependência da nossa liberdade. Inclusive entre as paredes de um museu, as imagens agitam fantasmas do passado e do porvir, e exigem justiça, justiça e justeza, aqui e agora, sem dilação. Intempestivamente, apresentam um recurso, tornando-nos testemunhas, inclusive do que não vimos nem poderíamos ter visto, colocando-o, através dos artifícios da forma e das modulações da matéria, à nossa frente. De resto, a execução da justiça, o seu devir-mundo, dependem sempre e para sempre de nós.

Tomara que não dependesse tudo de nós.

8 de Março

— Estou na Espanha — confesso a Rodrigo.

— Em nenhum outro lugar — me responde com ironia.

As paredes da sala em que nos encontramos estão regidas por professorais retratos oficiais. Estamos numa universidade. Para mais, numa universidade espanhola. Não há universidades universais, para além da imponderável universidade imaginária com a qual fantasia Rodrigo desde que o conheço.

— Quero dizer que não sei o que fazer com isso. Vim para recuperar a vista e agora não vejo mais que guerras. Guerras alheias, para mais.

Rodrigo não me responde. Como eu, também ele vem de outro lado. Por isso mesmo, como eu, sabe que não há guerras alheias. Se não me tocassem, não estaria agora falando com ele, me manteria nos limites da minha solidão, escreveria quiçá. Vim falar com ele porque não consigo fazê-lo. Sei que guarda uma garrafa de pisco na última gaveta da sua mesa, que só tira daí quando já não há nada mais para dizer. Ainda não o convenci de que esse seja o meu caso. Abundo, tentando forçar a situação.

— Não é que pense deixá-lo. Mas como se escreve do que não se fala?

Sou incapaz de reconhecer o que na verdade me preocupa (me envergonha). Aqui sou um estranho, mas não menos que onde nasci. A questão é que quanto mais se abrem os olhos mais se está exposto. Acho que tenho medo. Rodrigo suspira, resignado, porque compreende que assim não vamos a nenhum lado, e põe dois vasos sobre a mesa.

— A história é um lodaçal! — diz —. Se te metes, te embarras. Mas há que embarrear-se. Não há outra opção.

Aqui estou. Não em qualquer lugar, mas no mundo.

9 de Março

Sonhei que falava com um pintor. Não era verdadeiramente um pintor, mas um escritor (se tratava, com efeito, de Tchekhov), mesmo que possuísse todos os atributos de um pintor (a bata, o chapéu, a paleta e o pincel) e se dirigisse a mim na qualidade de pintor. Dizia-me:

— Os verdadeiros talentos são exceções muito escassas. À imensa maioria dos artistas os surpreende a morte começando.

Eu assentia, mesmo que não compreendesse porque me dizia isso justamente a mim. Detrás dele, a pintura ia ganhando forma, como se emergisse de maneira espontânea da tela. Voltou-se para observá-la e aprovou com entusiasmo. A seguir agregou:

— Por que leva uma vida tão chata, tão monótona, tão incolor?

Desde que cheguei a Madrid, é verdade, levo uma vida insignificante. Não sou pintor, não sou um homem estranho. Contudo, disponho do meu tempo à vontade. Decidi dedicar uma parte à frequentação da pintura, isso é tudo. Apenas estou começando.

A imagem da tela acumulava brancos sobre brancos. De onde me encontrava cri reconhecer um rosto envelhecendo ante os meus olhos. O pintor deixara a paleta e o pincel sobre a mesa e aprestava-se a desvestir a bata. Disse:

— Talvez pense que eu, como pintor, conheço muitas coisas e que sou capaz de apreender inclusive o que não sei, mas a verdade é que não vejo mais do que você é capaz de ver. Se está esperando que o introduza na esfera do belo e do verdadeiro, perde o seu tempo.

— Apenas estou começando — murmurei.

Ficáramos na penumbra. O manso resplendor da pintura apenas alcançava para iluminar os nossos olhares. Já sem os atributos do seu ofício, o homem fumava no canto mais afastado do quarto.

— Veja — disse —, estou abarrotado de trabalho. Mesmo pintando vinte e quatro horas por dia, sete dias por semana, não daria conta das demandas que me chegam. Enquanto isso, a verdade ainda está longe e a fome continua sendo *o animal mais feroz e menos pulcro, e tudo contribui para que a humanidade, na sua maioria, degenere e perca para sempre a sua vitalidade.*

Apagou o cigarro na paleta e aproximou-se do cavalete onde repousava a tela, já finalizada. Com um movimento elástico a retirou dos suportes e a apoiou de cara contra a parede. A escuridão então foi total.

– *Nestas condições* – concluiu –, *a vida de um pintor não tem sentido, e quanto mais talento tem, tanto mais estranho e incompreensível é o seu papel, já que acontece que ele trabalha para a diversão de um animal feroz e sujo, sustentando a ordem existente. E eu não quero trabalhar e não vou trabalhar.*

Colocou a sua mão no meu ombro. Sem que o notara, viera ter comigo. Pude sentir a sua respiração afogada, quase colada ao meu ouvido. Ao retomar a palavra, a sua voz ressoou dentro da minha cabeça. Não fora, mas dentro, como se o seu espírito tivesse tomado possessão de mim. Disse:

– O que pensa fazer?

Acordei.

10 de Março

Não saio de casa o dia todo. Há dias assim, em que experimento uma inclinação demoníaca que me exige ser mais forte do que na realidade sou. Sentado na mesa da cozinha, cara a cara comigo mesmo, escavo as minhas feridas. Como muitos outros antes, alento a ideia de que é das feridas que supura a inspiração.

Devo dar alguma importância ao sonho de ontem? Devo mudar de vida? Fiz isso tantas vezes. Nenhuma vida vale mais que outra. Depois de um tempo, é sempre a mesma inquietação, o mesmo desassossego. Todavia, esta apenas começou. Agora sou um observador. Vejo as coisas. Algum dia, isto é inevitável, o cansaço começará a pesar-me sobre a vista, se algo não me cegar antes, algo realmente extraordinário, que já não me deixe ver mais nada. Então, sim, quiçá, mude de vida. Regressarei à Patagônia e construirei uma casa no limite do deserto, onde nada se interponha entre mim e o horizonte. Ou aprenderei um ofício manual, algo que requeira muita precisão, que não permita o devaneio da imaginação.

Até então entretenho-me olhando. "Entretenho-me" – que expressão mais infeliz! Sou um homem que vigila, que suspeita de tudo, que está à espreita, que sonha com coisas admiráveis e vislumbra o pior.

Apenas S. seria capaz de arrancar-me deste estado. Mas S. está longe. Eu próprio a coloquei à distância.

11 de Março

Pela manhã regressei ao museu e procurei sem rodeios a sala dedicada a Quintanilla. Rodrigo está certo: não há outra opção que embarrear-se.

Não me enganara. À esquerda, quase à entrada, num dos desenhos da série que leva por título *A Espanha de Franco*, no qual um casal de idosos jaz sem vida sobre uma cama, com os flancos atravessados, como dois Cristos, uma inscrição de Quintanilla ocupa o ângulo esquerdo. Diz exatamente o mesmo que a gravura de Goya; diz: "Eu o vi".

* * *

John Berger postula que o que tem em comum toda a pintura, desde o paleolítico até os nossos dias, é que enuncia sempre: *eu vi isto*. O mesmo vale para a arte representativa que para o expressionismo abstrato. A experiência do visível, do que aparece, está na origem de toda a pintura. Inclusive quando do que se trata é de dar forma a uma ideia ou a um conceito, um sentimento ou uma intuição, a pintura sempre pressupõe algo que se viu, mesmo que nem sempre seja o visto o que aparece sobre a superfície da tela. *Viu, dá a ver*. Entre uma coisa e outra se encontra a arte e os seus problemas, a sua tradição e os seus impasses, mas o visível é o seu meio como a água é o meio do peixe. Os pintores celebram uma aliança com o que aparece. Daí a sua luta sem tréguas contra o desaparecimento, com o que é relegado a ser sem ser visto. Berger não pensa apenas na preservação da memória, pensa no cuidado do mundo, mesmo quando, em certas circunstâncias, essas duas apostas se confundam numa só.

* * *

Quintanilla participou da guerra. Na frente realizou mais de cem desenhos. Viu e viveu e lutou, fundindo num único gesto os seus deveres de espectador, de homem e de soldado: escolheu dar testemunho. Como Walsh, como Urondo, teve que tomar as armas para defender a liberdade sem a qual nenhuma forma de arte tem sentido, mas não deixou de pintar por isso. Queria que todos pudessem ver. Sabia que só vendo poderia nascer o compromisso para que nunca mais os olhos tivessem que voltar a ver o que viam nesses dias. Não foi suficiente. Morreram mais de meio milhão de pessoas durante a guerra. Não é apenas um número, é uma forma do absoluto. Isso não aparece. Não pode ser visto, não pode sequer ser imaginado. Trata-se menos de um limite da pintura que dos seres que somos.

* * *

Quintanilla escreveu: "o artista fecha os olhos ao conceber a ideia e os abre depois para realizá-la". A intuição não é estranha à época. Dos simbolistas e a sua cruzada contra a hegemonia do realismo, até Duchamp e a sua crítica da pintura retiniana, o que está em jogo é o reconhecimento de que a pintura e, em geral, a arte, são capazes de pensar.

O que estranha é a defesa do caráter mediato das imagens da pintura numa obra que pretende ser testemunho da realidade histórica, de certos acontecimentos traumáticos da história de um país e de um povo.

Que o realismo tem os seus limites é algo que experimentamos faz tempo e que o anestesiamento da nossa sensibilidade por milhares e milhares de imagens fotográficas e televisivas do horror corrobora cada dia. O realismo, inclusive – diria – o hiper-realismo das imagens jornalísticas, anula ou suspende as nossas competências críticas, à força de sobrexcitar os nossos sentidos, ou de adormecer a nossa imaginação, ou de chocar e deixar em estado de choque a nossa inteligência.

Que todo o realismo, toda a forma de realismo pressupõe uma poética, isto é, um modo específico de modular a realidade, inclusive ao nível dos dispositivos técnicos mais refinados, é algo que estamos continuamente elevando à consciência e esquecendo quase de imediato, tornando sempre difícil compreender que a arte e as suas variações não são uma forma rara de tratar do real, mas o denominador comum de todas as práticas representacionais – mesmo se se trata de um denominador comum impossível, uma espécie de número imaginário: .

Seja porque fechamos os olhos para pensar, seja porque desviamos a vista por um segundo, seja porque pestanejamos involuntariamente, ou porque a câmara o faz por nós, sempre existe um hiato entre o real e as imagens que temos do real, um hiato que marca essencialmente qualquer imagem, como uma falha, uma falha no vidro da imagem, que de alguma forma a abre a outros olhares. Logo, a diferença entre o olhar de um artista e o de um espectador não é significativa, pelo menos na medida em que ambas dependem dessa falha que cada um à sua maneira sonda e explora. Qualquer olhar tem lugar nesse espaço-tempo paradoxal que é o de *um abrir e fechar de olhos* (*the blink of an eye*).

Não é possível, quiçá nem sequer seja desejável, ser realista num sentido forte. A realidade é cega ou, melhor, é incapaz de pestanejar. Apenas ao nível das imagens, do seu fantasma, e disso que chamamos de subjetividade, é possível fixar a vista em algo, dar uma olhada ou focar um detalhe, e inclusive desviar a vista, ou fechar os olhos, e ver.

* * *

Volto ao que está em jogo: o significado da frase "eu o vi", e do que na arte pode significar dar testemunho – sendo que inclusive nos testemunhos judiciais e extrajudiciais de qualquer acontecimento há sempre uma poética por detrás, por simples que seja, por estendida que esteja, operando efeitos de modulação, articulação, ênfase, etc. (uma forma especial de abrir e fechar os olhos).

Só um testemunho que fosse capaz de dizer tudo poderia exceder essa determinação – mas então não seria um testemunho, seria o juízo de deus. No mundo dos homens, qualquer testemunho está associado a uma perspectiva e às formas mais ou menos elaboradas de denunciar, ocultar ou pôr a trabalhar essa perspectiva.

O pintor, dizia Roger Garaudy, é um homem que devora o mundo com os olhos e lhe oferece uma nova vida através da mão, mas entre os olhos e a mão há um estômago, um coração e uma cabeça de homem, onde têm lugar imponderáveis digestões, metamorfoses e iluminações. Isso não implica uma traição do visível. Pelo contrário, é a sua faceta humana – a única da qual podemos ter experiência, sentido e compreensão.

Detrás do olho hipersensível da pintura, há vontade e poesia. Detrás de cada olhar, uma subjetividade que explora ativamente o mundo, ao mesmo tempo substância em devir e poder de transformação.

* * *

Regresso muito tarde a casa. Vou falando sozinho. No metrô a gente observa-me com apreensão e, na medida do possível, toma distância de mim. A tenra, a fraternal indiferença do mundo.

Pesa-me fazer estas figuras, mas não consigo evitá-lo. Passei todo o dia trabalhando, sem trocar uma só palavra com ninguém. No fundo, não há nada de mal comigo. Apenas padeço dessa condição: a solidão.

Se cobrir os meus olhos com as mãos, como as crianças, já ninguém pode ver-me.

12 de Março

Há, sem começo nem fim, uma mulher dançando no vazio a pavorosa música da guerra. Cai, como Quintanilla no exílio. Cai para cima, para baixo, para os lados. Qual é o sentido de em cima e em baixo quando se abate a guerra sobre o mundo? Como na pintura cubista, não há horizonte nem pontos de referência, mas a destruição do espaço não é aqui o efeito de uma decomposição poética do olhar – é, simplesmente, o resultado da realidade estilhaçando-se. Tudo está desmoronando, começando pela própria pintura.

Ainda na Espanha, Quintanilla era capaz de desenhos sólidos, certeiros, que exigiam o assentimento e apelavam ao compromisso, pressupondo uma sensibilidade comum, uma inteligência comum – também um inimigo comum, é certo. Agora esse espaço comum está desfeito e a sua pintura não encontra onde apoiar-se, e cai, incessantemente, como a mulher, no vazio.

Se desses a volta à imagem, tudo não passaria de um mau sonho. No fim das contas, a vida continua e há que vivê-la com intensidade. A mulher dançaria alegremente, no quarto desordenado, ao ritmo do último sucesso da temporada – *Moonlight Cocktail*, de Glenn Miller. Só que não há forma de dar volta a essa imagem. Sangram as paredes. Arde a carne. A mulher cai em giros enlouquecidos e fatais. Quintanilla se consome no exílio. A Europa se debate pela sua sobrevivência.

A guerra não é apenas as explosões que povoam de incêndios as cidades, nem as execuções sumárias, nem os corpos sem vida e as ruínas que o progresso deixa à sua passagem. Ou melhor, é tudo isso, *durante o segundo em que o olho o adverte*, como afirmava Valloton, mas é também um tumor que oprime o pensamento do mundo, o gélido sopro da corrupção no rosto do homem, a noite tornando-se cada vez mais densa, mais escura, mais fria.

* * *

Quisera dizer-te que isso não é tudo, que ainda cintila entre os escombros, das profundezas da pintura, peneirado por nuvens, um pequeno fragmento de céu azul. Afinal, Quintanilla também foi soldado – lutou com amargura, mas também com esperança.

Evidentemente, um pequeno fragmento de céu azul não abre um horizonte. A guerra não tem fim. A queda não tem fim. Onde quer que olhemos, estendem-se a trevas, como nos quadros de Antonio Rodriguez. Contudo, não poderia a pintura contribuir, com os meios que lhe são próprios, para que nos encontremos – tu e eu e todos aqueles que sentem esta vertigem –, no vazio, como paraquedistas, em figuras fugazes e precárias, quiçá, mas à margem da música que impõem os funcionários da morte, numa dança a contratempo, que voltasse a dar sentido ao que significa ser humano?

* * *

Merleau-Ponty dizia que o que está em jogo na pintura moderna é a possibilidade de se comunicar sem o socorro de uma natureza pré-estabelecida. Sem sustento, sem pressupostos, sem subentendidos, a pintura moderna se adentra, tateando, no escuro. Vai ao encontro sem ideias de um objeto ou um fim a atingir.

Por seu lado, o espectador que é tocado por uma das suas imagens, não possui outro guia que os traços deixados sobre a tela pelo pintor, e é da sua conta e risco retomar o gesto que deu lugar à obra, inacabada e silenciosa até que a sua compreensão alcance de algum modo o mundo do pintor. Comunicação que não repousa na evidência do dado nem sobre a forma transcendental da percepção, mas que constitui e inaugura, solicitando que coloquemos em jogo todas as nossas faculdades para que o que de comum que resta entre nós possa manifestar-se sem mediações sob a fulguração de um mundo partilhado.

Não há renuncia alguma nisso. Que a pintura de um homem só possa viver através do olhar do outro, e apenas durante o instante em que se sustenta o olhar do outro, é promessa de diferença e de pluralidade: pintor e espectador tornam-se outros pela obra – encontro apaixonado em que cada qual põe tudo que tem e recebe tudo o que é capaz de tomar.

13 de Março

Penso no destino de Quintanilla. Filho da burguesia de Santander, de jovem preferiu a incerteza da aventura à segurança da herança familiar. Essa eleição, mais tarde redobrada pela pressão das circunstâncias históricas, acabaria por determinar a sua sorte, inclusive muito depois que a juventude e a aventura fossem apenas uma lembrança para ele. Quis ser marinheiro, o que era na época a forma mais imediata de conhecer o mundo. Já longe, em Paris, praticou o boxe, como Cravan, mas bastaram os cuidados de uma prostituta para que o esquecesse e se concentrasse na pintura, que foi o seu entusiasmo mais persistente. Foi amigo de Gris e de Chagall, que por sua vez foram os seus mestres. Não sei se Paris seria uma festa nessa época, mas basta pronunciar alguns dos nomes que se cruzaram com o de Quintanilla então para sentir uma nostalgia impossível de ter frequentado as suas ruas e os seus bistrôs.

Como outros da sua geração, redescobre o interesse pela pintura mural e se aplica ao estudo do afresco, que praticará ao seu regresso a Espanha com uma intuição marcadamente política, que é a do esclarecimento, através das imagens, de um povo majoritariamente analfabeto. Não é apenas uma questão intelectual. A vida política se convertera numa parte substancial da sua própria vida.

Em 1934 é preso por conspiração. Devemos a essa prisão uma série de desenhos – *O cárcere por dentro* –, que Hemingway e Dos Passos exibiriam em Nova Iorque alguns anos mais tarde. Em 36 explode a guerra, e já não pode escolher. Luta na primeira fila desde o começo. Desempenha tarefas de coordenação no ministério de guerra, cria uma rede de espionagem, percorre o front fazendo um levantamento da situação. Não abandona a arte, mas a arte tornou-se apenas um instrumento, mais uma arma para a propagação da causa. Testemunha o horror em primeira mão e desenha sem descanso. Espera que os seus desenhos chamem a atenção internacional, num momento em que a intervenção das nações poderia propiciar uma reviravolta da guerra. São expostos em New York e publicados num volume – *All the braves* –, mas não alcançam o efeito esperado: a derrota da república era inevitável.

Até aí, a sua vida. A vida tem essa coisa, que nem sempre coincide consigo mesma. Quintanilla parte para o exílio em 1938. Viaja para a França, mas o seu objetivo é chegar aos Estados Unidos. Ainda recebe um encargo para a *Exposição Internacional de Nova Iorque*, para a qual trabalha num conjunto de murais – *Ama a paz, odeia a guerra* –, que é cancelado após a subida de Franco ao poder, e que Quintanilla assegurou sempre que fora destruído por uma inundação (mas esses afrescos existem ainda e se encontram, depois de uma longa temporada no esquecimento, na reitoria da Universidade de Cantábria).

Mais tarde trabalhou como cenógrafo em algumas produções cinematográficas, realizou retratos por encargo, ofereceu aulas privadas de pintura, e lentamente foi desaparecendo. Os que o conheceram dizem que nunca se integrou na vida nova-iorquina. Duas vezes por semana se encontrava com outros exiliados espanhóis; cozinhava para eles. Algumas pessoas são capazes de fazer do exílio uma arma, outras se apagam nele. Cada vez se afasta mais do mundo da pintura.

Em 58 não aguenta mais e abandona os Estados Unidos rumo à França, deixando atrás a sua mulher e o seu filho, que já não voltará a ver. Em Paris as coisas não seriam muito mais fáceis. Os escassos amigos que sobreviveram à guerra vão morrendo pouco a pouco. Quiçá isso o move a escrever as suas memórias, que são circunspectas e reservadas, e que acabam quase no momento em que começa o seu exílio, como se depois não houvesse já nada que valesse a pena ser resgatado. Sonha com o regresso, ele, que partiu tão jovem de casa? Ignora que ninguém regressou nunca?

Em 1975 morre Franco. Pensa que talvez ainda tenha uma oportunidade. Mas o que espera encontrar? Não desapareceu completamente a Espanha pela que viveu e lutou, a Espanha pela que aguentou o exílio, a Espanha que pôde ser e não foi? De todos os modos, regressa, um ano depois, e se instala em Madrid.

Dizem que foram dias felizes para ele, que se desforrou da solidão. Costumava andar rodeado de jovens pelos bares do centro. Quisera acreditar que nesses jovens chegou a entrever a sua própria juventude e o seu próprio entusiasmo revolucionário, a sua paixão pela arte e pela liberdade.

***

O que Quintanilla não chegou a ver foi o reconhecimento. Poucos dias antes de que tivesse lugar uma grande exposição em Santander, a sua terra natal, morria em Madrid. É que não há volta. Não há. A sua obra o sobrevive só em parte (a guerra tampouco perdoou isso), e não sei se o fará por muito mais tempo.

Didi-Huberman faz uma observação sobre a sobrevivência das imagens, sobre tudo o que implica que uma imagem tenha sobrevivido, sendo que é tão fácil que uma imagem desapareça; escreve: "Sabemos que cada memória está sempre ameaçada de esquecimento, cada tesouro ameaçado de pilhagem, cada túmulo ameaçado de profanação. Assim, pois, cada vez que abrimos um livro quiçá devíamos reservar alguns minutos para pensar nas condições que tornaram possível o simples milagre de que esse texto esteja aí, perante nós, que tenha chegado até nós. Há tantos obstáculos. E, mesmo assim, cada vez que pousamos o nosso olhar sobre uma imagem devíamos pensar nas condições que impediram a sua destruição, a sua desaparição. É tão fácil, tem sido tão habitual destruir imagens".

Boa pare da obra de Quintanilla foi destruída durante a guerra, ou acabou por perder-se em porões onde juntara o pó aguardando o fim da ditadura. Os poucos estudos que lhe foram dedicados justificam o seu lugar em alguns museus espanhóis, como no seu momento justificaram a intervenção do estado para que os frescos de Nova Iorque retornassem a Cantábria, onde hoje podem ser vistos, mesmo que quase ninguém repare neles.

Toda a imagem vive a golpes de vista, cada vez que é contemplada com interesse, com curiosidade ou com entusiasmo. As que Quintanilla tornou perenes entreviam todos os sonhos e todos os projetos de um povo confundindo-se num mesmo fracasso. E a mim revelaram-me uma tarde a solidão mais espantosa de todas, uma solidão profunda e impessoal, que é o resultado da ruína do pouco que temos em comum. Era pouco na época de Quintanilla e é ainda menos na nossa.

A mulher de *Destruição* continua a cair.

9 de Maio de 1945

Ontem acabou a guerra na Europa. Foi um dia difícil para mim, que esperei durante anos este momento, mas também esperava que os aliados estendessem a sua intervenção a Espanha e acabassem com o absurdo de Franco e da ditadura. Isso não vai acontecer: *a guerra terminou*. Ignorava que a derrota tivesse tantos graus, que fosse possível continuar a perder quando já tudo está perdido. Depois de ter sido vencido como soldado e como pintor, só me resta a trincheira da minha humanidade. Tenho um filho pequeno para criar. Me concentrarei nisso, na esperança de que o esquecimento faça enquanto isso o seu trabalho.

Hoje contemplei por última vez os afrescos que me encarregaram para a exposição de 38 e dispus tudo para que desapareçam de uma vez e para sempre. Se alguém perguntar, direi que arderam, como tudo, durante a guerra. Por que teria de ser diferente com a arte que com o resto das coisas? Seguirei pintando enquanto o ofício renda o suficiente para colocar comida na mesa, e quando não já se verá, que saúde não me falta, nem gênio para mantê-la.

Evitei durante todo o dia o contato com o resto dos exilados. Não poderia sustentar o seus olhares, me assomar a esse vazio. Somos fantasmas do que foi e do que podia ter sido – que foi muito e pode ser muito mais!

Lembro a imagem de uma mulher caindo interminavelmente em meio de um bombardeio. A cidade abismava-se num inferno que não reconhecia deuses. Foi coisa de um segundo, mas não deixou de cair jamais em mim. Aqui também todos estamos caindo. Estou caindo eu, estão caindo os companheiros. Pode notar-se no evasivo dos nossos olhares e no discreto tremor das nossas mãos. Inclusive na testa do meu filho, como uma marca de nascença, porque ele também está caindo, apesar de não o saber ainda – só que a sua queda é menos pronunciada. Pergunto-me quanto tempo mais cairemos juntos?

Na *Rua do Pez*, em Madrid, havia um café onde costumava ir algumas tardes para sentir o peso da solidão. Eram dias de intensa camaradagem e estar a sós comigo mesmo produzia-me um secreto prazer. Inclusive agora, que a solidão é definitiva e não tenho outra pátria que a interioridade, lembro-me desses momentos com profunda saudade. Sinto saudade até dos dias na prisão – encerrados juntos sentíamos que ainda estava tudo em aberto, só tínhamos que sair.

Desvelado, durante a noite, volto a escutar as vozes entranháveis dos que perdi. "Onde estás, Luis? – perguntam – Quando pensas passar por aqui?" Janet diz que é hora de dormir. Diz que falo dormido. Pobre. Casou com um herói da resistência antifascista e leva anos vivendo com um sobrevivente de si mesmo.

Alguém fala sem parar, é certo, mas não sou eu, não é Luis Quintanilla Isasi. A sua voz é mais castiça que a minha, que denuncia pronúncias americanas. Me procura e procura, quem sabe, a ti também. "Regressaremos algum dia? – pergunta – Espanha nos verá regressar algum dia? Ou o nosso desenraizamento é essencial e não há volta atrás?"

Hoje acabou a guerra na Europa. Talvez tenha acabado para mim também, apesar de ainda não ter capitulado. E tu, capitulaste?

14 de Março

À leitura de um livro de Antonio Tabucchi devo a felicidade de descobrir uma palavra que desconhecia: *nefelomancia*. Nefelomancia (do grego *neféle*, nuvem, e *mantéia*, adivinhação) é a arte de adivinhar o futuro pela observação das nuvens. É o jogo em que ando, onde acontece que me vai a vida.

A nefelomancia tinha entre os gregos as suas regras. Não era questão de reconhecer nas nuvens o duplo elusivo das coisas empíricas, como quando estendidos sobre a areia, numa praia, brincamos a identificar dragões, animais e rostos nas formas sucessivas que adotam as nuvens sobre as nossas cabeças. Tratava-se – e isto é mais misterioso e mais difícil – de ler, não o que é, mas o que não é, o que ainda não é, no preciso momento em que as nuvens se desfaziam no ar.

No meu caso, perante as imagens que interrogo de forma obsessiva dia após dia, quem desaparece sou eu. Elas continuarão aí quando eu já não esteja. É possível ler, na persistência das imagens, na sua imobilidade e no seu silêncio, o imperceptível fluir da nossa substância, da existência precária, inessencial, mutável, do nosso ser?

O que vi

A personagem de Tabucchi (um militar retirado) está morrendo (tem câncer), e pergunta-se pelo futuro a cuja construção (ou quiçá à sua destruição) consagrou a sua vida. Seguramente essa é uma pergunta que se torna mais angustiante à medida em que nos aproximamos da última hora, mas não é uma pergunta que deva esperar esse momento derradeiro para poder colocar-se, até porque o último momento pode advir em qualquer momento.

Nascemos sem rosto ou com o rosto dos nossos pais, mas com cada gesto, com cada decisão, vamos dando forma ao nosso rosto. Não há espelhos fáceis para acompanhar esse processo. Interroguei rosto e ruas, imagens e palavras, e as nuvens, claro, também interroguei as nuvens. Tudo fala de mim, e também de ti. Escuta com atenção. Logo falarão de outros.

* * *

Clayton lembra-me que Hegel dizia que, para apreender o absoluto, é necessário levantar a vista, mas – cuidado! – não é para observar as nuvens. Mais de cem anos depois, em 1972, Hubert Damisch, que fizera ouvidos surdos à advertência hegeliana, publicava um livro que identificava justamente nas nuvens algumas dessas coisas que valem como uma lei para os homens.

15 de Março

Sem ânimo para ir ao museu.

16 de Março

Acordo tarde e saio para dar uma volta pelo bairro. Alguma coisa não me deixa voltar a trabalhar sobre Quintanilla, mas não consigo ver o que possa ser. Escrevo a Cláudia esperando que possa ajudar-me com isso.

Cláudia vive em Coimbra. Conheci-a há mais de dez anos, quando me mudei para Lisboa. Estudámos juntos durante algum tempo e chegámos a projetar uma revista dedicada à crítica que, se não lembro mal, conheceu um primeiro número, mas não a publicidade. Chamava-se *A cadela*. "Cadela" é uma palavra que admite em português numerosas significações – cachorra, puta, bebedeira. O seu emprego é sempre ligeiramente agravante. Nessa época eu fazia gala de uma iconoclastia virulenta. Cláudia partilhava comigo a simpatia pela profanação, mas cultivava uma intensa paixão pelas imagens. Ela me ensinou que uma coisa não era incompatível com a outra e que tinha que dar-lhes tempo se queria que as imagens me revelassem os seus segredos. Quanto tempo? Dez anos não são suficientes? Sinto falta das nossas longas conversas nos cafés de Letras e de Belas Artes.

* * *

Pela noite vejo o documentário que Ken Loach dedicou à primavera socialista que Inglaterra disfrutou depois da Segunda Guerra. Mineiros e trabalhadores industriais, carteiros e enfermeiras falam desse tempo de exaltação, quando outro mundo parecia possível e era possível, dia a dia. Falam com saudade, mas também com convicção – com a convicção de que a memória do que foi tem um valor fundamental para que a luta continue, inclusive ou nomeadamente quando parece que nada mudará nunca. Essas pessoas, que conheceram o que Arendt chamava *a felicidade pública* – isto é, a alegria de dar forma ao comum, da participação na vida política – são complexas na sua simplicidade, puro nervo e ternura, temíveis e fascinantes, como os que regressam da morte.

17 de Março

Anoto na minha pequena livreta laranja a palavra que encontrei no conto de Tabucchi. Coleciono palavras assim, pensando em livros que quiçá nunca venha a escrever. *Nefelomancia*, penso, não seria mal nome para dar forma a umas memórias (verídicas ou inventadas). *Atazagorafobia* (medo irracional e enfermiço de ser esquecido) para os anos da adolescência, *Nefelomancia* para a longa jornada de procurar-se a si próprio e ao mundo, *Eremotion* (desolação) para o tempo que reste. O título do volume deveria ser *Apanta* (absolutamente todas as coisas). Que fique claro: não *todas as coisas*, mas *absolutamente todas as coisas*. Os gregos eram sensíveis a esses matizes.

O que vi

18 de Março

Apesar de que vemos desde que nascemos, não é fácil ver como um recém-nascido. Nem sequer como uma criança. Na nossa cultura, o processo pelo qual deciframos cotidianamente o mundo implica a redução das suas imagens a um mero sistema de signos convencionais, em relação aos quais já sabemos o que pensar, como comportar-nos, etc. Por essa razão, restituir toda a potência ao olhar exige uma estranha espécie de processo involutivo, de modo a desfazer a subordinação da imagem ao conceito e devolver-nos a fascinação pelo que aparece.

Olhar, e ver alguma coisa, exige um longo tempo de desaprendizagem – "desaprender oito horas por dia ensina os princípios", dizia Manuel de Barros. Em parte, é esse o sentido do *convite* de alguns pintores como Picasso e Hantaï para que furemos os olhos. Detrás da crueldade dos seus manifestos há uma preocupação: destruir o *verniz convencional* que recobre a nossa sensibilidade (quem falava assim era Juan José Saer, o mais cruel de todos na hora de confrontar-se com estes temas). Para isso é necessário que nos animemos a pôr entre parêntese os modos convencionais ou especializados de ver, e abrir os olhos sem pressupostos ou, melhor, colocando em variação os pressupostos que comumente condicionam o nosso olhar: ponto de vista, contexto, posição do desejo, saber sobre as imagens, etecetera, etecetera.

19 de Março

Construo os meus dias pouco a pouco, desviando apenas, sutilmente, a satisfação do meu desejo, entregando-me a atividades substitutivas que, longe de consumá-lo de forma civil, o intensificam sem objeto nem fim. À medida que recobro a sensibilidade, as imagens vão ganhando um imponderável poder sobre mim. Temo e anelo o seu contato, onde me desconheço a mim mesmo, e leio e releio, escrevo e rescrevo páginas e páginas até que perco qualquer noção de tempo e espaço.

A vida poderia ser outra coisa. Não em outro mundo, mas aqui e agora. Quiçá bastasse, como dizia Simone Weil, que aprendêssemos a transformar qualquer coisa, não importa que, num objeto de desejo.

De resto, tento manter o pulso firme, ainda não sendo eu quem guia a mão que traça estas palavras sobre o papel.

20 de Março

Ontem pela noite regressei tarde a casa. Dormi agitadamente um sonho povoado de imagens perturbadoras. O passado continua aí, apenas debaixo da superfície. Espreita.

Continuo sem ir ao museu nem à biblioteca. Caminho. Ando à procura de algo. Penso muito, quiçá demais, no significado de tudo isto. Somos capazes de escrever livros que sejam melhores que nós próprios? Lembro uma passagem de *A invenção de Morel*, onde perante o fracasso da sua obra (um jardim patético destinado a chamar a atenção da mulher pela que está apaixonado), o protagonista do romance de Bioy Casares faz a seguinte reflexão: "Acredito, sem revolta, que a obra não deveria perder-me, se sou capaz de criticá-la. Para um ser omnisciente, eu não sou o homem que esse jardim faz temer. Contudo, eu o criei".

Tampouco este diário esgota o homem que sou. Inevitavelmente peca por excesso e por defeito. Cuido, todo o tempo, de guardar uma distância irónica em relação a ele. Sem isso, seria uma forma da loucura.

De todos os modos, continuo a escrever.

21 de Março

"Inventar o barco significa inventar o naufrágio."

22 de Março

Hoje vi as imagens do piloto sírio que foi queimado vivo pelo exército do Estado Islâmico. A imagem se soma às imagens não menos atrozes e não menos espetaculares das decapitações das últimas semanas, dos homens lançados ao vazio. Também às imagens das cidades em ruínas, e dos corpos calcinados de crianças e mulheres, após os bombardeamentos norte-americanos na região.

É difícil compreender qual possa ser o objetivo do Estado Islâmico ao pôr a circular essas imagens, mas certamente é possível compreender como funcionam quando são incansavelmente reproduzidas pelos meios ocidentais. Não têm por objetivo denunciar os desastres da guerra, como nas obras de Goya e de Quintanilla. O seu objetivo é, pelo contrário, criar a imagem de uma exterioridade selvagem, de uma margem inumana, onde a vida perde todas as suas qualidades e expõe-se, na sua nudez, como diria Agamben, a ser aniquilada em qualquer momento.

Por isso as intervenções nunca são verdadeiramente efetivas. Ninguém está interessado em que isso acabe. Está aí a modo de velada ameaça, como justificativa de qualquer sacrifício, qualquer empobrecimento da experiência que possa exigir a vida nas democracias liberais ocidentais contemporâneas. As suas imagens são o correlato dos discursos que fazem da crise a chave de todos os debates políticos. Ao contrário do que experimentamos perante as imagens de Goya ou de Quintanilla, nelas não vemos o sofrimento de outras pessoas, iguais a nós. Reduzidos a um estado de puerilidade, como crianças, não vemos nelas senão o reflexo, aumentado e retorcido, do nosso temor a perder o que temos – à força, claro, de abandonar à sua sorte milhares e milhares de seres humanos, para quem a única percepção clara, como advertia Leibniz, parecera ser o ódio de deus.

Isso quer dizer que um mesmo tipo de imagens, a dos desastres da guerra, por exemplo, pode funcionar de diversos modos, ser dirigido com intenções diversas e posto a jogar em contextos diferentes. Por isso mesmo, devemos cuidar-nos das imagens, dispondo toda a potência da nossa inteligência para evitar que, através da sobre-excitação da nossa sensibilidade, suscitem em nós reflexos condicionados. Mas quiçá, por isso mesmo, também, devamos cuidar delas, fazendo jogar o poder da nossa imaginação para interromper o espetáculo do medo e ver, como os homens e as mulheres que somos, o que essas imagens exigem da nossa liberdade.

* * *

Pela noite, em casa, vejo o primeiro filme de Dan Gilroy – *Nightcrawler* –, que de certo modo coloca a mesma questão: as imagens da violência são para a nossa época um objeto de fascinação aterrada, uma espécie de fetiche ao contrário, que de uma forma perversa nos move a apreciar as precárias vidas que vivemos, a aceitá-las com resignação, e a considerar o que acontece além dos lugares pelos quais a conduzimos, inclusive quando por vezes nos roce de perto, como algo que excede o domínio de qualquer intervenção possível.

23 de Março

Outra noite difícil. Sonhei com pessoas que saltavam das suas casas para o vazio. Primeiro uma mulher muito velha, de chinelos e roupão, à qual via pela minha janela conversando na cornija com os vizinhos. Me preocupava vê-la aí, mas acabei por aceitá-lo como se se tratasse de uma coisa normal – a vertigem era minha, não da mulher. Depois, de repente, sem cerimônias prévias, deixava-se cair. Eu gritava. Não estava sozinho, mas claramente estava aqui, em Madrid. Estavam Lu e a avó Tota, e quiçá também a Elba. Eu gritava: "Saltou! Saltou!". Todos corriam para a janela. Embaixo jazia o corpo imóvel (apesar do edifício não parecer alto). Então uma família saía para a cornija e, um por um, começavam a saltar em silêncio, ordenadamente (inclusive uma criança de não mais de dez anos, que esperava que seu pai o fizesse junto a ela). "Fechem as janelas", gritava eu, como se temesse que nós começássemos também a saltar e, vendo que ninguém fazia caso das minhas palavras, ia e as fechava de um golpe. Na rua, alguns dos corpos tinham destruído um quiosque e uma loja de bolsas. Quando me aproximava para ver o corpo da criança, acordei.

* * *

Incomodam-me esses sonhos sem objeto, dos que acordo cansado e sem ideias. Quem me dera fazê-lo como Kafka, que sonha inclusive com pinturas de uma intensidade quase física, para logo acordar, cansado e satisfeito, com um sentimento de tarefa cumprida. Na entrada de 20 de novembro de 1910, por exemplo, registra um sonho em que contempla um quadro que atribui a Ingres, no qual um grupo de garotas aparece refletido em milhares de espelhos – isto é estranho, porque os espelhos encontram-se num bosque. O quadro muda à medida que Kafka o observa (não podemos esquecer que está sonhando): as mulheres multiplicam-se indefinidamente perante os seus olhos. De repente, a sua atenção fixa-se numa jovem nua que ocupa o centro e se encontra apoiada apenas numa das suas pernas, suponho que ao estilo da *Venus* de Boticelli e das suas imitações neoclássicas. *As suas ancas*, nota Kafka, *eram proeminentes* – daí quiçá atribuísse a pintura a Ingres. O virtuosismo da composição torna quase palpável a sua nudez. O sonho tornou-se erótico. Kafka sente que pode tocá-la, ao mesmo tempo que repara na cintilação de uma luz amarelada e pálida detrás das mãos que cobrem o sexo da figura feminina.

24 de Março

Escreveu Cláudia. Com a particular delicadeza que caracteriza a sua prosa, repreende-me pela minha impaciência. A impaciência, escreve, é o maior inimigo da experiência. Também da escrita, eu sei – só que o outro inimigo da escrita é a paciência. Não conseguiu conter a sua curiosidade e se lançou a estudar a obra de Quintanilla, da que lhe enviara um cartão postal comprado na loja do museu. O resto é obscuro e perturbador. A *mulher-criança*, escreve, não lhe parece morta, mas viva de uma vida de pesadelo – é que até a morte deve ser vivida.

Primeiro, presa a um dispositivo perverso, uma espécie de prótese invisível, é obrigada a avançar por uma senda em perspectiva profunda, em progressões excêntricas e dolorosas, enquanto o seu corpo é golpeado, torturado, dilacerado.

A seguir, sem solução de continuidade, encontra-se encerrada numa torre, em suspensão, pendurada de uma corda que alguém faz girar a uma velocidade espantosa (pode ouvir-se o barulho do ar ao ser cortado como se se tratasse de uma vara de vime). Tenta aferrar-se ao pequeno pedaço de céu que se entrevê no alto, mas alguém lhe diz da escuridão:

– Nem penses nisso!

Por fim, cai a noite, está nua e em volta de si se estende um cenário lamacento, que lhe cobre as pernas até os joelhos. Um carro para alguns metros à frente de onde se encontra e liga os faróis altos, que a cegam por um momento. Dentro pode reconhecer as silhuetas de duas mulheres que olham para si com insistência. Então, juntando o pouco ar que lhe resta nos pulmões, levanta a voz tanto quanto lhe é possível e diz, num sussurro quase inaudível:

– Matem-me!

Mas não acorda.

25 de Março

Não é possível deixar de ver, mesmo sendo possível desviar a vista, olhar para o outro lado. As imagens podem voltar sempre a procurar-nos pelos caminhos da memória e da imaginação. Quando uma imagem nos alcança, não há forma de desfazer-nos dela. Apenas nos resta torná-la um objeto de desejo, de reflexão, ou de crítica.

De nada vale que evite a obra de Quintanilla. As suas imagens me assombram onde quer que me dirija. A mulher vestida de vermelho continua a dançar entre destroços de guerra e execuções sumárias. Também continuam, jacentes nas suas camas, aguardando uma justiça impossível, os velhos assassinados que Quintanilla afirma ter visto em Peguerinos. Por que essas imagens não chegaram para sacudir o mundo?

26 de Março

Cada vez mais, umas quantas variações de umas poucas imagens absorvem os olhares à escala mundial. Não são meramente ideológicas, não têm por objeto naturalizar nenhum estado de coisas, não velam a realidade. Antes, pelo contrário, lhe oferecem consistência – uma consistência profundamente abstrata, mas capaz de capturar o nosso desejo.

No fundo, o problema das imagens não é que careçam de realidade. O problema é que a realidade careça da potência para produzir as suas próprias imagens. É o risco do delírio.

27 de Março

Sem conseguir dormir, saí a dar uma volta pelo centro. Apesar do frio, andava muita gente saltando de um bar para outro, jogando jogos ridículos e belos, procurando-se as bocas com as bocas. Não estou seguro que fossem capazes de se ver como eu os vi, figuras de uma vida intensa e luminosa rasgando a noite, desafiando as leis da minha solidão.

Antes de sair colocara no bolso do meu casaco a segunda carta de S. Queimava-me debaixo do braço. Não podia evitar sentir a sua falta. Subi pela *Corredeira de São Paulo* até o *Largo de São Idelfonso* e entrei no bar mais tranquilo que encontrei. Ninguém, nem sequer o barman, reparara na minha presença. Quem vive entre fantasmas acaba por converter-se num fantasma.

Fora do envelope, o papel relumbrou por um instante e cobriu-me de sombras. S. recolhera-se em Pipa, em casa de amigos. Não estava sozinha, como temera estupidamente; a sua vida continuava sem mim.

Voltara a desenhar. Quando a conheci, desenhava o tempo todo, obsessivamente, como se temesse perder o contato com a realidade se a linha do seu lápis se interrompesse por alguma razão. Juntos descobrimos outras paixões e, com o tempo, nos desinteressámos do mundo. Numa das margens, sobre a densa sombra do carvão, esboçara um plátano carregado de frutos com uma barra de cera branca; debaixo, ao pé, começara a delinear um grupo de bromélias, mas o abandonara sem terminar. Também deixara em suspenso a escritura. Tentei imaginá-la no jardim, à mercê da noite tropical, intoxicada pelo aroma das flores, pressentindo a chuva nos ossos, resignando-se a dormir cedo. Do outro lado do papel, com uma tinta ligeiramente mais clara, escrevera (quiçá já nos correios): "Não haverá mais cartas por agora".

28 de Março

Ao despertar tinha uma mensagem de Gemma, que me convidava para jantar. Encontrámo-nos na praça de *Lavapiés* e tomámos uma cerveja n'*O fim do mundo*. Falamos da aventura. Expus-lhe brevemente a tese de Roquetin, segundo a qual a aventura só é possível na literatura. Olhou para mim como se não entendesse.
– Há dias – disse – em que a aventura me espreita em cada esquina.
Depois conversámos dos seus dias em Guatemala.
Conheci a Gemma no cineclube de *A morada*. Estudara filologia clássica na *Complutense*, mas as suas paixões eram a poesia e, mais secretamente, a mística. Não tardamos em entender-nos. Temos, praticamente, a mesma idade. Durante o jantar observou que era algo contraditório que tentasse inventar a solidão numa cidade como Madrid, através de um movimento de expansão, de abertura, quando o mais lógico teria sido que me retirasse, que me recolhesse, que entrasse no deserto.
Em parte, tinha razão. Como Bataille diria: há que escolher. Mas eu não quero escolher. Acaso não é possível adentrar-se nos mistérios da noite com uma escrita diurna? Recordei a Gemma o que dizia Bolaño: que a literatura sempre foi e continua a ser para nós uma exploração do abismo, mas que para isso é questão de vida ou morte "não esquecer os rostos que amamos, os sorridentes rostos que amamos, e os livros, e os amigos, e a comida".

Despedimo-nos pouco depois da meia-noite no mesmo lugar onde nos encontráramos.[1]

29 de Março

Voltei a frequentar o museu, detendo-me ante uma que outra obra, contemplando-as em voz alta. É onde me sinto mais à vontade. Nas suas salas encontrei o meio mais seguro de isolar-me do mundo e de penetrar nele. Incluso quando possa andar em círculos, não ignoro que sempre existem no olho e no espírito progressos para realizar.

* * *

Passo algum tempo perante algumas imagens que Picasso pintara durante 1937. Cada uma das pinturas responde a uma denominação genérica, seguida de uma data: *Cabeça de mulher chorando - 21 de junho de 1937*, *Cabeça de mulher chorando - 27 de Junho de 1937*, e assim por diante. Parece uma classificação entomológica, penso.

A de 22 de junho me toca pessoalmente. Conheço esse pranto, esse rosto deformado, retorcido pela dor, desfigurado pela tristeza. Das quatro variações que estão expostas, é a mais intima, a mais humana. As demais se abismam na animalidade, deixam ver as presas, relincham como cavalos. A de 22 não. O seu choro é mais contido. Mais profundo, por isso mesmo, também.

* * *

Com o começo da guerra civil na Espanha, a tendência de Picasso para o monstruoso atinge a sua máxima expressão. Essa tendência está de alguma forma presente desde as suas primeiras obras e é sem dúvida uma

---

[1] Nota do dia 20 de agosto: Não voltei a ver Gemma. Não sei como nem porque acabei por encerrar-me na minha solidão e esqueci tudo o que conversámos essa noite em *Lavapiés*. Agora, que compreendo que corro perigo, sou incapaz de procurá-la novamente. As razões são múltiplas (a vergonha que me provoca ter desaparecido sem justificação não é a menor de todas). O resultado é o aprofundamento do meu isolamento e o enfraquecimento da minha saúde mental.

das razões da fascinação que suscita a sua pintura, mas em meados dos anos trinta parece exceder qualquer tentativa de experimentação formal. *O sonho da pintura cria monstros.*

Picasso acaba de conhecer Dora Maar, uma fotógrafa franco-croata que passara a sua infância na Argentina, e que, portanto, fala o espanhol com fluidez. É a ela a quem devemos o registo da criação do *Guernica*. Picasso utilizou o seu rosto como modelo para alguns retratos que parecem estudos para o *Guernica*, mas que em realidade são posteriores. Na verdade, trata-se de uma série de variações sobre um motivo pouco usual na pintura: o rosto de uma mulher chorando.

Não temos motivos para duvidar de que Picasso gostasse de Dora, e certamente sabemos que admirava a sua inteligência, mas o que pode tê-lo levado a retratá-la sistematicamente desse modo, com o rosto descomposto pelo choro, fora de si? Os especialistas dividem-se entre a guerra civil e a relação amorosa na hora de explicar o inexplicável. Para complicar ainda mais as coisas, estão os retratos de Marie-Thérèse, que Picasso realiza aproximadamente na mesma época: são de uma beleza e de uma sensualidade inigualáveis – imagens da paz.

Picasso estava comprometido na exploração dos limites da forma, mas não deixava de afetar a resistência do real. As suas pinturas podem não ter modelo, ou inclusive exigir do modelo que um esforço para se parecer às imagens às que dá lugar a sua arte, mas não são um puro devaneio da imaginação. O conselho que dava aos jovens pintores – que espetassem os olhos com uma agulha, como se faz com os pintassilgos para que cantem melhor – pode levar ao equívoco. Sabemos que Picasso não deixava de interrogar o visível. Sabemos inclusive o que via na sua época, no generoso corpo de Marie-Thérèse, no olhar perdido de Dora. Sobre isto, chegou a confessar a um dos seus amigos: "Para mim, Dora é a mulher que chora. Durante anos dei-lhe uma aparência torturada, não por sadismo, e sem nenhum prazer da minha parte, mas obedecendo a uma visão que se impusera em mim".

Pergunto-me que seria que via Dora, por sua vez, nesses retratos. Em vão cotejei as fotografias da época procurando no seu rosto uma resposta. Em biquíni junto a Picasso, recortando-se dramaticamente nas sombras. Com a cabeça apoiada na mão, sentada no que parece ser uma escada, olhando para um lado, com a vista perdida, bela e maldita. Vivia de forma intensa e raramente estava conforme com o seu trabalho, dormia pouco e comia mal, e não era estranho que, do nada, rompesse em pranto. Com leviandade, alguns estudos especulam que esses sintomas poderiam encaixar no quadro do que hoje em dia denominamos depressão.

Não seria de surpreender que Picasso, que não era fácil, tornara mais frequentes as crises de Dora, mas é assombroso que conseguisse manter-se à distância, e que, com a mesma indiferença do mundo, a contemplara como só o mundo pode ver-nos: sem sentimento nem intenção, sem empatia nem comiseração, como se olha para uma estrela.

30 de Março

Vistas à escala de milênios, dizia Lévi-Strauss, as paixões humanas confundem-se. Isso significava, para ele, que os amores e os ódios experimentados pelos homens, as suas lutas e esperanças, continuavam a ser essencialmente os mesmo que nos albores da cultura. Mas a contestação de Lévi-Strauss (se é que podemos chegar a ficar de acordo sobre uma afirmação tão geral) admite pelo menos outra leitura, apoiada na exiguidade do tempo que tem o homem no universo. Muda algo saber que o homem mal está nascendo, dando os primeiros passos, sentindo as primeiras coisas?

31 de Março

Há (era), no começo, o pranto. O choro de uma mulher, estaríamos tentados a agregar, apesar de que o rosto da figura que chora sem consolo se encontra tão deformado pelo sofrimento que seria apressado afirmar que se trata de uma mulher chorando, do rosto ou da cabeça de uma mulher chorando. Antes, primeiro, está o pranto: as lágrimas correndo pelas bochechas como balas, o lenço tentando em vão conter a dor, o queixo contraído num gesto infantil, a boca aberta mas sem palavra, os olhos extraviados, embaçados, cegos. Se se trata de uma mulher – e esse parece ser o caso: trata-se de Dora, de um retrato de Dora Maar –, é necessário dizer que a mulher está tomada pelo pranto. O seu semblante se descompõe numa careta inumana. O estigma do martírio que fende a sua mão não a justifica, não a redime, não a salva (a mão é uma garra). Não há medo no seu olhar. A escuridão do fundo não esconde ameaças; apenas avança sobre a sua figura azulada, verdosa, iluminada por uma luz cruel como a dos elevadores. A angústia é uma paixão sem objeto. Quando tudo passe, se alguém lhe pergunta o que foi, dirá provavelmente que não foi nada e tentará mudar de assunto – mas a angústia voltará, o pranto voltará (depois de tudo, não é a primeira vez; tampouco será a última). No entanto, frágil, desvalida, inconsolável, Dora, essa mulher, desfaz-se em lágrimas. Picasso a observa sem misericórdia, apenas abrandando uma que outra linha no desenho da orelha e do queixo, únicos traços de ternura na imagem, e quiçá lhe alisa o cabelo, suave, paternalmente, mas sem condescender à piedade. Que outra coisa poderia fazer? Dizer que a ama? Prometer-lhe que tudo estará bem? Uma vez, há anos, em que eu fora tomado por uma desesperação similar -essas coisas acontecem-, ao perceber que eu era incapaz de conter o choro, uma mulher ofereceu-me uma bala, e se sentou ao meu lado, e esteve aí, comigo, todo o tempo que foi preciso, até que passou. Parece que é impossível chorar quando temos algo doce na boca. São coisas da sabedoria popular. Também isto: há uma ferida que não fecha. Picasso se assomou a esse abismo nos olhos de Dora Maar. O que ele viu, também tu podes vê-lo, se olhas com atenção. Não embargado pela tristeza que comove a figura da mulher, mas fascinado pela fragilidade da forma que somos, da precária forma que somos, agitando-se insensatamente sobre o nada.

1º de Abril

Quantas vezes choraste? Quantas viste chorar? Há noites que sonho com isso. Faço-o desperto, consciente da minha impotência e da minha responsabilidade. Falo de imagens sem história, de cenas sem preâmbulos nem resolução, que cintilam na minha memória associadas a um nome, a um acontecimento ou um lugar, e por vezes nem isso, pura sensação de perda.

Qualquer diário conhece os seus limites. Há coisas que não podemos escrever, nem mesmo que o façamos só para nós mesmos – pelo menos não abertamente, sem elaboração, sem metáfora. Suponho que o mesmo deve valer para todas as formas de expressão. É possível que Picasso desconhecesse esse limite?

* * *

Ninguém chora no *Guernica*. Nem a mulher que sustenta o seu filho morto nos braços, e que eleva o rosto ao céu num grito, deixa cair uma única lágrima. No *Guernica* primam as bocas abertas como expressão da dor. As personagens do quadro não se lamentam, pedem justiça.

As mulheres só começarão a chorar mais tarde. O fazem pela barbárie que assola Espanha ou pela asfixiante sociedade na que vivem? Não esqueçamos que se trata de Dora, quem os seus amigos não duvidam em considerar uma mulher brilhante, mas a quem Picasso rapidamente passa a tratar com condescendência e, não poucas vezes – se as histórias que se contam são certas – com desprezo.

Alguns dos seus primeiros críticos, como Roland Penrose, obliteraram o que está em jogo nesses retratos, qualificando-os de *postcripts*, assinalando neles apenas os ecos do *Guernica*.

* * *

Tal como olhar, chorar é um comportamento no limite do intencional. Vemos mais e menos do que observamos; as lágrimas nos assaltam nos momentos menos esperados e são difíceis de conter. É como se tudo o que passa pelos olhos estivesse exposto aos caprichos do involuntário. Só que o olhar é em nós uma potência, enquanto que o choro é a expressão última da nossa impotência. Nacho falava dessas coisas quando atravessávamos as noites de Morélia com S. e Ivonne, em busca de verdade ou mescal, o que encontrássemos primeiro. Também costumava lembrar-nos que Descartes considerava que o choro era solidário da reflexão, o que explica que as lágrimas voltem a intervalos, cada vez que o objeto da nossa melancolia ganha espaço na nossa consciência.

Não éramos dados a esse tipo de excessos, mesmo que por vezes se nos embaçassem os olhos quando falávamos do que acontecia no México. Eu ia embora, mas ele ficava (ficou tanto como lhe foi possível, depois não aguentou, foi embora também, não regressou mais). Estava convencido de que o pensamento era inútil; ainda assim lhe consagrara a sua vida. Como Aron, um dia, tomando uma garrafa de cerveja na mão, me disse:

– Olha, cabrão, se realmente fosses um fenomenólogo, devias poder falar desta garrafa e fazer filosofia a partir disso. Mas se queres ser escritor, bem, se realmente queres ser um escritor, então terás que confrontar-te com a tristeza e, da tristeza, sem equívocos, engendrar a alegria.

* * *

Mollisima corda humano generi dare se natura fatetur, quae lacrimas dedit; haec nostri pars optima sensus, escreveu Juvenal. A natureza deu ao gênero humano os corações mais brandos, e deu-lhe as lágrimas – a nossa melhor parte, a da sensibilidade.

2 de Abril

Dia de ressaca.

* * *

Ontem fui ver a exposição dedicada a Bolaño no *Matadouro* e acho que o seu nome exigia os moderados excessos aos que me entreguei mais tarde, pela noite.

Passaram mais de dez anos da morte de Bolaño e ainda lembro o impacto que teve sobre mim, que acabava de descobrir a sua obra por intercessão de Oliverio, que para mim era (e será sempre) mais uma das personagens de *Os detectives selvagens*. Então escrevi um pequeno conto no qual revisitávamos literalmente Bolaño, inclusive quando levava meses morto; era um texto ridículo, estudadamente escandaloso, que não tinha outro objeto que recuperar um pouco da alegria que a literatura de Bolaño representava para nós.

Ontem à noite fui mais previsível e quiçá mais fiel à sua memória. Não há mescal dos *Os suicidas* em Madrid (talvez em nenhum lado), mas não falta rum. As garrafas foram acumulando-se no pátio do vizinho, que se uniu a nós quando compreendeu que não nos calaríamos em toda a noite.

– É uma merrrrrrrda! – dizia Pedro cada vez que nos ganhava o desânimo, e então os chilenos, Víctor e Rodrigo, iam por mais rum (eu mal podia mover-me da cadeira).

Mais cedo cruzáramos desordenadamente a cidade, como as personagens do romance de Marechal, mas a cidade não nos deparara revelações de nenhum tipo. Mais tarde alguém decidiria que era necessário tirar todos os livros da sala, *porque assim não podíamos continuar bebendo*. Depois lembro uma discussão no metro. Depois, as ruas repletas de gente ao despontar a manhã. Depois, nada.

Hoje passeio ao sol pelos jardins da cidade, ao mesmo sol que arrancou Bolaño da heroína, ao sol dos sobreviventes, dos perdedores e dos poetas. Devo ter o aspecto de um fantasma – de todos os modos, ninguém repara em mim.

Saúde, Roberto!

* * *

De uma página do diário de Bolaño (1980, 27 anos): "Compromete-te, Roberto, mete o nariz na causa dos pobres (...). Compromete-te, Roberto, a olhar!".

3 de Abril

Existem outras visões de Dora. Todas são anteriores ao seu choro. Numa, acho que de 1936, aparece nua, dominada pelo Minotauro, que verga o seu corpo para possuí-la. Dora se entrega sem resistência, mas também sem paixão visível. Tem o olhar perdido. Como nas fotos, está ausente. O Minotauro é firme, mas o seu rosto afeta certo desconcerto: procura o seu olhar, não o encontra. A cabeça de Dora parece feita de outra substância (mais dura) que a do resto do seu corpo. Também parece estar noutro lado.

Nos restos dos retratos que Picasso lhe dedicou, a cabeça também se destaca do corpo. Em geral Dora leva uma mão ao rosto, num gesto reflexivo, que fala mais que nada da inteligência que Picasso reconhecia em si. São retratos de uma rara beleza, que transmitem a placidez de um tempo partilhado sem urgências. Os olhos de Picasso estão cravados nela (na sua imagem surgindo sobre a tela), os olhos de Dora não se desviam dos dele (a partir da cadeira na qual o acompanha no estúdio).

O que é que acontece para que esse ambiente de total harmonia ceda à desesperação de um choro sem consolo? São as intermitências do desejo, a impossibilidade de vivê-lo até à consumação total, a frustração de não ser capaz de perder-se senão na pintura, de não ser capaz de entregar-se senão na pintura? Ou é a imagem do incêndio de Guernica na noite a seguir ao bombardeamento, que Picasso conhece através de uma foto de George Steer reproduzida em *Ce Soir*, a causa de que acabe o idílio?

* * *

Durmo enquanto trabalho na biblioteca. Sonho com Picasso. Abandonou o estúdio depois de uma violenta discussão com Dora. Faz semanas que isto acontece diariamente. Desorientado, perde-se nas ruas de uma cidade em ruínas. Quase não levanta a cabeça. Sabe o que aconteceu aí. Arde na sua memória. Incansável, imperceptível, obsessivamente, repete para si: "compromete-te, Pablo, compromete-te a olhar". Já tentou antes, através de uma série de desenhos satíricos – *Sonhos e mentiras de Franco* –, mas na sua vontade de intervir acabou por negligenciar a exploração das formas. Agora recebeu uma encomenda da República para o pavilhão espanhol na *Exposição Universal de Paris* e isso não o deixa em paz. "Compromete-te a olhar", repete. Levanta a cabeça. Tem os olhos furados.
Acordo.

* * *

Dora será sempre para nós a mulher que fotografou o *Guernica* à medida que ganhava forma, a cúmplice, pelo menos na mesma medida em que Picasso é irremediavelmente o nome que associamos a essa obra prima, o seu artífice? O caráter ao mesmo tempo precário e monumental do *Guernica*, a sua respeitosa forma de transgredir a pintura histórica, e a multiplicidade de interpretações que inspira a sua contínua revisitação, garantem que de uma maneira ou outra continue sendo assim.

Mas seria absurdo ver nas mulheres que choram um momento mais interessante e mais intenso para o devir da pintura? Não reconhecemos melhor a autenticidade da pintura de Picasso na repetição obsessiva de uns poucos temas, na repetição ao mesmo tempo excessiva e falha de uns poucos temas?

Qualquer representação da realidade é convencional e em certa medida arbitrária, mas a necessidade de representar a realidade é natural e necessária (pelo menos para o animal que somos). Se Picasso continua a ser importante para nós, é pela sua propensão à repetição, pela sua incansável vontade de recomeço – e pouco importa se isso respondia nele a uma tara ou a uma virtude.

Indiferente do período que consideremos a sua obra, a constante mais chamativa é a repetição, a variação contínua. Aquilo que se repete é justamente o que não tem representação, a existência desprovida de qualquer atributo, antes de ser nomeada ou colocada em perspectiva ao serviço de um projeto. Aquilo que repete o que não pode repetir-se, é um gesto cego, que difere de si mesmo, e tateia no visível procurando o que não é visto, ou é visto mas não é percebido, ou é percebido mas não é compreendido. Entre ambos os termos, há apenas *um nada em comum*, do que a tela em branco é metonímia evidente mas imperfeita, e que cada traço haverá de velar na sua desesperada tentativa de desvelá-la.

Nos angustiados retratos de Dora em lágrimas, a consciência da impossibilidade de dar um sentido ao real conjuga-se com a consciência da impossibilidade de dar um objeto ao desejo. Picasso volta frequentemente sobre essa imagem, que olha com os olhos fechados, mas sem desviar a vista, enquanto que a sua mão rascunha no papel, incansavelmente, levando a sua exploração formal a um território perigoso, onde os impasses da representação obrigam-no a enfrentar-se cara a cara com a mais profunda angústia existencial.

Nunca pintou assim e não voltará a fazê-lo até o fim da sua vida (mesmo que as suas últimas pinturas afetem certo patetismo). Encontra-se totalmente exposto, à intempérie.

Não é possível pintar (viver) dessa forma durante muito tempo. Picasso conhece o seu ofício, mesmo quando o pratica de forma heterodoxa. O resto da sua obra não prescinde nunca de mediações simbólicas, pictóricas ou conceituais. A isso devemos, quiçá, que tenha chegado a velho.

4 de Abril

Faz uma semana que convivo com o choro de Dora. Todas as tardes, depois de almoçar, passo alguns minutos perante o seu retrato. Esse costume chamou a atenção das guardas de sala, que já me conhecem, mas nunca antes me viram tão ensimesmado. Quando me detenho mais do habitual ante a pintura, tenho a sensação de que se preocupam mais por mim que pelo quadro.

O que vi

    Pilar, que este mês tem assignada a sala onde se encontra a pintura, se aproximou de mim o outro dia e me perguntou se a imagem me lembrava alguém. Faz, mas não me atrevi a confessá-lo. Tentando desviar a conversa, perguntei-lhe se gostava.
    – Prefiro os touros – disse –. O meu marido diz que não me entende, porque eu não gosto de touradas.
    – A mim acontece-me algo similar, sobretudo com os de Masson.
    Tinha parado ao meu lado, e agora olhava o retrato de Dora de frente, da mesma forma que eu.
    – Sabe? – disse – Quando choro, não deixo que ninguém me veja. Nem a minha mãe.
    Disse-lhe que achava que por vezes era inevitável chorar frente aos demais, que não há forma de evitá-lo, como quando perdemos alguém.
    – Essa mulher... – disse.
    – Dora.
    – ...não chora por ninguém. Chora porque não pode ela mesma.
Dei-lhe razão, e contei que, com efeito, em 1937 Dora Maar se encontrava em Paris, e acabara de conhecer Picasso, com quem vivia uma relação apaixonada.
    – Entristece-me vê-la assim, pobrezinha.
    Ficamos calados durante alguns segundos. É algo muito especial contemplar uma pintura junto a um estranho. O que se partilha nesses casos é fugaz e elusivo, embora possa ser muito intenso. Calculei que quando voltássemos a falar seria para despedir-nos. Estava errado.
    – Não vai acreditar – disse Pilar –, mas passa-se algo muito estranho com este quadro. Já advertimos a direção, mas não deram a mínima.
    – Estranho? Como? – perguntei.
    Um funcionário a abordou justamente quando se dispunha a responder-me. Parecia alarmado. Não consegui entender o que dizia. Constrangida, Pilar se desculpou e se afastou junto dele, em direção a uma das salas contiguas. Estive esperando por ela, mas não regressou. Pouco depois, outra pessoa tomou o seu lugar.

* * *

Cortázar escreveu que o mundo seria muito diferente se tivesse começado por Picasso em lugar de acabar com ele. O tempo opera efeitos inesperados. Cinquenta anos depois, o nome de Picasso parece possuir para nós o prestígio das origens – temo que de um mundo abortado.

* * *

Contígua à sala onde se encontram os retratos de Dora em lágrimas encontra-se – monumental, enfático, grandiloquente, quase obsceno no seu desdobramento cénico – o *Guernica*. Por alguma razão que já esqueci, quando entrei pela primeira vez no museu propusera-me nunca levantar a vista ante ele. As multidões de turistas que constantemente se amontoam aos seus pés ajudaram-me a cumprir em parte com o meu voto.

A fama é uma forma da incompreensão, quiçá a pior de todas. Houve, porém, um tempo em que essa obra suscitou polémicas violentas. Lembro que, entre outros, Sartre subtraíra-lhe no seu momento qualquer valor. "*A massacre de Guernica* – escreveu em *O que é a literatura?* –, essa obra prima, quem pode acreditar que tenha ganhado um só coração para a causa espanhola?"

Claro que Sartre se equivocava. A indefinição, a atemporalidade e a ambiguidade, que Sartre julgava fraquezas da pintura, constituem a potência do *Guernica*: na sua fraqueza está a sua força. A arte não se dirige a todos, mas a cada um, de forma única e singular. Uma pintura é incapaz de inspirar outros sentimentos morais que os que o espectador põe em jogo na hora de contemplá-la, ainda que, certamente, possa vir a colocá-los à prova, desafiá-los. As ambiguidades de uma imagem como a do *Guernica*, do mesmo modo que as falhas de uma rocha, oferecem um lugar onde agarrar-se àqueles que para ver-se melhor olham para as imagens.

Porque *nem todas* as imagens oferecem essas falhas tão abertamente, as que o fazem têm para nós um valor fundamental: ao fazê-lo, colocam em jogo, nos convidam a pôr em jogo a nossa liberdade de ver e apreciar, para considerar e interpretar, e dar, assim, uma continuidade imponderável às solicitações e desafios que a imagem, enquanto velo e desvelo do mundo, nos propõe.

Quando se dispõe desse modo, a pintura abre um espaço para a emancipação que dá sentido – o único sentido que vale a pena considerar – a expressões como "arte popular" ou "arte para o povo". Se, pelo contrário, por essas expressões devêssemos entender uma empresa pedagógica, ideológica ou edificante, melhor seria esquecer da arte – se é que, entendidas dessa forma, essas expressões não implicam já o seu esquecimento.

5 de Abril

Enquanto compulso os inumeráveis catálogos dedicados à obra de Picasso, assalta-me a dúvida: o que foi da obra de Dora Maar? Além das fotografias que tomou em 1937 registando os avanços do *Guernica*, o museu expõe apenas cópias de três fotografias do seu período mundano.

Dora viveu só sete anos junto a Picasso – entre 1935 e 1943. Antes de encontrar-se com ele e chamar a sua atenção, segundo diz a lenda, jogando a cravar uma navalha entre os dedos, estudara na *Académie André Lhote*, na *Union Centrale des Arts Décoratifs* e na *École de Photographie de la Ville de Paris*. Sempre se interessara pela pintura e acabara apaixonando-se pela fotografia.

Gastava uma velha Leica de foles e uma Rolleiflex 9-12. Trabalhou para alguns fotógrafos como ajudante até conseguir um estúdio próprio. De resto, gostava das ruas, pelas que deambulava sem objeto, no espírito dos *flâneurs*, como Brassaï ou Cartier-Bresson. Percorreu Barcelona, Londres e Paris, exercendo a arte da reportagem. É difícil dizer em que cidade foram tomadas algumas das imagens dessa época, porque não fotografava monumentos. A sua câmara apontava para outro lado: para a realidade das classes mais desfavorecidas, a essas pequenas vidas sem resíduo de história, como dizia Conti, a essas vidas que não significam uma merda para ninguém.

Em 1933 conhece George Bataille, com quem manterá uma relação sentimental durante pouco mais de um ano. Junto a ele, participa das reuniões do grupo que Bataille formara junto a Breton para combater o fascismo – *Contra-Attaque* ou *Union des luttes des intellectuels révolutionnaires* – e comunga ativamente com os círculos surrealistas. A sua fotografia não demora em afetar essa influência. Logo o realismo das cenas de rua começa a ceder aos arroubos da imaginação: um homem afunda a cabeça numa abertura do pavimento até ficar acéfalo; um mimo deforma o rosto num esgar no qual se dissolvem os traços da sua boca (como no sonho, também surrealista, da personagem que Cary Grant interpreta no filme de Hitchcock); um cego, com os olhos em branco, agita um prato esmaltado pedindo esmola enquanto sustenta um objeto envolto em um lenço que parece saído de um quadro de Magritte.

Ao mesmo tempo, Dora começa a realizar experiências com a fotomontagem. A imagem de uma abóbada do *Jardim das Laranjeiras* do *Palácio de Versailles*, previamente invertida, de cabeça para abaixo, serve de fundo para uma série de aventuras perturbadoras: numa (*Le simulateur*, 1936), a figura de uma criança se arqueia para atrás, desafiando o equilíbrio, como se o seu corpo estivesse possuído por um demônio (tem os olhos em branco); noutra (*Silence*, 1935-6), três figuras aparecem recostadas sobre o teto (que faz as vezes de chão), em primeiro plano, uma mulher com os olhos fechados, desmaiada, mais atrás uma menina, numa postura provocadora, quase desafiante, no fundo um rapaz, olhando para cima, como observando as nuvens, todo o seu corpo refletindo esse abandono, por fim, no meio da imagem, sobre uma das paredes, em cuidada letra cursiva, raspada diretamente sobre o negativo, a palavra '*silence*'. Também é impressionante uma imagem sem título de 1935 na qual uma criança atravessa a galeria de um palácio, em tronco nu, carregando outra criança no ombro, também em tronco nu, que dorme ou está morto, completamente vergado (parece a ponto de quebrar-se) – enquanto no fundo reina a figura marmórea de uma deusa guerreira.

As fotografias surrealistas de Dora Maar conheceram alguma notoriedade. A mais famosa de todas (*Portrait d'Ubu*, 1936), na qual aparece o feto de uma espécie de tatu, foi publicada na revista *Minotaure* em 1935 e exposta pelo menos em duas ocasiões durante os anos seguintes. O certo é que algumas dessas imagens lembram imediatamente a obra de Man Ray, por quem Dora sempre cultivou uma ponderada admiração, e de quem recebeu algumas orientações no começo da sua carreira como fotógrafa. Um exemplo dessa influência é a imagem da mão de um manequim saindo do interior da concha de um caracol (sem título, 1934), que é digna dos pesadelos de Kafka.

Dora Maar também praticou o retrato e a fotografia publicitária. Quando conheceu Picasso era reconhecida como uma fotógrafa professional. Já ao seu lado, soube deixar registo de muitos artistas da época: Jean Cocteau, sentado numa cadeira coberta por uma manta, o cabelo revolto, a vista perdida no vazio, como um louco; Christian Bérard, a cabeça de Christian Bérard, duplicada num espelho de água, como sobre uma travessa (Dora, detrás da câmara, é Salomé); Frida Khalo de frente, olhando sem reparos para a câmara, jovem, ainda bem, coberta com todos os seus atributos; Paul Eluard e a sua mulher, abraçados sob a intermitente sombra de uma pérgola; e, claro, repetidamente, Picasso – retratos de Picasso como Picasso: no Hotel Vaste Horizon, com os olhos exageradamente abertos; na praia de Mougins, cobrindo o rosto com o crâneo de um boi; no estúdio de Grans-Augustins, trabalhando no *Guernica*.

Pouco depois, ainda em 1937, alentada por Picasso a retomar a pintura, Dora abandona a fotografia. Ainda que chegue a expor algumas vezes a sua obra pictórica, nomeadamente entre 1944 e 1958, e apesar de que continuará pintando até o final da sua vida, em 1997, a sua pintura é maiormente desconhecida. A sua decisão pode parecer-nos inexplicável, mas devemos considerar que esteve associada a uma progressiva e inexorável retirada do mundo, a um recolhimento que, nos últimos anos da sua vida, chegou a ser total. Victoria Combalia, que a entrevistou alguns meses antes da sua morte, conta que Dora lhe confessara que tentara voltar a aventurar-se nas ruas para ver se ainda era capaz de conseguir alguma fotografia, como na sua juventude, mas que regressara angustiada ao seu retiro, decepcionada pela experiência. "Tudo é mais extravagante – disse –. A gente veste-se de forma estranha, mas ao mesmo tempo já não tem interesse. Tudo é mais banal."

* * *

É necessário escolher entre a recuperação da intimidade e a ação no mundo comum? Porque me incomodo perante o destino final de Dora Maar? Não dei eu também os primeiros passos nessa senda? Não tomei a minha decisão?

* * *

Man Ray retratou Dora em 1936. Numa das fotografias (a que mais gosto), Dora aparece recostada, com o braço esquerdo alçado, cobrindo parte do rosto, repousando detrás da cabeça. Relumbram a pele, branca como o papel, e a pedra dos seus olhos claros. O resto perde-se na escuridão. É uma imagem misteriosa, de uma singular beleza, na qual Dora aparece em completa possessão de si mesma, consciente da gravitação que exerce sobre as pessoas, bela e maldita, como na lenda.

Rogi André retratou por sua vez Dora em 1941. Em todas as fotos que conheço dessa série, Dora aparece de perfil (quiçá uma marca de autor). Desvia os grandes olhos assustados para a câmara e torce a boca num gesto tenso, como se estivesse mordendo o lábio inferior. Podemos pensar que, no conhecimento de que se trata de uma fotografia posterior à sua ruptura com Picasso, estamos condicionados a ver a angústia no seu rosto, mas a verdade é que a imagem é em si mesma devastadora. Temos a sensação de estar olhando algo que não devíamos estar vendo. Se nos encontrássemos com a foto na mão e Dora se acercasse a nós, o nosso impulso imediato seria ocultá-la da sua vista.

Existem muitas outras imagens de Dora. Em todas, Dora Maar aparece de corpo inteiro. É uma metáfora. Quero dizer: mostra-se sem sombras. Não posso evitá-lo (ninguém pode). Não sabemos em quais dessas imagens se comprazeria e em quais se desconheceria a si mesma. Sabemos, sim, que não há imagem capaz de totalizar a realidade. Isso não se deve a uma deficiência intrínseca às imagens, à sua superficialidade ou falsidade. De fato, as imagens não ocultam nada do que dão a ver. E, contudo, entre uma imagem e outra cintilam os limites da representação. Sempre seremos mais e menos do que os outros veem em nós. Mais e menos, inclusive, do que nós mesmos vemos em nós. Quando os espelhos conspiram para mostrar-nos um perfil improvável do nosso rosto, a surpresa, e ainda o assombro, são inevitáveis.

6 de Abril

Não, eu não me rendi. O meu recolhimento não é uma retirada. Permaneço atento a tudo o que me rodeia, quiçá pela primeira vez na minha vida atento a tudo o que me rodeia. Simplesmente escolhi esta estranha forma da ação que é dirigir a vista às coisas e aos homens. Pode parecer que permaneço imóvel, mas os meus olhos não descansam (nem a minha imaginação, nem o meu entendimento). Do que vejo, aqui deixo testemunho. Não é uma lição, é um chamado. Compromete-te a olhar!

* * *

O que vi

Em si, como dizia Van Gogh, é uma coisa admirável olhar um objeto e encontrá-lo belo. Mas ainda é mais admirável que sejamos capazes de deter a nossa vista sobre imagens que nada têm que ver com a beleza, e dar-lhes o nosso tempo e a nossa atenção, até que estas adquirem uma espécie de ascendente sobre nós, complicando e enriquecendo a nossa percepção da realidade.

A imagem de Dora não me permite olhar para outro lado. Nunca antes tinha visto dessa forma o rosto de uma mulher. Ao mesmo tempo, na rua, comecei a baixar a vista cada vez que cruzo o olhar com alguma. Não é vergonha o que sinto, mas o que é não sei.

* * *

Ontem passei a noite em branco tentando recordar em vão as linhas do rosto de S. Não trouxe fotos comigo. Depois de quinze anos de convivência a gente pensa nessas coisas. S. continua estando presente para mim, mas não ignoro que começo a perdê-la. Por muito que me esforce, resulta-me impossível visualizar a exata cor dos seus olhos, os parênteses que abrem os seus pômulos, as suas sobrancelhas, as suas olheiras, a esquiva forma da sua boca revelando-se no sorriso. Quantas vezes a tive à minha frente e fui incapaz de vê-la? Quantas a vi e não reparei na singularidade dos seus rasgos trabalhados pelo tempo que levamos juntos?

O visível é tão complexo que resulta quase impossível recuperar uma imagem fiel da memória. Inclusive os rostos que amamos, alguns dos quais contemplados com fascinação durante noites inteiras, só voltam na lembrança de forma geral e confusa, como detrás de um cortinado que ninguém descobriu ainda como correr.

Sem a imagem de S., a solidão cresce ao meu redor e me intimida. A solidão conhece bem o seu rosto. O viu interpor-se entre ela e eu todas as vezes que oferecia uma presa fácil. Fazia sombra, o seu rosto. Eu aprendi a resguardar-me nele. Agora, que me escapa, a noite arde sobre mim como o sol do deserto. Posso suportar a sede, mas temo enlouquecer detrás das suas miragens.

7 de Abril

Serge Tisseron sugere que se uma imagem nos comove, é necessário tomar essa comoção, não como ponto de partida de um questionamento sobre a imagem, mas como a origem de um questionamento sobre nós mesmos. Há verdade nisso. Algumas imagens nos forçam a rasgar a nossa pele para alcançar o que de outro modo permaneceria sempre à distância. Que contornada essa distância nos voltemos a encontrar, alterados, depois de tudo, pela experiência, não é senão uma mostra da complexidade dos movimentos que têm lugar no mundo e em nós próprios quando dirigimos a vista, sem objeto nem finalidade, ao que se mostra. Inclusive a mais íntima das experiências interiores exige rodeios no exterior.

＊ ＊ ＊

– Não sou capaz de ver o suficientemente longe.
– Quão longe te parece que é necessário ver?
– Sei lá... Além de mim, acho.
– ...
– Por vezes fantasio com a possibilidade de uma experiência onde, depois da qual, já não houvesse nada, nada do que era ou éramos antes de embarcarmos na experiência, mas que não fosse a morte.
– Essa experiência é a vida.
– A vida não conta, porque acaba por confundir-se com a morte.
– Não. A vida se confunde com a vida. *Apenas* com a vida.
– ...
– Nós, pelo contrário, nos confundimos com todas as coisas.
– É mau, isso.
– É mau e é bom.
– ...
– Se não nos confundíssemos, seriamos incapazes de qualquer experiência. No fundo, quiçá seja necessário forçar a vista para ver mais longe. Quem sabe atrever-se a perder o foco por um momento.
– ...
– ...
– Esta distância, sabes? ... esta distância entre nós...

O que vi

– ...
– ...me confunde.
– A essa experiência da que falas não é possível apresá-la, há que dar-lhe tempo.
– Não posso.
– De repente, um dia, sem que aconteça nada de especial, a gente desperta noutro lugar. Não aconteceu nada e os problemas para os quais não víamos o fim, as questões que pareciam sem saída, todas as coisas nas que estávamos estancados, não existem mais e a gente se pergunta de que falávamos.
– Não consigo.
– Tudo, até mesmo isso, chegará a parecer-te tão estranho como um mundo perdido.

* * *

De Charles Péguy (da sua obra) chamou sempre a minha atenção a sua obsessão pelos parênteses (parênteses dentro de parênteses (a digressão parecia ser a forma de pensamento por antonomásia para ele (tenho que cuidar-me disso (os parênteses)))).

Nos seus ensaios sobre a história pede que olhemos nas nossas memórias e digamos se não há aí tempos nos quais não acontecia nada, nos quais as coisas sucediam às coisas sem variação nem surpresa, cinco, dez, vinte anos sem que acontecesse nada de especial. Vinte anos, sim. É muito, vinte anos, na vida de um homem (algumas vezes é tudo o que tem). Com sorte, uma pessoa sobrevive a esses períodos (não sei se sobreviver é a expressão adequada) para conhecer outros tempos: o tempo incomensurável que é o tempo da crise, o tempo das transformações e dos recomeços, o elusivo tempo do devir (não se sobrevive a isso (na realidade nunca contamos senão com os farrapos dessas metamorfoses, ou com a soma dos fatores que fazem com que pareçam impossíveis)).

O choro de Dora, como o ponto de orvalho, dá conta de um acontecimento desse tipo: é de manhã (ou, melhor: amanhece). Procuraríamos em vão na sua história pessoal, ou inclusive na sua tempestuosa relação com Picasso, a razão das suas lágrimas. Provavelmente tampouco a encontraríamos na história das mulheres, nem na história de Espanha (augúrio da história que logo assombraria o mundo).

Estamos acostumados a dizer que alguém desatou a chorar, mas as lágrimas são impessoais (não pertencem a ninguém (ou pertencem a todos (estão à margem da história (não há história possível do pranto))).

Dói. Somos essa mulher que chora.

8 de Abril

Pela tarde estive no Museu do Romantismo, que não está longe de casa. Aventurar-me nesse espaço enrarecido ao mesmo tempo que estou relendo *A náusea* é tentar a sorte. O mal-estar acompanhou-me o resto do dia, apesar de que procurei na música um remédio, como a personagem do romance.

Revisei as notas que tomei ontem na biblioteca sobre a relação de Picasso com Maar e voltei a sentir que tendo a identificar-me com ela, não com ele. A melancólica foto na qual se encontra sentada numa escada de pedra junto a Picasso, com a vista perdida e a cabeça em qualquer parte, enquanto ele olha para a câmara com gesto hierático, não me deixa olhar para as pinturas em paz. De repente, a cabeça da mulher-cavalo ganha um novo sentido para mim.

Nem toda a pintura de Picasso encontra a sua chave no erotismo. Dora não aparece como um objeto de desejo na sua pintura, aparece como uma força que não reconhece formas consagradas na época. Deforma o rosto que é atribuído à mulher, o desfigura, o transfigura, o abre a um futuro sem imagens do que está por vir. Se essas cabeças de mulher choram é porque toda a metamorfose é dolorosa. Não acho que tenha sido um processo indolor nem para o próprio Picasso. Mais tarde, Dora seria internada num psiquiátrico – chegaria inclusive a ser submetida a tratamentos de eletrochoques. A realidade continuava a adequar-se às imagens do mestre.

Octavio Paz dizia de Picasso que se exasperava com a figura humana mas nunca chegou a apagá-la, como tantos outros pintores da época. Esse exaspero, que ganha rasgos de uma crueldade inesperada nos retratos de Dora Maar, admite uma interpretação redentora a partir da obra de Paz, quem equipara o surpreendente e o maravilhoso (o nunca visto) ao monstruoso, signo da irrupção do não-humano no humano, "teatro onde o universo guerreia e copula consigo mesmo".

O que vi

No caso de uma mulher na década de trinta, e de uma mulher à procura de um rosto próprio, que não se limitasse a servir de espelho à figura do homem ("duas vezes engrandecida"), essa transfiguração deve ter sido traumática, dolorosa e, aos olhos dos homens, monstruosa (ainda é).

Alguns anos antes, em 1929, Virginia Woolf publicava um ensaio no qual postulava que uma mulher que nascesse com as inquietações e o talento de Shakespeare no século XVI haveria enlouquecido, doente e solitária, nos limites da aldeia, "meio bruxa, meio feiticeira, zombada e temida". A começos do século XX as condições para a emancipação intelectual de uma mulher não haviam melhorado muito. Inclusive quando a França não era a Inglaterra, Dora Maar, como tantas outras mulheres, devia sentir-se torturada e desgarrada por forças contraditórias. Não se encontrava apenas longe dos outros, se encontrava longe de si mesma – a caminho, quiçá, mas ainda à distância, além (e aquém) de si.

Simone de Beauvoir disse que não se nasce mulher, que o ser da mulher é um devir – e, pelo menos na época que é a nossa, um devir sem fim à vista. Se deixarmos de lado por um momento as caraterizações de Picasso como garanhão, se nos concentrarmos no observador incomparável que soube ser, não é impossível que vejamos os seus retratos de Dora como a contemplação assombrada dos lampejos dessa batalha (interior e exterior).   O desejo e a cólera, o terror e a curiosidade, dizia Paz, constituem a matéria da qual estão feitos os monstros. Picasso os convocara antes através de figuras mitológicas como a do Minotauro, mas até 1937 nunca vira um de frente. O ser que, entre tremendas dores de parto, estava nascendo, vinha pôr em questão todas as suas ideias sobre a mulher e o feminino. De todos os modos o pintou, sem complacência. Delicada e temível, bestial e angélica, a sua imagem provoca o nosso assombro e, talvez, a tua cumplicidade e a minha.

9 de Abril

A história de Picasso e Dora Maar fico selada pelas fotografias que esta tomou no estúdio de Grenier de Barrault, no número 7 da Rue des Grans-Augustins, enquanto o *Guernica* ia, lentamente, ganhando forma. Não é toda a história, mas não é uma má história.

Assombrosamente (a literatura costuma jogar estes jogos conosco), quase cem anos antes, Honoré de Balzac situava nesse mesmo lugar o atelier de François Porbus, onde começa a história de *A obra prima desconhecida*, ao final da qual, depois de intermináveis jornadas junto a Gillette, a arrebatadora amante de Nicolás Poussin, Frenhoffer revela uma imponderável pintura na qual apenas se distingue, num caos de tons indecisos e de formas nebulosas, como surgindo entre *as ruínas de uma cidade incendiada*, um pé. Não é toda a história, mas não é uma má história.

Como se fosse pouco, em 1931, Picasso ilustrou o romance de Balzac para uma edição organizada por Ambroise Vollard. Nas imagens, Frenhofer não aparece como um velho mestre acabado, mas como um pintor vital, na flor da idade, nu, lado a lado com a sua modelo. Quer dizer que Picasso se reconhecia de alguma forma na história (para nós é impossível não o fazer). Só seis anos mais tarde habitaria o estúdio da Rue des Grans-Augustins, ao qual chegou – provavelmente na ignorância da coincidência – por uma indicação de Dora.

E essa é sim toda a história, pelo menos por agora, pelo menos para mim.

10 de Abril

Na última noite me encontrei com Jordi num bar de Lavapiés. As horas passaram enquanto falámos sobre o que faríamos se tivéssemos a possibilidade de escolher absolutamente, com recursos ilimitados e sem compromissos. Jordi tem por vezes ideias incríveis; acho que não necessitaria muito para realizar grandes coisas. Quanto a mim, quiçá deva reconhecer que, ainda que tivesse à minha disposição tudo o que pudesse desejar, provavelmente acabaria mais tarde ou mais cedo no exato lugar em que me encontro agora.

11 de Abril

Dia em branco. Assim será até que consiga tirar Picasso e Dora da cabeça. Está novamente muito frio. Tenho medo de adoecer.

O que vi

12 de Abril

Totalmente consagrado à administração da solidão. Não é uma arte que domine completamente. Na minha vontade de não deixar brechas para a angústia, acabo muitas vezes condenando-me ao desassossego. Há dias que me aplico tanto a dar forma a um dia em solidão que esqueço de fazer qualquer contato, pelo que, ainda que tenha sucesso, fracasso relativamente, porque me condeno a passar outro dia igual ao anterior. Alimento-me de conversações casuais, da companhia acidental das multidões, da alegria adjacente.

Evito se possível bares e cafés. A vontade de ter uma conversa, de sair da solidão, pode ser ingovernável nesses espaços. Também devo cuidar-me muito nas proximidades do museu, onde espreitam verdadeiras hordas de pesquisadores. Sereias com pés de empregado administram uma simpatia profissional, quase prostibulária, a que é difícil resistir na posição em que me encontro. Em ordem a conjurar os seus sortilégios, aferro-me à ideia de que tudo o que sai das suas bocas é parte de um libreto longamente ensaiado, destinado a vender *duplex* em Benidorm ou planos de aposentadoria privada, não a conceder-me a felicidade de um encontro. Isso não quer dizer que não ressinta a estudada doçura das suas palavras. Como se isso fosse pouco, para vingar-se da minha indiferença, agitam à minha passagem os chocalhos da sua juventude. Essa cena repete-se sem variações cada manhã.

Perdi qualquer noção dos horários. Os dias confundem-se com as noites e muitas vezes não vou dormir até o meio-dia, sem ideia de quando, quero dizer, em *que dia* vou acordar. Como fora de horas, bebo demasiado. Esgoto jornadas inteiras sem fazer outra coisa que ler e ler sem descanso, passeando pelos museus e pelos parques sem trocar uma única palavra, como se fosse apenas um olho, um imenso olho deslocando-se pela cidade. Isso me produz sensações contraditórias, e em certas ocasiões sinto-me um total inútil, um fracassado, um pária.

13 de Abril

Jamais pensei que, escolhendo a solidão, impunha a solidão a S. Na loja do museu comprei um cartão postal com a imagem de uma pintura de

Juan Gris – *A janela aberta* (1921) – que pretendo enviar-lhe esta semana. Não sei porque escolhi justamente esse, havendo tantos.

14 de Abril

Ainda não estou pronto para retomar o trabalho. Tento que isso não me preocupe demasiado. As interrupções formam parte da experiência com igual direito que os seus momentos mais intensos e, muitas vezes, o mais importante tem lugar aí – a gestação.

De resto, procuro continuar no caminho que empreendi (só que não há caminho). Procuro-o com todas as minhas forças, por vezes desorganizadamente, sem método, sem plano inclusive, como se me internasse numa cidade que desconheço.

Pensar é internar-se nas ruas de uma cidade desconhecida.

Quem não se perde, está perdido.

* * *

Pela tarde volto a pensar em S. Nunca, até agora, tinha ressentido tanto a sua ausência. Com o postal de Gris na mão, estive considerando longamente a melhor forma de procura-la, mas continuo sem poder imaginar uma imagem do seu rosto, o que me abisma na melancolia. Há dois dias que não para de chover. Seria temerário expor-se a este clima. A imagem de Gris abre o quarto a um mundo menos destemperado. Repousa sobre a estante que se encontra em frente da cama. Quando por alguma razão faço uma pausa na leitura, sem me propor, procuro-o instintivamente. Me prometi ir ver a pintura quando melhore o tempo. Do outro lado, de resto, o postal continua em branco.

* * *

"Oh, palavra, tu, palavra que me faltas!"

15 de Abril

Leio *A sinagoga dos iconoclastas*, de Rodolfo Wilckock. É um livro feroz. A sua leitura produziu em mim um profundo mal-estar físico, que foi crescendo até atingir proporções existenciais. Saí à rua, tentando arejar a cabeça, mas não demorei em compreender que cometera um grave erro. Lá fora estava geando. O frio rachou-me os ossos. De todos os modos, tardei um pouco em encontrar o caminho de volta. Fiz de propósito? Acaso procurava expiar alguma culpa? Podia estar castigando-me de que?

 Voltei a casa doente.

16 de Abril

 Amanheço com febre – quase 39 graus. Passei a noite tentando não me afogar, sem forças para deixar a cama e procurar um médico, sem ânimo para pedir a alguém que venha em minha ajuda. Procurando entre as minhas coisas, descobri alguns antigripais. Tomei todos. Quando façam efeito, chamarei à farmácia por antibióticos.

* * *

 A pouca luz que escoa pelas persianas escurece o quarto. Deixo o abajur constantemente ligado. Tenho a garganta fechada e os olhos inchados, nevoentos, avermelhados. É-me impossível ler. Por alguma razão, porém, cismo em continuar escrevendo. Faço-o praticamente às cegas, por arrebato, umas poucas linhas cada vez. Entre um parágrafo e outro, o tempo transcorre sem que tenha consciência do que me rodeia.

* * *

 Já é de noite? O abajur emparelha as horas e aumenta a minha desorientação. A febre baixou um pouco, mas encontro-me mais fraco que pela manhã. Comi algo, sem vontade, e recebi o pedido da farmácia. Depois voltei a meter-me na cama.

* * *

 Tento escrever o cartão postal que comprei para S., mas não encontro o modo de começar. Talvez seja melhor assim. Seria injusto procurá-la neste estado de necessidade. Abstraio-me contemplando a imagem de Gris. Uma luz benigna parece emanar da janela e alcançar-me apesar do tempo e da distância. Quase posso sentir a salobre carícia da brisa marinha e escutar o pequeno som das ondas rompendo sobre as pedras da costa. Adormeci.

17 de Abril

Tive este sonho.

Uma menina, uma criança apenas, na qual se confundiam os rasgos dos meus sobrinhos saltava para a parte mais profunda de uma piscina. Fazia-o consciente, não caía por acidente. A superfície, como um cristal, permitia ver no fundo o corpo, imóvel. Ninguém parecia reparar nisso. O tempo corria. Lembro, com angústia, à sensação de impotência. No final, quebrando o feitiço, saltava e nadava até o fundo da piscina. O corpo estava colado ao filtro. Com algum esforço conseguia descolá-lo e arrastá-lo até à superfície. Já fora da água, compreendia que era tarde demais. A textura da pele era mole e grudenta, como a de um cadáver em avançado estado de decomposição. Senti náuseas. A minha irmã chorava ao meu lado, mimando gestos de luto cinematográfico. Mas o bebé não estava morto. Aproximando-me, constatava que ainda respirava e rapidamente recuperava o tom vital.

Acordei agitado. O sonho assombrou-me durante toda a manhã. Mal consegui pensar noutra coisa. Sonhara com a morte ou com a possibilidade de ser outro, menos tímido, mais ousado?

* * *

A febre não cedeu. Continuo prostrado. Passo toda a tarde contemplando o cartão postal de Gris. É consideravelmente mais eficaz que os remédios. Se deve ao que vejo na imagem ou a que o cartão é o último laço que me une a S.? Em todo o caso, despertou a minha curiosidade. Solicitei o *Catálogo Raisonné* da obra de Gris. Será algo com que entreter-me enquanto dure este tormento.

* * *

Acordo a meio da noite com o coração saltando-me do peito. Voltei a sonhar com a criança afogada? Não, foi com S. Velava a minha doença sentada a um lado da cama. Por que então me assustei dessa maneira? Suponho que não estou pronto para vê-la e, mais importante, não gostaria que me visse assim.

18 de Abril

Outro dia de reclusão forçada. A gripe continua impondo-me a sua lei e mal me arrasto pela casa. Comecei a ler alguns contos de Karen Blixen. Quando me canso de ler, estudo a imagem de Gris, apesar de ainda não ter conseguido escrever uma só palavra sobre ela.

É suficiente que passe um dia assim, sem avançar no trabalho (na escrita) para que coloque em questão toda a minha existência. No fundo, estou convencido de que nenhuma existência faz sentido, que o problema da existência é de outra ordem que a do sentido, mas vivo imerso de tal modo na ficção que não me é possível considerá-la de outra forma. Talvez a pintura pudesse ajudar-me nisso, abrir-me a uma experiência da existência que desconheça a sucessão temporal, que se esgote em si mesma.

É a gripe quem fala, a vulnerável condição da gripe que fala, mas pergunto-me porque razão continuo a debater-me, porque não aceito os dias tal como se dão, um de cada vez, sem procurar razões que os justifiquem, porque vejo a vida como uma empresa, como uma tarefa. Afinal, estamos condenados a desaparecer. À (obscura) luz dessa certeza, qualquer empreendimento parece artificial e arbitrário.

– Mas – dizes para ti – a vontade de realizar-se num projeto é natural e necessária.

– Pode ser. Só não penses que essa é a única forma da autenticidade.

* * *

Chegou o material sobre Gris.

* * *

Max Jacob contava que Gris confessara-lhe uma vez que jamais acariciava um cão senão com a mão esquerda – dessa forma, em caso de ser mordido, teria sempre a mão direita para pintar.

A sua paixão pela pintura excedia os cuidados que dispensava à sua própria obra. Manifestava um enorme entusiasmo pela pintura da sua época. Estava atento a tudo o que acontecia ao seu redor e sabia falar com generosidade inclusive da obra daqueles que não se comportaram bem com ele, como Braque.

De Braque chegou a dizer que *gostava tanto da sua pintura que o humilhava.*

19 de Abril

Há mais janelas na obra de Gris (claro que há!). Gosto especialmente de uma, pintada em dezembro de 1926, perante a qual há uma mulher vestida de vermelho. O rosto e parte do seu braço esquerdo estão cobertos pela sombra verde da montanha que entra pela janela adentro. Ela olha para o outro lado. Parece tranquila.

O que sinto é mais confuso contemplando *O violino ante a janela aberta*, da mesma época, na qual os cumes das montanhas invadem o quadro. Cinco anos antes, em 1921, Gris já ensaiava esse recurso, apesar de que o espaço aparecia mais desestruturado, e eram as formas, não as manchas de cor, o que se intrometia com a arquitetura das venezianas – por exemplo: *Le canigou*. Em certo sentido, tratava-se de outro recurso, mais parecido ao da imagem do meu cartão postal, e que quiçá alcança a sua máxima expressão em *A vista sobre a baía*, na qual todos os limites das formas são transgredidos: a água da baía avança sobre o violão, um veleiro transparece da veneziana, as montanhas descem sobre a folha do jornal, etecetera, etecetera.

Na última que pintou – *As uvas* (1927) – a mancha azul das montanhas sobrepõe-se ao fruteiro, às peras e às uvas, ao peitoril da janela. Um pequeno naperon vermelho, sobre o qual se apoiam esses objetos, pende sobre o rebordo da mesa. Gris traçou uma dura linha com o cabo do pincel para marcar o seu contorno (algo infrequente na sua pintura), o que produz uma forte impressão de tridimensionalidade. Custa acreditar que seja a obra de um homem ao que apenas o separam alguns dias da sua morte. Passaram quase cem anos e a pintura continua viva. A sua contemplação acalma-me, oferece-me um respiro.

O que vi

20 de Abril

A doença também marcou a vida de Gris. Sofria dos rins, coisa que acabaria por custar-lhe a vida, e quiçá por isso era moderado numa época de excessos. Não viajou realmente mais do que uma vez na sua vida, de Madrid a Paris, em 1906, para o que teve que vender tudo o que tinha, que era pouco. Fora disso, só se deslocaria para passar algumas temporadas em Céret, onde encontraria o seu modo (em Céret também estava Picasso), e mais tarde em Bandol, onde, procurando recuperar-se de uma afeção pulmonar, recobrou a alegria de viver (e de pintar). Aí voltaria durante longos períodos por causa dos vaivéns da sua saúde, ainda que essa vida provinciana tenha acabado também por isolá-lo intelectualmente. Com o tempo, deixou inclusive de receber correspondência. Dizia: "há que ter muita coragem e muita covardia para decidir viver aqui para sempre".

* * *

Há que ter muita coragem e muita covardia para decidir viver onde quer que seja *para sempre*. Foi por isso que deixei o Brasil, e antes Portugal, e antes a Argentina? Foram atos de coragem ou de covardia?

* * *

"Em lugar de morrer de saudade, disse-me: *o país ou a pátria está por todos os lados*."

* * *

A questão não é escolher onde viver, mas como viver – não importa onde.

* * *

Paul Auster (aos 65 anos) faz o inventário dos lugares onde residiu desde o seu nascimento. Contabiliza um número nada desprezível: 21 moradas, entre casas, residências, apartamentos, depósitos e águas furtadas. Fiz a conta pela minha vez e contei 15 (com apenas 42 anos). Suponho –

quero acreditar – que já não devo temer tantas mudanças nos anos que me restam, mas não é improvável que atinja esse número.

* * *

Agora, em todo o caso, escolho estar aqui, viver aqui, longe de tudo e de todos, a uma distância considerável, inclusive, de mim mesmo – em viagem interior.

21 de Abril

Não deixa de ser assombroso que seja a obra deste artista de saúde tão frágil, sempre doente, a que justamente me acompanhe na minha convalescência. A janela aberta é – agora sei-o com absoluta certeza – a visão de um convalescente. Por isso mesmo, quiçá, opera em mim como uma espécie de panaceia.

Talvez algo similar acontecesse com ele. As janelas multiplicam-se à medida que passam os anos e a sua saúde se deteriora. Doente, Gris cada vez menos pode sair a pintar (nem sequer ao terraço!). Olha o mundo pela janela. Ao mesmo tempo, as cores intensificam-se. Habitualmente a febre supera os 38 graus. Então, a sua paleta delira.

Gris só se lamenta de que a dança tenha acabado para ele (gostava muito de dançar). As crises sucedem-se cada vez com mais frequência. Ao deitar-se, não se atreve a mexer-se, temendo convocá-las (era, também, muito supersticioso). Reduziu a sua vida ao essencial. Toda a força que lhe resta está concentrada na sua mão direita. Deu o resto aos cães.

* * *

James Steward, em *A janela indiscreta*, também é um convalescente. Observa o mundo através de uma janela. Observa as coisas assim porque está doente ou está doente porque observa as coisas assim? A visão é a loucura do corpo, escreveu Clarice Lispector. Seja como for, há aí uma estranha conjugação entre um *tipo* e um *topos*, um modo de individuação do que a obra de Gris oferece quiçá o caso mais interessante.

Quanto a mim, observo o mundo através de um cartão postal, da imagem de uma janela num cartão postal. Por alguma razão, porém, sinto

que isso é um progresso em relação à minha situação anterior – quando via o mundo como se me separasse dele uma vitrine, do outro lado de um vidro.
22 de Abril

Noite infernal. Aos picos da febre somaram-se violentos ataques de tosse, que me convulsionaram durante horas, sem descanso. Sinto-me totalmente abatido. Ao mesmo tempo, sugestionado pela história de Gris, assaltam-me continuamente pensamentos de morte. É uma idiotice, porque o que me mantém prostrado não deixa de ser uma gripe comum. Ainda assim, não posso evitá-lo.

Fazemos grandes planos, embarcamos em empresas extraordinárias, encarnamos ideias intemporais, mas os nossos corpos não deixam de desenganar-nos, de nos lembrar da nossa finitude. É suficiente que imagine por um instante o secreto trabalho dos órgãos para que me paralise o temor de que falhem a qualquer momento (e vão falhar, só não sei quando). Para recuperar a compostura, imagino o meu corpo recheado de algodão; quer dizer, morto, embalsamado (mesmo que não seja assim que o veja). Será que só nos pensando mortos podemos deixar de nos preocupar com a morte?

*   *   *

Dizer *medo da morte* não é tanto quanto dizer *medo da vida*.

23 de Abril

Hoje esteve Víctor em casa. Ninguém sabia do meu estado e a verdade é que não esperava receber visitas (preferia assim). Apesar de que ignorei a campainha as três vezes que tocou, não consegui evitar que subisse. Quando aluguei o apartamento, deixara um jogo de chaves com ele para ter a quem acudir em caso de perder a minhas (é notável que isso nunca tenha acontecido). Vinha para devolvê-las, porque na sexta regressava ao Chile. Depois de quatro anos em Madrid, não pode postergar mais isso, é hora.

O meu aspecto o impressionou visivelmente. Perguntou-me o que me tinha acontecido. Conseguia ver algo mais do que os sintomas da gripe? Menti que estava doente e o tomou com naturalidade.

– A doença é parte da saúde – disse –. Não lutes contra ela.

Aleguei que não sabia se era capaz de viver durante muito mais tempo com isso, que começava a cansar-me das fugazes melhoras e das permanentes recaídas. Não procurava que se compadecesse de mim, mas necessitava desafogar-me.

– Não existe cura – disse –, não te enganes. Entender-se com a doença, habituar-se a viver com a doença, é a única saída.

Não deixei a cama nem liguei a luz. Lá fora, a noite começara a cair. A silhueta de Víctor recortava-se na abertura da porta. De quando em quando, o lume do cigarro revelava os traços do seu rosto.

– Necessitas alguma coisa? – perguntou.

Disse que não, mas que por favor não dissesse a S. que me vira.

Deixou as chaves sobre a mesa. Ainda queria ver algumas pessoas antes de ir pelas malas. O avião para Santiago saía pela madrugada. Mesmo sendo impensável numa condição como a minha, tive pena dele. Não estava pronto para regressar.

Estarei eu pronto alguma vez?

* * *

"O mero permanecer já é recaída."

* * *

Daniel-Henry Kahnweiler conta uma anedota engraçada sobre Gris. Segundo parece, durante as festas que tinham lugar na sua casa, Artaud, que era um assíduo, costumava fazer um pequeno número que o fascinava. Pedia para desligar as luzes, aninhava-se num sofá e permanecia aí durante algum tempo; quando voltavam a ligar as luzes, surgia transfigurado, encarnando uma personagem qualquer, provocando o assombro dos presentes. Um domingo, Gris quis experimentar por conta própria. Fez desligar as luzes, ocupou o lugar de Artaud, e esteve aí, sem mover-se, durante vários minutos. Quando voltaram a ligar as luzes, continuava sendo Gris, acaso algo adormecido pela prolongada imobilidade. Tinha fracassado completamente. Mas o interessante é que Kahnweiler conta (e aqui o engraçado da anedota dá lugar a uma obscura premonição) que, vendo-o assim, na penumbra, imóvel como um vulto sobre o sofá, um arrepio lhe percorreu a espinha: entrevera o cadáver do amigo, tal como o veria cinco anos mais tarde em Boulogne-Billancourt, pouco depois que completou quarenta anos.

* * *

"Sempre imaginamos que tudo o que nos chama a atenção se gravará na memória. Não é assim."

24 de Abril

Continuo doente. Os antibióticos já não parecem fazer efeito e os sintomas são cada vez mais intensos. Doe-me o corpo todo e os olhos ardem nas suas órbitas. Distraio-me com facilidade. Ontem, pela noite, passei mais de uma hora tentando ler uma página de Musil, aquela na qual Ulrich reflete sobre a sua disposição para amar a vida sob todas a suas formas, mas nunca sem reservas.

Na reprodução da janela de Gris encontro o meu único consolo. As janelas do chão dão todas para um triste pátio interior, povoado de varais e de aparelhos de ar condicionado, pelo que é pouco habitual que corra as cortinas. A luz do sol apenas entra através da pintura, que deixou de ser uma representação para converter-se numa presença real para mim. Com a vista fixa nela, o clima do quarto muda por completo, e permanece assim durante um bom tempo, inclusive quando retorno às minhas tarefas. Custa-me falar da sua composição. O prazer que me produz a sua contemplação não é intelectual. Como o sol de inverno sobre a pele, convida-me a fechar os olhos e deixar-me estar. Trata-se, evidentemente, de uma imagem, que Gris construiu com consciência, mas a imagem irradia algo que não é da ordem do visível, algo que impõe uma atmosfera especial, na qual o tempo não passa, ou passa muito lentamente, difundindo em todo o meu organismo uma branda sensação de bem-estar. Se alguém entrasse de repente no quarto, quiçá sentiria vergonha do meu abandono e tentasse justificar-me assinalando o modo em que a paisagem parece envolver todas as coisas no quadro, desfazendo a clausura das janelas, tingindo com a sua aura azulada o violão e a taça de vinho, iluminando as coisas de dentro. A sós, deixo-me envolver também, abdico por um momento de qualquer consciência crítica, e me entrego sem reservas ao pulsar impessoal da existência sem determinação que também sou, como pelo efeito de uma droga gentil. A pintura também pode ser uma forma da felicidade.

* * *

Nem a realidade é um deserto nem as imagens são uma miragem. Não é refúgio o que procuro na pintura. Pelo contrário, procuro uma aventura, algo que na rotineira repetição da atualidade parece impossível (e quiçá o seja). Trata-se, sem dúvida, de uma fuga. Negar isso seria declarar-me incompetente para a crítica. Só que nessa fuga não estou sozinho, mesmo quando passo necessariamente pela solidão. As imagens nas quais me perco, e os homens que forjaram essas imagens, estão comigo, vivos de uma vida que se liga à minha de uma forma essencial (aí eu dependo deles e eles dependem de mim para viver). Todavia, se regresso, e não há como não regressar, a fuga...

Deste lado, claro, tudo é explicável de uma ou outra forma, mas mentiria se digo que sopeso razões ao voltar as costas ao mundo para afundar-me no reflexo do mundo. Por vezes sinto que é do encontro da verdade do mundo que me afasto. Segundo seja o caso, o faço com angústia ou com alegria, sabendo que ao regressar nenhuma dessas formas da paixão significarão já o mesmo que significaram até aí, tal é a intensidade do movimento de que falo. Poderei ser um homem volúvel, fraco, incapaz da constância que exige qualquer forma de compromisso, mas ao menos sei que sou capaz disso: posso anular-me na consciência de outras pessoas, homens e mulheres que pela arte da pintura souberam transmutar em matéria sensível os seus espíritos (assim como Gris materializava a cor), e quiçá manter um olho aberto, e uma mão livre, para contribuir com o devir da consciência.

Nabokov escreveu: "o rasgo distintivo de todo o existente é a sua monotonia. Consumimos o alimento a horas fixas, porque os planetas, como os trens que nunca se atrasam, saem e chegam a horas determinadas de antemão". Em *A veneziana*, um conto de 1924 que permaneceu inédito durante anos, um restaurador sugere que, assim como nas lendas da antiguidade se fala de artistas que eram capazes de trazer à vida as suas criações, ele é capaz de adentrar-se nos quadros e experimentar a vida que tem lugar nas pinturas. É, diz, como caminhar sobre as águas, uma espécie de milagre. Evidentemente, essa felicidade não pode durar muito, e comporta, de fato, sérios riscos, porque de permanecer tempo demais nesse estado pode gelar-nos o sangue e podemos acabar convertidos numa figura de sal, mancha de óleo ou aglutinação de pigmentos. Quando sentimos que isso começa a suceder, a única forma de escapar é fechar os olhos bem fechados e subtrair-se ao encanto. De volta à realidade, e durante algum tempo, tudo parece mais intenso, mais brilhante. É uma euforia, dá-nos a volta à cabeça. Como uma noite de insônia, como um acidente. A monotonia do universo foi interrompida por um instante.

No conto de Nabokov, Frank, que abandou os estudos para dedicar-se à pintura e dilapida sem objeto o patrimônio familiar, propõe uma reflexão patética; diz: "Acredito que há algo na arte, e especialmente na pintura, que é indigno de um homem forte. Trato de lutar contra esse demónio. Se me entrego a ele por completo, em lugar de levar uma existência pacífica, ordenada, com as suas correspondentes mas limitadas doses de tristeza e alegria, uma existência regida por essa regras precisas sem as quais qualquer jogo perde todo o seu atrativo, me verei condenado ao caos constante, ao tumulto, Deus sabe lá a que. Viverei atormentado até o dia da minha morte, me converterei num desses desgraçados com os que tropecei tantas vezes em Chelsea, esses vãos loucos de cabelos compridos e jaqueta de veludo... fracos, destruídos, enamorados tão só da sua própria paleta de cores peganhentas".

Assim tenho andado pelas ruas de Madrid, ausente, descuidado, e, pior, sem obra, apaixonado pela paleta de outros homens, não menos malditos, como um viciado. E a beleza nunca é suficiente (e, se não me cuido, furarão os meus olhos). Porém, quem assegure poder deduzir as consequências desse tipo de experiências além do que são capazes de produzir em cada um, em cada caso, é um impostor. O espírito dos homens não é mole como a cera nem é impermeável à gravitação do intangível.

* * *

Em 1990, Akira Kurosawa realizava um filme no qual a fantasia do curador de Nabokov é posta em cena no sonho de um pintor que contempla a obra de Van Gogh. Kurosawa não podia conhecer o conto de Nabokov, que só seria publicado cinco anos mais tarde. No fundo, desde os seus começos, o cinema não deixou nunca de explorar o espaço pictórico, introduzindo-se no quadro, animando-o, infundindo-lhe movimento. Nesse sentido, o cinema tem sido sempre um grande espectador.

Mais recentemente, Peter Greenaway procurou fazer dessa imersão uma aventura coletiva. Em *Nine classic paintigs revisited*, através de projeções lazer sobre pinturas ou reproduções de pinturas consagradas – *A ronda da noite*, *A última ceia*, etc. –, põe em movimento imagens esclerosadas pela sua consagração museológica. Não é, certamente, a mesma coisa que entrar fisicamente no mundo poético de uma pintura, nem sequer o mesmo que entrar *em sonhos*, mas permite que recuperemos algo que o endurecimento das nossas competências para ver e apreciar pintura pareciam ter perdido para sempre – algo que no cinema continua vivo, apesar dos constantes embates da indústria cinematográfica para torná-lo uma variante da montanha russa.

25 de Abril

Gris terminou de pintar *A janela aberta* em março, a finais do inverno. Aqui o inverno não acaba nunca. Quanto tempo mais terei que permanecer na cama? Pela manhã, nu, perante o espelho, reconheci o meu corpo com espanto. Estou coberto de sinais. Qualquer um, em qualquer momento, poderia ter uma má ideia. Também estive controlando a minha urina. Pelo menos os rins continuam fazendo o seu trabalho. Não estou com ânimo para escrever.

* * *

Hoje morreu Herberto Helder.

26 de Abril

Para que servem os pintores em tempos de aflição?

A guerra de catorze surpreende Gris no sul de França, junto da fronteira com a Espanha. Sobrevive os primeiros tempos graças à generosidade de uma família amiga. Perto se encontra Matisse, com quem, segundo se sabe, se reunia para conversar todas as tardes.

O que vi

Dois anos depois, em 1916, Hugo Ball escrevia: "As palavras e a imagem estão crucificadas". Gris, que conseguira regressar a Paris e passa grandes dificuldades, não o entende dessa forma, e continua pintando. Não é possível pensar que possa ser indiferente aos milhares, aos milhões de mortos que se acumulam nas trincheiras de Verdun e do Somme. Simplesmente trava a sua batalha noutra frente. Não pode renunciar à pintura. Renunciou ao resto. Se também abdicasse disso, de nada valeria que o mundo ressurgisse das cinzas depois do fim da guerra.

A vida é, por um lado, uma carga, uma fonte de obrigações, e exige o nosso compromisso, a nossa participação na luta pelo bem comum. Mas a vida é, também, desejo que só aceita ser amado sem medida, além de qualquer coação, e pede para ser dançada com fanatismo. Gris atravessou a guerra sem empunhar uma arma, mas fechado no seu estudo, pintando incomovível as mesmas naturezas mortas de sempre, estava comprometido em fazer da vida algo pelo qual valesse a pena continuar lutando. O mundo seria mais pobre hoje se tivesse procedido de outro modo.

27 de Abril

Ninguém vive sozinho, completamente só, sem receber nada, sem dar nada em troca. Mas a solidão é real e tem a forma da ausência de nós mesmos. Se depois de uma longa jornada de trabalho no meu quarto, a sós, saio a comprar o pão e alguém estabelece conversa comigo, ou mesmo se marco um café com um amigo no final do dia, tenho pouco que dizer, nada para contar, gaguejo algumas palavras mas não digo nada, não sou capaz de dizer nada, nada de mim.

Nesse sentido a solidão é um jogo perigoso, mesmo que não se jogue senão superficialmente, como quando, sendo crianças, nos impúnhamos o silêncio, sem dizer nada a ninguém, e andávamos entre as pessoas como se aguentássemos a respiração, depois de um tempo não aguentávamos e desatávamos a falar como loucos, com medo de ficar loucos.

Mas que acontece se já não somos crianças, se somos o suficientemente grandes como para olhar o rosto da loucura com fascinação? Alguém poderia objetar que sempre é possível sair, pedir ajuda a um familiar, a um amigo, a um médico, mas chega um momento em que emergir da solidão já não pode fazer-se sem riscos, como quando se passa

algum tempo a grandes profundidades (só que para a solidão não existem câmaras de descompressão).
De todos os modos, não há que ter medo.

* * *

Tenho medo.

* * *

"Ter medo é um pecado." (Dostoiévski)

* * *

Dirão que morreu tranquilo, no alto da noite, sem sofrer dor.
Dirão – é um lugar comum do gênero – que a sua morte surpreendeu inclusive aos mais próximos, a S., a sua mulher.
Num cemitério privado de Bahía Blanca a sua mãe colocará uma placa de mármore com o seu nome e as duas datas sobre uma parcela de terreno sem caixão e sem corpo. Numas poucas bibliotecas, os poucos livros que deixou ocuparão um espaço raramente visitado durante algum tempo, até que os recortes orçamentários obriguem a uma revisão do espólio, e o seu nome assombrará as redes virtuais até que os raros arquivos que o acolhem ressintam em carne própria os avanços da corrupção.
Antes terão morrido os poucos, não, sou injusto, os muitos que o quiseram, e com eles a memória mais importante, a que vive.
Dirão que foi mais uma vítima da depressão, ou, entre os colegas, que não foi capaz de consumar a morte de deus.
Dirão o que digam, mas deixem-me dizer que foi tudo de consciência, propositadamente, para desaparecer.
No envelope, sem afetar desesperação na caligrafia, espero que uma mão amiga se dê ao trabalho de escrever: "senhor juiz".

O que vi

28 de Abril

É absurdo, mas durante muito tempo Gris achou que era incapaz de dominar a cor como Picasso, como Léger, e sofreu por isso. Não posso deixar de lembrar o tormento de Pizarnik, sempre se lamentando de desconhecer a gramática, o que para ela a desqualificava como escritora (mas não posso falar dela, não sem cair numa melancolia sem fundo). O certo é que na pintura de Gris, sobretudo nas obras dos últimos anos, a cor vibra com uma intensidade enlouquecedora, que comove àqueles que se aproximam delas. A matéria não é colorida, como estamos habituados a pensar; é a própria cor que se torna matéria. Vermelhos sobre vermelhos envolvendo as superfícies brancas e cinzentas de um livro e de um violão, e a chamada sensual, irresistível, de uma vasilha cheia de frutas verde-azuladas (*O livro aberto*, 1925). Variações do amarelo sobre uma superfície de vermelhos, encarnados e púrpuras, em segundo lugar frutas sobre uma mesa, assombradas pela perturbadora mancha verde de uma jarra que ameaça desprender-se da tela em qualquer momento, tudo, por sua vez, sobre um fundo ainda mais verde, inclusive onde se insinua uma janela aberta, com o qual acontece que são as frutas, a mesa e a toalha que parecem a ponto de desprender-se da tela (*Maçãs e limões*, 1926). São pinturas nas quais a imagem cede ao apelo de algo mais primal e mais direto. Não nos conformamos em contemplá-las, nem sequer nos preocupa entendê-las, queremos meter-lhes a mão, levarmos a sua matéria subtil à boca, possuí-las e ser possuídos por elas.

29 de Abril

A febre baixou, mas ainda sinto uma espécie de hipersensibilidade na ponta dos dedos, que desfaz as superfícies mais conhecidas numa multiplicidade de sensações de uma intensidade enlouquecedora. Palpo o espaço ao meu redor com horror. Tomei os últimos dois comprimidos que restavam, mas já não espero que façam efeito. Daqui terei que sair pelos meus próprios pés.

* * *

Sabem os pintores o que fazem? A questão pode parecer platónica, mas sobreviveu sob diferentes formas entre os próprios pintores, que jamais se contiveram na hora de denunciar a impostura dos seus colegas. Reverso dessa medalha, María Dolores Jiménez Blanco conta que, em certa ocasião, perante um quadro de Juan Gris, Picasso comentara: "É belo, um pintor que sabia o que fazia".

De fato, Gris tinha fama de defender apaixonadamente o cubismo – Manolo Hugué, que detestava o movimento, dizia que com argumentos absurdos. Não chegou a publicar senão uma pequena conferência – *Sobre as possibilidades da pintura* (1924) – e algumas opiniões sobre o cubismo – *Questionário sobre o cubismo* (1921) –, que afetam certas falhas da sua formação autodidata e quiçá não fazem justiça ao seu pensamento, mas que nos permitem entrever a consciência que tinha do seu ofício. Dizia que, ao contrário de Cézanne, na hora de pintar procedia do geral ao particular, do abstrato ao concreto, da ideia ao fato real, e que procurava, não fazer de uma garrafa um cilindro, mas partir do cilindro para criar um indivíduo de um tipo especial, uma garrafa, *certa garrafa*. Costumava começar pela cor e ia diferenciando as formas a partir das manchas que esparzia sobre a tela; daí que, em alguns quadros, as manchas de cor transgridam as linhas do desenho, nublando uma veneziana, enterrando uma garrafa ou janeleando o ombro de uma mulher.

Alentava igualmente a convicção de que para pintar era necessário conhecer as possibilidades (transcendentais e históricas) da pintura. Era dogmático nisso, e quiçá a insistência em certos motivos e formas ao longo da sua vida deem conta desse dogmatismo melhor que qualquer análise crítica das suas cartas e escritos. Confiava em que o seu ofício consistia numa forma de arquitetura pictórica, onde se tratava de combinar de forma orgânica cores, figuras e contrastes, e em geral as relações pictóricas preexistentes, dando lugar a uma deformação sem precedentes. Não é que o assunto das suas pinturas fosse para ele indiferente; simplesmente considerava que o assunto tinha que adequar-se à pintura, e não o contrário.

Como qualquer forma de arte, quem se deixe levar pela fantasia de conhecer os lugares e o tempo que a sua pintura evoca, acabará por ver frustradas as suas expectativas. As janelas abertas dos seus quadros não dão para lugar nenhum. Isso não as torna menos reais. Pelo contrário, em cada uma delas o ser manifesta-se sem reservas, de uma forma única e singular, que desconhece outra transcendência que a que pode emprestar-lhe, momentaneamente, o nosso olhar. Escreveu: "o poder de sugestão da pintura é considerável. Cada espectador tende a atribuí-lhe um sentido. É preciso prever, adiantar-se e ratificar essa sugestão que fatalmente se produzirá ao transformar em tema essa abstração, essa arquitetura devida só à técnica pictórica. Para isso, é preciso que o artista seja espectador e que modifique o aspecto dessas relações de formas abstratas. É preciso que ignore, até à terminação da obra, o seu aspecto total. Imitar um aspecto preconcebido é como imitar o aspecto de um modelo".

Não estava longe da verdade nisso. Qualquer pintor é sempre um espectador, e não só da pintura que lhe precede no tempo, mas também da pintura que produz a sua própria mão, que em certa medida sempre adianta o seu olhar. Gris não se cansa de escrever a Kahnweiler para contar que trabalha nesta ou naquela tela, com expectativa e entusiasmo, mas realmente não sabe qual será o resultado até que se encontrem terminadas. Essa advertência final é essencial: qual poderia ser o sentido de copiar o que já foi feito (inclusive por nós mesmos)?

Pintar sem modelos, em todo o caso, não significou para Gris abrir mão da seriedade do seu trabalho. A pintura com que sonhava encontrava-se aberta a variações indefinidas, que em última instância eram mais importantes que o sucesso das obras resultantes. Frequentemente suspendia o seu juízo ante um trabalho terminado, sendo poucas as vezes em que se sentia em condições de assegurar que uma das suas pinturas tinha sido felizmente conseguida. O fato de que enviasse tudo ou quase tudo o que pintava a Kahnweiler, deixando nas mãos deste a decisão final, e o fato de que este não descartara jamais nenhuma das suas criações, deu lugar a uma obra que não renega os seus impasses e derivas, as suas hesitações e os seus erros.

Há aqui uma lição para qualquer explorador da forma, e especialmente uma lição para mim, que ando à procura: os erros e os extravios da experimentação formam parte, com igual direito que os acertos e as conquistas, da arquitetura da criação.

30 de Abril

A doença começa a mostrar sinais de estar retrocedendo. Atrás deixa um corpo acabado pelos ardores da febre e os efeitos secundários dos antibióticos, mas sobretudo deixa-me confundido, sem saber como recomeçar, sem estar completamente certo de que valha a pena retomar as visitas ao museu, o trabalho na biblioteca, a usura dos dias em nome da pintura. Mesmo a vontade de escrever um livro sobre o olhar, que começava a dar sentido à minha solidão, se diluiu na multiplicidade dos desejos insignificantes. Quero dizer que voltei mais uma vez ao ponto de partida, agora assombrado por questões que desconhecia ao começar. Só consigo pensar em voltar a sentir o sol sobre a pele.

1º de Maio

Hoje acordei completamente recomposto. Só o abandono em que se encontra a casa – o chão coberto de lenços secos e copos vazios – fala do que vivi durante os últimos dias. Apesar da previsão do tempo anunciar que o frio voltará no final de semana, saio à rua sem nenhuma precaução. Mais tarde tomarei o café da manhã em algum lugar. Sinto-me invulnerável. Não aprendi nada com o que aconteceu (quiçá não haja nada que aprender). Necessito ver a pintura de Gris.

2 de Maio de 1921

Há (está) um dia perfeito. Pensas que não estaria mal dar uma volta pela praia, mais tarde, e, de regresso, deter-te a tomar uma cerveja no café da praça e, quem sabe, dançar um pouco com Josette. Levas tempo demais encerrado neste quarto. A pintura, toda a pintura, está encerrada neste quarto. Em todo o caso, não te faria mal deixar a janela aberta. Com movimentos mecânicos, quase com displicência, dispões os objetos nos seus lugares habituais: o fruteiro, as uvas, o violão, a taça e a garrafa, as partituras. Sob a luz do meio-dia parecem descobrir aspectos que nunca te tinham revelado. À medida que aplicas com estudado abandono as manchas de cor sobre a tela – tons neutros, humildes, negro e pastel, marrons e cinzas, já chegará o dia em que domines a cor, isso requer trabalho –, ganha-te uma sensação inédita, como se, estando dentro, como é costume, estivesses ao mesmo tempo fora. Uma a uma, as formas vão exigindo a sua definição. Podes vê-las lutando por ocupar o primeiro plano, desafiando a perspectiva, arrastando consigo o espaço. As formas também gostam de dançar. Compreendes, quiçá, que, enquanto a tua mão avança com destreza no seu trabalho, te converteste em espectador da tua própria obra. Ainda não é o que procuras, mas o que vês não te desgosta completamente. Alguém menos atento que tu poderia perder-se nela. Não te dás ao trabalho de fechar a janela. Tentarás de novo quando esteja pronta a próxima tela. Quantas vezes seja necessário. É hora de voltar a baralhar as cartas.

3 de Maio

Não sei quanto tempo passei ontem perante *A janela aberta*, mas ao baixar a vista senti um peso de anos e anos sobre o meu olhar. No fundo, todo o olhar sobre a pintura traça um arco temporal que une o olhar do pintor ao nosso, dando lugar a uma peculiar comunhão, na qual tudo o que há em comum é a visibilidade da própria pintura, essa poeira leve. O que Gris viu num meio-dia de maio, faz cem anos, no sul de França, isso mesmo, exatamente isso, ontem pela tarde, eu também vi. Pouco importa que a origem dessa visão tenha sido a gravitação da luz meridional sobre os objetos que povoavam o atelier de Gris na época, ou uma iluminação interior, resultado de um trabalho continuado e meticuloso, ao mesmo tempo pictórico e intelectual. Gris só pode vê-lo, como eu o vi, depois de renunciar a dar mais uma pincelada. Então, tal como para mim, a pintura deve ter sido para ele uma revelação.

– Estou curado – disse (tenho desenvolvido o feio costume de falar sozinho).

Desorientado, surpreendido, incrédulo, reparei que não havia mais ninguém na sala, que estivera sozinho o tempo todo, que o que vivera tinha sido algo que ficaria apenas entre Gris e eu.

– O museu fecha em dez minutos – informou a guarda num sussurro, observando que saía do meu transe (tivera a delicadeza de esperar por mim).

Tive vontade de propor-lhe que se aproximasse até onde me encontrava para que visse o que eu vira, mas temi ser mal interpretado e, resignado, me dispus a deixar a sala. Olhou-me como se entendesse e me indicou discretamente o caminho mais curto até a saída. Nas minhas costas, as luzes desligaram-se sem anúncio prévio. Compreendi que a guarda me acompanharia até o elevador. Não trocamos uma única palavra, mas antes de deixar-me, sem levantar a vista, como se falasse apenas para si, com contido pesar, lamentou-se:

– Já ninguém se lembra de Juan Gris.

4 de Maio

  Despacho o cartão postal de Gris. Sem conseguir escrever palavra. No reverso da imagem anotei cuidadosamente os dados necessários para que chegue ao destino. O resto ficou em branco. S. não terá dificuldade para ler no meu silêncio. Diz que a levo comigo, que continuo amando-a, como sempre.

SEGUNDA PARTE

É uma tarefa chegar a ver
o mundo como é.

Iris Murdoch

O que vi

7 de Maio

Necessito fazer uma pausa. Sem uma pausa na reflexão me será impossível compreender mais alguma coisa. Não é apenas outra das minhas incuráveis limitações, ainda quando não ignoro que tenho uma capacidade muito reduzida de trabalho, ou uma capacidade muito grande por curtos períodos de tempo – depois é o marasmo, o tédio, a melancolia. Tomo isso com calma. Que outra coisa poderia fazer?

* * *

Quieto, não deixo de mover-me. Pode parecer que repouso, mas não paro de correr. Fujo de mim.

8 de Maio

É comovedora a beleza que pode ter, no meio do longo inverno madrileno, um dia de sol. Sentado num banco frente ao lago do *Parque do Retiro*, vendo a gente que passeia sem presa, me embarga um prazer sereno, mole, sem arestas, que enleva o meu desejo e aquieta a minha vontade, até deixar-me num estado de quase perfeita beatitude.
Levanto a vista e contemplo durante um momento as nuvens que se formam muito alto no céu. Observar as nuvens é uma forma inteligente (económica) de observar dentro da própria cabeça. O segredo é não pensar em nada. Pouco a pouco, da volúvel matéria das nuvens, vão surgindo as figuras nas que se reconhece a nossa mente quando carece de qualquer intenção. É um espetáculo digno de se ver. Agora é um dragão. Agora o rosto de uma criança chorando. Agora um campo de trigo do que levanta voo uma bandada de corvos.

9 de Maio

Outro dia dedicado a vagar pelos parques de Madrid. Na *Quinta dos Moinhos*, caminho em círculos com os olhos entreabertos enquanto escuto um tema de George Harrison que se repete no meu *walkman* como um mantra. Por momentos o sol me dá em cheio nos olhos e ando literalmente às cegas. *Seeing without looking.*

Quando era um adolescente tinha o hábito de impor-me o passo que ditava o ritmo da música que escutava. Com os fones de ouvido e a minha fita cassete favorita a todo o volume, as coisas ao meu redor pareciam adotar também essa cadência, e inclusive responder poeticamente à letra das canções, para o qual eu colaborava com oportunos movimentos de cabeça, numa espécie de edição ao vivo de um filme que se projetava dentro da minha mente – ou *a partir* da minha mente, na rua – e que mimetizava os recursos dos primeiros *vídeo-clips* que começavam a ver-se na televisão. Não importava então o tamanho da minha angústia: o mundo voltava a ter sentido nesses momentos – mesmo que só fosse o sentido da minha angústia.

Em Madrid, depois de semanas a visitar diariamente o museu, acabei desenvolvendo uma espécie de deformação perceptiva similar, que me surpreende nas situações mais diversas. Não há nada que possa fazer para precaver-me. Pode acontecer em qualquer lado, a qualquer momento. Na rua, por exemplo, enquanto espero que mude a luz do sinal para cruzar, tudo se detém num instante que se prolonga paradoxalmente no tempo, como se se tratasse de um quadro. Evidentemente, os carros não se detêm, as pessoas seguem o seu caminho, sou apenas eu quem fica congelado – e a realidade em mim (para mim). Ando preocupado com esse fenómeno. Os nossos olhos não estão feitos para a contemplação, estão feitos para a sobrevivência. Ao mesmo tempo, não deixo de experimentar uma íntima fascinação com o resultado. As instantâneas fugazes nas que me abstraio são capazes de suportar todas as funções de uma imagem artística: chamar a atenção sobre objetos cuja beleza nada deixava prever, tornar incontornável o absurdo ou a obscenidade de uma determinada situação, e assim por diante. É um mistério, inclusive para mim, o que acontece comigo nesses momentos.

* * *

"Se não tivéssemos lido romances de amor, jamais seríamos capazes de amar."

O que vi

11 de Maio

Continua o bom tempo. Passo a maior parte do dia vagando pelos parques da cidade. Ontem foi o *Parque do Oeste*. Hoje, o do *Capricho*. Nos seus melhores momentos, a arquitetura desses jardins se dissimula até desaparecer, dando a impressão que nos adentramos na natureza. Trata-se de uma natureza à escala humana. Isto é mais importante que o primeiro. O problema das cidades modernas não é tanto a ruptura que impõem entre nós e a natureza selvagem como a escala inumana que adquirem como parte da máquina de acumulação capitalista. Inclusive quando não são completamente imunes a essa lógica, os parques são espaços de suspensão.

* * *

Nesse gosto pelos parques não estou sozinho. Tenho, de fato, alguns predecessores célebres. Francis Bacon escreveu um ensaio sobre os jardins, que considerava entre os mais puros prazeres dados ao homem; e Goethe, apesar de privilegiar, como a maior parte dos românticos, o chamado da natureza, não era indiferente aos grandes parques ingleses e italianos da sua época (chegou mesmo a cultivar um extraordinário jardim perto da sua casa de verão em Weimar). Mas é seguramente no gosto de Kant pelos parques em quem melhor me reconheço.

Kant era um entusiasta da jardinagem, que colocava inclusive acima da pintura. Apreciava, sobre qualquer outros, os jardins que evitavam na medida do possível qualquer forma de regularidade (estilo inglês), propiciando o livre devaneio da imaginação. Escreveu que é frequente que a fantasia veja em todos os lados, mesmo nas coisas inanimadas, uma alma que nos fala através das suas formas. O arranjo dos elementos que compõem um jardim – a grama, as flores, os arbustos e as árvores, e também as águas, as colinas e os vales – satisfaz esse impulso com generosidade. Entre eles não nos sentimos nunca sozinhos, *como se* o universo fosse o nosso lar. Ao mesmo tempo, e de modo paradoxal, respondendo a essa experiência irracional (não temos nenhuma razão para pensar que o universo se encontra feito à nossa medida), põe em jogo a totalidade das faculdades humanas.

Sob uma falsa aparência de utilidade, em nome da saúde pública ou das apostas do mercado imobiliário, os parques continuam oferecendo-se à nossa contemplação como uma estranha pintura sem objeto, convidando-nos a abandonar-nos aos transportes da experiência estética.

* * *

Decidi regressar ao museu, com a condição de permanecer no jardim.

12 de Maio

Há, rodeada de árvores de folha perene e de arbustos em flor, plantada firmemente sobre a terra, uma pesada estrutura negra de mais de sete metros de altura, composta de quatro triângulos levemente côncavos soldados entre si sobre o seu lado mais longo, formando uma figura que lembra essas árvores de natal esquemáticas que costumam ver-se agora nas lojas de decoração. Sobre o vértice equilibra-se, frágil, leve, vermelha, uma barra transversal em arco, de cujas pontas pendem em cachos instáveis as pás improváveis de um moinho sem uso. A barra vermelha gira sobre si, as pás (vermelhas ou amarelas de um lado, brancas do outro) oscilam num complexo sistema de suportes articulados.

Se se inclina demasiado para um dos lados, a grande barra horizontal parece o fiel de uma balança inútil. Quando se detém por completo tem ares de árvore pré-histórica. Sob a ação da brisa, o conjunto evoluciona em lentos movimentos elásticos, ora refletindo o sol, ora ocultando-se nas sombras, como um veleiro entrando no porto. Captura o teu olhar de imediato. Põe a voar a tua imaginação. Que forma adotará a seguir? O que foi dessa que o vento desfez antes que conseguisses decifrá-la? Agora, por exemplo, gira em grandes circunferências regulares. Sem medi-lo, faz passar o tempo. Como se não lhe bastasse ser moinho e barco, árvore e fiel, quer também ser relógio.

Apesar das suas dimensões, é quiçá o objeto mais humano de todo o museu. Contemplando-o, sentimo-nos em casa, como se o mundo, cedendo à gravitação da beleza, se contivesse, dando-se segundo uma medida adequada à nossa sensibilidade. Tal como os brinquedos das crianças, torna o universo manejável, remetendo o seu mistério a um jogo sem riscos.

O que vi

* * *

"A crueldade tem um coração humano e os ciúmes um rosto humano; o terror tem a divina forma humana e o mistério tem as vestes do homem."

* * *

Mas – observas – o universo é inumano. Não o esqueças.

13 de Maio

Mesmo encontrando-se instalada ao ar livre, a obra de Calder não está à intempérie. Dentro do edifício se abre ao exterior, instala uma paisagem. Pode até tratar-se de uma paisagem lunar, mas não deixa de ser uma paisagem humana. Como os colonos das crónicas de Bradbury, vendo-nos refletidos na sua superfície opaca acabamos por compreender que nós somos os marcianos. A beleza é de outro mundo. Nós a trouxemos aqui. Há outras formas de lidar com o mistério do universo, evidentemente, mas a beleza é sem dúvida a mais humana de todas.

* * *

Não se pode viver na beleza. Tampouco pode se viver sem ela. Não vale a pena.

14 de Maio

Ontem pela noite assisti a um concerto num dos auditórios do Edifício Nouvel. A *Orquestra Nacional de Espanha*, sob a direção de Tim Fain, ensaiava um novo arranjo de *As quatro estações*, que é uma peça acessível para leigos, como eu. O público era escasso e isso me permitiu desfrutar do espetáculo sem ter que pôr em causa o domínio da minha solidão.

Acontece-me algo particular cada vez que me disponho a escutar uma orquestra. Os movimentos compassados dos músicos, os gestos mais ou menos teatrais do regente, essa cena que se repete sem grandes variações apesar das mudanças do repertório me abstrai totalmente do que me rodeia, até que só resta a música, não fora, mas dentro da minha cabeça. Trata-se de uma espécie de efeito hipnótico, mas não me deixa letárgico, porque na respeitosa quietude que impõem em geral todas as salas de concerto a minha mente se abandona a uma atividade frenética – viajo!

* * *

Kant não gostava muito da música. De fato, irritava-o. Na *Crítica da faculdade de julgar* – onde chega a considerar que, de um ponto de vista estético, o canto dos pássaros é muito superior ao dos homens – atribui à música o lugar mais baixo entre as belas artes. Estava convencido de que, como os jogos que levam ao riso (bufonaria), a música era incapaz de suscitar em nós qualquer tipo de pensamento.

Também acusava a música de incomodar os vizinhos.

15 de Maio

Lily Briscoe, a quase secreta pintora de *Ao farol*, o romance de Virginia Woolf, diz que são necessários cinquenta pares de olhos para ver, entre os quais pelo menos um devia ser completamente cego à beleza, para contemplar a realidade quando nada da ordem mundana a perturba, na sua solidão essencial, independentemente de qualquer determinação social, de qualquer presença humana.

Cinquenta pares de olhos e, pelo menos, um completamente cego à beleza. Lily pensa em Mrs. Ramsay, por quem estivera apaixonada. Em vida, aspirava a vê-la por completo, não apenas como Mrs. Ramsay se mostrava para ela, mas tal e como se manifestava para cada uma das pessoas às quais se entregava sem reservas (Mr. Ramsay, Cam, Prue, James, Andrew, etc.), e, mais importante ainda, tal como se dava quando se encontrava a sós, por exemplo, na clausura do seu quarto, recolhida sobre si, como numa noz. Morta, não podia deixar de se fazer perguntas que já não encontrariam resposta: O que significava para Mrs. Ramsay que rompera uma onda? O que significava o jardim para ela?

Devo ter chegado a fantasiar alguma vez com a possessão de um sexto sentido, fino como o ar, com a capacidade de passar pelo buraco das fechaduras, uma espécie de projeção fantasmática ou emanação capaz de infundir o corpo dos outros – o de Mrs. Ramsay, para começar. Já não um olhar, mas toda uma nova sensibilidade.

16 de Maio

Cinquenta pares de olhos e pelo menos um completamente cego à beleza. Quiçá toda a aprendizagem, e não apenas no visível, tenha por objeto esse olhar inumano: um olhar que não veria as coisas como são para nós, mas como são em si – as coisas mesmas.

* * *

Uma visão completa do mundo, mesmo que fosse intolerável.

17 de Maio

Tive este sonho:
Encontrava-me no meio da selva. Ao meu redor, a paisagem fechava-se em paredões de verdura compacta, mas não me sentia perdido. Com grande facilidade, como se fosse um nativo, conseguia orientar-me entre os hiatos que se abriam na vegetação. Para onde quer que olhasse via sinais. Podia visualizar o manancial que se ocultava detrás de uma frondosa barreira de trepadeiras e adivinhar as aves que levantariam voo, de um momento para o outro, no claro que se insinuava à minha frente, da mesma forma em que, no trânsito, qualquer condutor é capaz de antecipar-se à manobra que fará o carro que tem por diante, mesmo que não coloque o pisca-alerta. De tê-lo querido, poderia ter-lhes dado caça sem dificuldade.
Apesar de saber-me a jornadas inteiras de distância da população mais próxima, avançava sem presas, com a segurança do animal que se move no seu território. Podia sentir o áspero contato dos ramos arranhando suavemente a pele dos meus braços e, de forma vívida, cedendo sob a planta dos meus pés, o mole colchão de folhas que cobria a terra. A luz mal rasgava o teto das árvores, confundindo as diferentes tonalidades do verde numa negrura cada vez mais profunda. Para não me impor ao rumor do circundante, quase não levantava o facão em que se prolongava a minha mão direita, deslizando-me sem fricção entre as gretas da espessura. À medida que me internava mais e mais na selva, essa atividade acabou por

concentrar toda a minha atenção. Ignorava onde me dirigia, mas isso não me preocupava.

Acordei desorientado. Esquecera de fechar a janela do quarto e uma luz mortiça caía em diagonal sobre a minha mesa de trabalho, coberta de apontamentos e de garrafas vazias, sem ordem nem mistério. Mesmo quando os interroguei longamente com o meu olhar, não souberam revelar-me onde estava indo.

18 de Maio

O segundo capítulo do romance de Woolf, um dos capítulos mais extraordinários da história da literatura, aquele que vem a seguir à notícia intempestiva da inesperada morte de Mrs. Ramsay, tenta lançar esse olhar impessoal sobre o mundo, que segue o seu curso apesar da ausência de Mrs. Ramsay, já sem o amparo dos gestos delicados e subtis de Mrs. Ramsay, do seu incansável esforço por manter as coisas em harmonia.

São passagens de uma perturbadora intensidade, mas não há beleza nelas. O fundo informe da existência tomou a palavra e fala com a sua língua de fogo e pedra. Deixa escutar apenas um grunhido – o pulso arrítmico do universo.

A essa respiração entrecortada, que por momentos nos embala e por momentos nos sacode como uma gargalhada amarela, na que tudo o que é humano se abisma na sua própria contingência, os poetas dão um nome que só faz sentido quando é capaz de impor-se ao rangido dos deslocamentos tectónicos e ao estrondo das explosões solares. Faz silêncio.

19 de Maio

Volto a procurar refúgio no pátio do museu. Sopra uma brisa quase imperceptível, mas *Carmen* move-se, não deixa de mover-se, está sempre em movimento (é a sua natureza), mesmo que por vezes tome o seu tempo para manifestar a sua vida secreta. Por um momento deteve-se num ângulo agudíssimo perante mim, oferecendo-me o seu perfil mais fino, uma linha na qual todas as figuras dissimulam a sua superfície.

Quando regressa o vento, retoma a sua dança com parcimônia. Avizinha-se uma tempestade. As árvores começaram a agitar-se. Fazem-no, primeiro, em breves tremores isolados e, a seguir, de forma continua, enlouquecidamente, como se houvessem sido possuídas por um demônio. Se olhasses o tempo suficiente, te invadiria o terror.

Com a vista na obra de Calder, a tarde continua aprazível apesar de tudo. Os fenómenos meteorológicos se reduzem a meros estados de ânimo entre as suas pás, que agora giram a maior velocidade, mas sem perder o seu aprumo, a sua elegância. Com isso podes entender-te: está feito da mesma matéria que o teu espírito.

* * *

Em *As duas fontes da moral e da religião*, Henri Bergson postulava que não existe sociedade sem algum tipo de mistificação, de representações coletivas mais ou menos irracionais, mais ou menos absurdas, assentadas nas instituições, na linguagem e nos costumes. As sociedades humanas compreendem desde a sua origem certa compreensão inteligente das necessidades, assim como alguma espécie de organização racional das atividades, mas formam-se também e só subsistem por fatores irracionais.

Bergson compreendia que o excesso de lucidez pode ser uma tara. O reconhecimento intelectual da finitude, da margem de imprevisibilidade e da contingência da existência, pode acabar por tornar impossível a vida. É o que acontece com Tomatis em *O inapagável*, um dos primeiros romances de Juan José Saer. Incapaz de levantar a vista da água negra em que tudo acabará por afundar-se mais tarde ou mais cedo, se sente a um tempo preso no seu corpo e exposto ao despiedado fluir do exterior. Possui apenas um par de olhos, e é insensível à beleza.

O que paralisa a personagem de Saer é o mesmo que paralisava os homens pré-históricos sobre os quais escrevia Bergson: nasce da consciência de que vivemos num universo regido por forças formidáveis e cegas, que sem propósito nem intenção, com total indiferença, poderiam destruir-nos a qualquer momento. Para compensar os efeitos nefastos que podem resultar do monopólio da inteligência, a própria natureza haveria desenvolvido no homem uma espécie de instinto, que Bergson denomina *função fabuladora*, a qual, em situações limite, através da produção de ficções adequadas, envolve a inteligência numa espécie de sistema de signos alternativos – como numa atmosfera protetora.

A modo de exemplo, Bergson conta que, ante a constatação de que o chão que pisamos é instável e imprevisível como a superfície do oceano, certas culturas dotam a terra de uma personalidade, de atributos individuais, muitas vezes malignos, e inclusive temíveis, mas humanos, deste mundo – admitindo, portanto, algum tipo de relação com os homens, como o mito, o sacrifício, a festa. No fundo, não impunham nada à realidade, apenas a si (algumas obrigações, alguns sacrifícios), mas isso bastava para dissipar o terror perante o que não tem rosto nem consciência, e voltar a viver sem pressentimentos na ladeira de um vulcão, no fundo de um vale ou na costa de uma ilha.

* * *

Quanto, na realidade, nos afastámos do fogo que ardia, mortiço e vacilante, na penumbra das cavernas?

20 de Maio

No romance de Woolf, é Mrs. Ramsay quem assegura que o mundo não transgrida os limites do humano. Sempre atenta aos mais mínimos gestos, tirando importância a tudo o que possa ser motivo de inquietação, de alarme ou de apreensão, o seu zelo por manter a vida nos trilhos não admite comparação.

Notavelmente, aos olhos do resto das personagens, o seu esforço se manifesta sob a forma da beleza. Todas as personagens do romance admiram a sua beleza. Isso poderia estranhar o leitor, sendo que Mrs. Ramsay deu à luz nada menos que a oito filhos. No fundo, o que todos admiram em Mrs. Ramsay não é o seu aspecto, mas o aspecto que as coisas adquirem na sua presença, a prazerosa harmonia que impõe o seu constante cuidado, tornando a vida um jogo que parece poder ser jogado sem preocupação, sem intenção, sem finalidade.

Ao contrário do seu marido, que insiste em ensinar aos seus filhos desde a infância que o universo é inumano, pelo que é melhor não tomar a vida com leviandade, e que ao olhar as coisas só é capaz de dizer "coitadinho do mundo" e suspirar a seguir, Mrs. Ramsay luta constantemente para evitar que essa faceta feroz da realidade se manifeste no seu reino e coloque em perigo o frágil equilíbrio dessa casa de praia onde, sem consciência da precariedade da existência, família e amigos experimentam ser felizes cada ano durante uma temporada.

O que vi

* * *

Revisitando as ideias de Kant sobre a experiência estética, Terry Eagleton adverte que a deliciosa sensação de adaptação da nossa mente à realidade que experimentamos na beleza é como a felicidade da criança que brinca no colo da sua mãe, cativado por um objeto plástico o bastante como para não opor nenhum tipo de resistência às suas intenções. A comparação é interessante mas falaz, porque a experiência estética não tem lugar apenas *na mente*, mas involucra todas as nossas faculdades, o que compreende, ao contrário do que pensava Kant, a substância que a nossa alma partilha com o mundo: o nosso corpo. Se se trata de uma alucinação, observemos que pertence à ordem das *alucinações verdadeiras* (Taine), não à das fantasias – mesmo os fantasmas, como bem sabia Marx, são fundamentais para a nossa emancipação.

O certo é que, enquanto na experiência cotidiana a realidade se nos apresenta como o conjunto de obstáculos que nos separam de nós mesmos (do que projetamos ser), na experiência estética o mundo se manifesta como jogo, como um desafio lançado à nossa liberdade.

Podemos senti-la, essa liberdade, trabalhando com a imaginação e o intelecto aquilo que se oferece através da nossa sensibilidade.

Podemos experimentar o prazer que se desprende disso – mesmo que *prazer* não seja a palavra mais adequada para caracterizar a disposição anímica que nos ganha quando fazemos uma experiência intensa da nossa liberdade (quiçá seja, antes, a alegria).

Vítima da *natureza indomada*, ou acorrentado às *naturezas segundas* às que os sistemas de opressão não deixam de dar lugar, a liberdade pode acabar por tornar-se uma palavra vazia e, em última instância, a forma mais perversa da ideologia, se o homem não encontra formas de continuar tendo dela uma autêntica experiência sensível.

Não acredites em nada do que não possas ter uma experiência.

Atreve-te a perder-te nos teus jardins!

21 de Maio

Nem sempre um parque funciona como um convite à experiência estética. Uma pessoa pode ir a um parque para correr, para uma aula de ioga, para ter uma conversa difícil. A paisagem que oferece está aberta a uma multiplicidade de práticas, não necessariamente compatíveis com os devaneios da imaginação e o funcionamento desregrado das nossas faculdades.

Como os parques, as bibliotecas também estão abertas a uma pluralidade de usos diferentes. É possível estudar numa biblioteca, pesquisar, ilustrar-se, escrever uma dissertação, folhear os jornais. Claro que também é possível ler numa biblioteca, simplesmente ler, deixando que a própria leitura nos conduza de um livro ao outro, sem objeto nem fim, só pelo prazer de ver esboçar-se figuras fugazes e variáveis sobre a mesma superfície em que se dispõem as palavras, e que por sua vez novas palavras virão a transformar, a confundir e finalmente dissolver no ar, como o vento faz com as nuvens no céu. Então a biblioteca é um jardim e é uma aventura errar sem rumo pelos seus corredores.

* * *

Hoje não vim à biblioteca para ler. Vim procurar o homem que concebeu *Carmen*. A sua vida foi longa e aprazível; viveu quase oitenta anos e jamais sofreu de privações, dividindo os seus dias com facilidade entre os Estados Unidos e a França. Provinha de uma estirpe de artistas. O seu pai, e antes o seu avô, foram escultores de sucesso, e gozaram de um considerável renome na América. A sua mãe exerceu o retrato de forma profissional. Desde a infância, nos ingentes ateliers familiares primeiro, e numa pequena oficina que lhe ofereceram os seus pais mais tarde, o mundo deve ter-lhe parecido um pátio de jogos. A argila e o papel, o metal e a madeira prestavam-se, oferecendo o mínimo de resistência que define essas matérias, aos caprichos da sua vontade.

Apesar de ter obtido um diploma de engenheiro mecânico em 1919 e estudar belas artes entre 1923 e 1926, sempre se considerou um artesão. As obras de Mondrian, Gabo, Arp, Miró e Leger o marcaram profundamente, mas jamais se sobrepuseram à sua visão primeira do mundo, uma tarde de domingo no planetário de Nova York, junto aos seus pais, quando o universo se lhe revelara sob as formas familiares com as que estava acostumado a trabalhar no seu banco de marceneiro.

Soube usar a pinça e o buril, a lixa e o torno, para capturar as forças cósmicas em ação – a brisa, a luz, a gravidade. Nas suas obras o universo devém mundo, mas não mundano. A sua ostensiva inutilidade impede que, apesar da domesticação do cosmos a que dão lugar, traiam o seu mais profundo ascendente – que é, como ensinava Bataille, o dispêndio, o gasto, a festa.

* * *

Não saciando de imediato a sede, entregando-se às deliciosas dilações que compõem a cerimónia do chá, os japoneses abrem espaço para a beleza no mundo, que é como dizer que dão mundo ao mundo. Não se trata de algo acessório. Nas formas está em jogo a humanidade do homem.

22 de Maio

Neste momento só há exposto no museu outro móbil de Calder. Ocupa um pequeno espaço numa sala claustrofóbica do quarto andar, onde a brisa não corre jamais. Trata-se de uma pequena *constelação* de 1944, feita de arame e madeira, que mantém um precário equilíbrio no alto de uma das paredes.

Entrei especialmente para observá-la. Vê-se triste, presa nesse lugar. Em vão tentei encontrar algum prazer na sua contemplação. A Calder acontecera-lhe algo similar numa exposição organizada na galeria de Pierre Matisse, que partilhara com Yves Tanguy. Quiçá julgando que não chamariam a atenção, as suas obras foram colocadas na última das salas, um pequeno quarto sem qualquer ventilação. Jamais concebera que pudessem existir sem movimento.

Enquanto pensava nessas coisas, a guarda de sala aproximou-se de mim sem que o notasse e começou a agitar um desses grandes folhetos plastificados que se encontram à disposição dos visitantes em todas as salas. Os planetas oscilaram por um instante nas suas órbitas e em seguida começaram a girar. Como me ri!

23 de Maio

Em *Museum Hours*, um belíssimo filme realizado por Jen Cohen, Johann, um dos guardas de sala do *Kunsthistorisches Art Museum*, em Viena, fala do seu silencioso ofício. Nem sempre foi guarda de sala. Na sua juventude, acompanhara algumas bandas de rock na estrada. Desses tempos guarda um secreto gosto pelo heavy metal.

O ritmo do seu novo emprego lhe deparou algo de tranquilidade. Nas pinturas encontra cada dia algo novo para ver. É um lugar comum, mas não se trata de uma impostura. Agora repara em coisas nas que antes quiçá não teria detido a vista nem por um segundo: o reflexo de uma obra em construção no vidro de uma vitrine, a decisão de uma idosa que se dispõe a subir uma ladeira antes que comece a cair a neve, uma pequena loja de antiguidades que só abre duas horas por semana – às sextas, das 14 às 16. Também observa com interesse as impressões das pessoas. É possível aprender muito dessa forma. O seu posto dota-o de uma espécie de invisibilidade. Pode fazê-lo durante horas sem que ninguém o note.

Certo dia, uma mulher se aproxima para fazer-lhe uma pergunta. Não é pelo banheiro (a pergunta mais comum que se dirige aos guardas de sala), tampouco sobre nenhuma obra em especial (ao que Johann responderia com prodigalidade). Procura, apenas, um endereço. O seu nome é Anne, e se encontra na cidade para acompanhar uma prima que está em coma. Necessita ir até o hospital. Johann lhe dá as indicações necessárias e se oferece para ajudá-la no caso de que necessite falar com os médicos (ela não fala alemão).

Voltam a ver-se. Começam a fazê-lo quase diariamente. Juntos, contemplam as pinturas expostas no museu e conversam longamente sobre elas, sobre a obscura atração de um lírio numa pintura de Ambrosius Bosschaert ou sobre a inocente nudez de Adão e Eva na obra de Hans Memling.

Uma vez visitam juntos o hospital. Anne lhe pede que descreva algumas dessas pinturas para a prima, que continua em coma; acredita que talvez seja capaz de escutar e que isso possa vir a ajudá-la na sua recuperação. Johann o faz com simplicidade e sobriedade. Chamam a sua atenção a honestidade de Rembrandt para retratar a sua pobreza, o infantil engenho de Arcimboldo, a assustadora severidade com que Bruegel pintara o inverno.

Johann também conta histórias, como a do jovem punk que frequentara o museu durante uma temporada, fascinado pelas imagens e ao mesmo tempo sublevado pelo que representavam (esse jovem era quiçá John Berger), ou como a do bêbado que fora confundido com uma vítima da peste e acordara numa fossa comum, onde essa noite escutou-se o som da sua gaita.

Curiosas personagens, os guardas de sala. Recolhidos nos cantos, atentos às evoluções dos visitantes ou abstraídos na contemplação do vazio, são os olhos do museu. Talvez não partilhem todos o entusiasmo de Johann, mas todos guardam pelo menos uma história.

* * *

Alicia tinha a sua. Alicia era a guarda de sala que pôs o móbil de Calder a dançar para mim. Prometera-me que um dia iria contar-me e combinamos que passaria a visitá-la quando tivesse tempo[2].

24 de Maio

Em 1930, Calder conhece Mondrian, a quem visita no seu estúdio da Rue de Départ. O que observa o impressionará de forma decisiva. Tinha 32 anos. Até então nunca considerara seriamente a abstração. Mais tarde diria que tudo, na verdade, começara aí. De todos os modos, espirituoso, como era costume nele, não se deixou intimidar e comentou a Mondrian que seria divertido pôr a balançar todos aqueles retângulos coloridos, ao que Mondrian, sem perder a compostura, respondeu:

– Não é necessário. A minha pintura já é suficientemente rápida.

* * *

Fernand Léger perguntava-se que espetáculos poderia oferecer a arte às pessoas para permitir que se emancipassem desse outro espetáculo cotidiano em que pareciam aprisionadas – apertadas nos meios de

---

[2] Anotação do dia 23 de agosto: Não voltei a ver Alicia pelo museu. Acho que me contou que tinha apenas um contrato temporário. Suponho que, como em muitos casos, não terão renovado o seu contrato para evitar estabelecer uma relação laboral que implicasse algum direito adquirido. Entristece-me pensar que nunca conhecerei a sua história. O que será das obras que ela animava? O que será dela sem o ânimo que lhe infundia a contemplação dessas mesmas obras? O museu está mais pobre sem a sua presença.

transporte para ir ao trabalho, acorrentadas às máquinas como animais de tração, desmaiadas pela noite em quartos sem ventilação. Estava convencido de que existe no homem uma profunda necessidade de beleza. Obcecava-o o fato de que poucos tivessem a possibilidade de apreciar, ver e compreender o admirável mundo em que vivemos – admirável ou grotesco. Durante boa parte da sua vida aspirou a pintar murais, mas as paredes foram-lhe vedadas. Em 1924 produziu um filme sem argumento – *O ballet mecânico* – no qual as imagens sucedem-se sem outro fim que suscitar nos espetadores o livre devaneio da imaginação, propiciando um olhar poético sobre o prosaico.

O público já havia visto antes essas coisas – se tratava de imagens das máquinas às que sacrificavam diariamente todas as suas energias – mas nunca as tinham visto dessa forma (como alguém se baloiçando num parque ou embriagado pelo perfume de uma rosa).

Esse mesmo ano, Buster Keaton e Douglas Fairbanks arrasavam nas bilheteiras.

* * *

Quando a arte faz política, atua intuitivamente, sem agenda. Por vezes pensa: "esta gente deve *ser vista*". Por vezes pensa: "esta gente deve *ver*". A experiência que nos propõe está sempre por recomeçar.

Quiçá as instituições da política sejam o verdadeiro fracasso da sua instituição. Sobre esse assunto não tenho muito mais que agregar – ao menos sem recair na impostura.

* * *

Como Arp, como Duchamp, como Miró, Léger foi amigo de Calder. Enquanto que os primeiros costumavam sugerir-lhe títulos para as suas criações (*Mobiles, Stabiles, Constelations*), Léger gostava de atribuir-lhe estranhos títulos de nobreza: *rei do arame, pai do movimento* – chamava-lhe.

* * *

– E tu? Sabes o que és?

O que vi

– Pai dos piolhos, avô do nada.

25 de Maio

Há outras paisagens no museu. De todas, a que mais me comove é uma singular instalação composta por uma placa de acrílico de quatro por quatro metros, preso ao teto, da qual pendem 1600 fios de lã de 40 cores diferentes, na ponta de cada um dos quais pendem, por sua vez, a diferentes distâncias do chão, 1600 guizos de metal cromado.

Os fios se encontram distribuídos de acordo a uma quadrícula rigorosa, que produz curiosos efeitos óticos à medida que a pessoa se desloca ao seu redor, dando lugar a corredores transversais e surpreendentes passagens em diagonal. A curta distância, com a vista levemente desfocada, oferecem o aspecto de uma superfície continua, uma espécie de cortina de cores vivas, ao mesmo tempo etérea e infranqueável. Um pouco mais abaixo oscilam, apenas movidos pelo ar que corre entre as duas aberturas da sala, seguindo ritmos e amplitudes diferentes, os guizos. Não produzem nenhum som apreciável, mas de alguma forma, por isso mesmo, tornam sensível o silêncio que os envolve (e que em qualquer momento poderiam interromper).

Se te acocoras e os observas com atenção, suscitam uma sensação de infinitude em ato que, contudo, não exige da tua mente nenhum esforço de abstração. Mais abaixo, aos teus pés, um formigueiro de sombras esboça figuras efêmeras sobre o chão de cimento queimado. Frágil, fugaz, imperturbável, persevera no seu ser. O secreto trabalho dos restauradores promete-lhe uma vida duradoura.

Juan Hidalgo projetara essa instalação para uma festa de fim de curso no *Instituto Alemão de Madrid* que teve lugar no dia 30 de maio de 1972. Então, claro, deve ter feito muito barulho. A ideia original era que a gente a atravessara, fazendo soar os guizos, enredando-se nos fios, no espírito dos *happenings* que grupos como Fluxus começavam a organizar na época.

Agora se oferece de modo mais circunspecto à nossa contemplação, como as constelações durante uma noite sem lua ou um campo de trigo mexido por uma brisa suave. Basta dar-lhe um pouco de tempo para que exerça sobre nós a sua virtude sedante e nos abandonemos, sem objeto nem fim, à reflexão.

Mudou com o tempo. Acontece com todos nós: à medida que envelhecemos, a memória é o lugar no qual têm lugar as coisas mais importantes. Da interação plástica e sonora que a instalação propunha nos anos setenta à experiência estática à que nos convida agora, há um longo percurso, mas a sua essência continua a estar associada ao que é e significa um acontecimento. A quase impalpável rede que tecem os seus fios captura sem encerrar o que não pode senão existir no aberto. Um instante puro. Um grilo na palma da mão.

26 de Maio

Os amigos chamavam-lhe Sandy. Vestia de forma excêntrica para a época e era dado a oferecer presentes tão difíceis de aceitar como de recusar. Apesar de quase todos se lembrarem dele como um cara legal, era parco nas entrevistas e arrevesado para as respostas – dizia fazer as coisas o melhor que podia e que preferia não pensar muito nisso.

Tampouco era fácil com os seus clientes. Contam que, numa ocasião, uma pequena cidade do Texas lhe encomendara um *estabile* monumental para embelezar um dos seus jardins. De preferência – insistiram – que sugerisse um cavalo. Calder trabalhou durante alguns meses na encomenda e se encarregou de entregar o pedido pessoalmente. Quando viram a obra terminada, os texanos disseram-lhe que não parecia um cavalo; ao que Calder respondeu:

– Bem, provavelmente não seja um cavalo.

Era democrático na sua indiferença. Noutra ocasião, depois de ter escutado que trabalhava num grande móbil negro para o *Guggenheim*, Frank Lloyd Wright, que projetara o edifício, lhe escreveu uma carta pedindo-lhe que o fizera de ouro. Calder respondeu-lhe que não havia nenhum problema, que o faria de ouro, mas o pintaria de negro.

Primeiro em 1948 e mais tarde em 1960 esteve no Brasil. Me alegrou saber que se demorou durante algumas horas em Belém, onde estive tantas vezes, e que aproveitou esse tempo morto para percorrer os postos do mercado de *Ver-o-peso*. No Rio de Janeiro ganhou o gosto pela *cachaça* e pelo *samba*, que dançava de forma desengonçada e excessiva. Na sua segunda viagem esteve em Brasília, onde conheceu Niemayer, quem lhe encarregou um monumental móbil para a praça dos três poderes, que finalmente não viria a concretizar-se (mas existe um modelo de aço, de quase quatro metros de envergadura, que hoje ocupa um lugar nos jardins do Rijksmuseum, na Suíça).

27 de Maio

O jardim que acolhe *Carmen* está rodeado de freixos e oliveiras, de magnólias e falsos pimenteiros, de frondosas adelfas brancas e rosadas. À esquerda e à direita, duas fontes simétricas deixam ouvir o barulho da água confundindo-se com a água. Apenas outra escultura, uma obra de Miró, disputa a sua atenção – *Pássaro lunar* (1966).

Sentado num dos quatro bancos que estão dispostos em torno dela, acompanhando as suas evoluções no ar, o universo revela-me um rosto humano. Só turba o meu ânimo o estrondo que produz um grupo de adolescentes que se agitam sem descanso em torno de uma das fontes. Trata-se, muito provavelmente, de parte de uma excursão escolar. Estiveram visitando o museu em silêncio e agora se desafogam como podem. Estão contentes, mas por alguma razão a sua alegria ofusca a minha alegria. É um dos paradoxos da solidão, que nos abre ao que de mais humano há em nós ao preço de tomar uma distância dos outros.

Para não perder a minha incipiente fé no mundo, decido voltar noutro momento.

* * *

Olhando-o como pela última vez, Lily Bricoe sente que o jardim dos Ramsays é o mundo. Não é assim, por certo, mas não porque a vida comece além dos muros de pedra que o rodeiam.

As mesmas nuvens que nos devolvem o olhar darão lugar à tempestade que pode colocar em perigo a nossa vida. A música das esferas range sob o peso do informe. Isso flui, não para.

Quanto mais um homem se sente à vontade no seu ambiente, menos percebe as coisas que ao seu redor manifestam essa inquietante estranheza, mas pobre daquele cuja curiosidade o leve a olhar para fora e, além das paisagens que tranquilizam a sua consciência, entreveja que a realidade descansa, como dizia Nietzsche, *pendente dos seus sonhos sobre o dorso de um tigre.*

28 de Maio

Sonhei com uma paisagem pré-histórica. Na entrada de uma caverna rochosa, quase totalmente coberta pela neve, recortava-se a silhueta de uma árvore seca e endurecida pela geada. Não se viam outras formas vegetais nas imediações. Num dos ramos mais altos, uma espécie de concha perfurada, que também podia tratar-se do crâneo de um pequeno animal, talvez uma raposa, deixava ouvir por momentos uma espécie de lamento, cada vez que uma rajada de vento comovia a árvore até as raízes. Apesar da vida não parecer possível num clima como esse, os homens, pensei, não devem estar longe. Eles colocaram aquele objeto no alto da árvore e, recolhidos em torno ao fogo, ouviriam agora o vento enchendo-o com íntima satisfação. Aquela era a casa deles.

* * *

O sonho tem uma explicação simples. Ontem, na biblioteca, compulsando a autobiografia que ditara ao seu sobrinho entre 1965 e 1966, li na última página que Calder pensava denominar "Totens" às grandes estruturas em altura que começava a produzir nessa época – série na que seguramente se inscreve *Carmen*.

Chamou a minha atenção, de fato, que essa fosse a palavra final das suas memórias, e suponho que isso deve ter-me impressionado de alguma maneira. Antes, no quarto andar do museu, me detivera ante uma pintura de Robert Motherwell que me comoveu – *Figura totémica* (1958).

29 de Maio

As primeiras paisagens humanas perdem-se nas névoas da pré-história. Apesar de que os mais antigos machados de pedra que conhecemos remetem aproximadamente a um milhão e setecentos mil anos de nós, a flauta mais antiga que achámos até aqui provavelmente não supera os quarenta mil anos. Existem indícios de que, há cem mil anos, os seres humanos já pintavam os seus corpos com argilas e pigmentos vegetais. Mais de um milhão de anos antes, especialistas especulam que teríamos experimentado as mudanças anatómicas que nos habilitam a cantar.

Antes, inclusive, não só entre os *homo sapiens*, mas também entre os *neanderthal*, os golpes da pedra sobre pedra que deram forma às primeiras ferramentas devem ter dar lugar a ritmos hipnóticos em torno do fogo, criando uma atmosfera de comunhão entre os homens, mas estando intimamente ligados à luta pela sobrevivência, não foram suficientes para arrancá-los dos círculos da necessidade.

Em todo o caso, nenhuma dessas coisas, consideradas isoladamente, são suficientes para concluir que o mundo já oferecia um semblante humano. Os etólogos nos lembram que muitos animais são capazes de modificar o aspecto do seu território, a disposição dos seus corpos ou a composição do seu canto, em ordem a atrair a fêmea para o coito ou manter à distância um predador. Na Austrália, por exemplo, existe uma espécie de ave do paraíso (*Scenopoeetes dentirostris*) que cada manhã corta folhas de uma árvore em especial, que a seguir dá a volta, uma a uma, para que a sua face interna, mais pálida, contraste com a terra, dando lugar a uma espécie de cenário sobre o qual, depois de despregar as plumas amarelas que se encontram debaixo do seu pico, empreende um canto complexo, composto de notas próprias e de notas tomadas do canto de outros pássaros que é capaz de imitar.

Os animais não constroem jardins. Os animais marcam território. Também nós fomos – e muitas vezes continuamos a ser – um animal fortemente territorial.

31 de Maio

Noto que levo semanas sem pensar nos meus problemas. O que eram, no fim de contas? Não vim aqui precisamente para desfazer-me deles? Talvez isto comece a funcionar. Não significa que me tenha reencontrado nem nada do estilo. Pelo contrário. Ante as imagens desconheço-me, na escrita sou o que não sou – o que gostaria de ser?

Noto também que em todo este tempo não tive um único pensamento para S. Vou perdê-la por isso? A estas alturas já deve ter recebido o postal de Gris. Por que não fui capaz de escrever uma palavra sincera para ela? Continuo sem conseguir imaginar uma imagem do seu rosto, mas tampouco seria capaz de imaginar uma imagem do meu. O que pode significar isso, depois de tudo?

Devo ir com calma.

2 de Junho

Almoço com Jordi. Falamos da sua tese, do informalismo espanhol, da tradução do último livro de Jean-Luc Nancy, das próximas eleições parlamentares, de Verónica Forqué, de Messi, de Chico Buarque, da reação da direita no Brasil, de Schiller, de David Linch, de Javier Marías, da perspectiva de chegar sozinhos à velhice e do tamanho extraordinário das baratas que descem pela bacia do Amazonas até à desembocadura do rio Guamá (que podem chegar a atingir a dimensão de um sapato grande, não exagero).

Levava pelo menos um mês sem falar com ninguém, fora as conversas circunstanciais que se propiciam na padaria ou no mercado – quatro ou cinco frases de compromisso e uma que outra piada, sem graça, a maior parte das vezes incompreendida. Devo ter-lhe parecido um louco, falando de todos esses temas com a mesma enlouquecedora intensidade.

Quando me deixou, chamei de imediato Rodrigo e ficamos de encontrar-nos uma hora depois no seu escritório. Falámos da universidade imaginária, do terremoto de oitenta e cinco, de Lemebel, de Larraín, de *Os Venegas*, dos despejos em Madrid, de Foucault e a pintura, das vantagens e dos inconvenientes do desenraizamento para a vida, de Mujica, de Onetti e Vargas Llosa, do último filme de Polansky, da necessidade que temos de fazer mais exercício, do pólen e dos planos para o verão (disso só falou ele).

Começávamos a falar do documentário que Wiseman produziu sobre a *National Gallery* quando Rodrigo apoiou a sua mão no meu ombro, explicou que tinha que buscar a Menchu, e disse que tínhamos que juntar-nos mais vezes.

Estive ainda algum tempo dando voltas pela faculdade, procurando alguém para conversar um pouco mais, mas acabei regressando a casa antes que caísse a noite, incomodado e em certa medida desiludido comigo mesmo. Havia tantas coisas mais importantes sobre as quais teria gostado de falar!

O que vi

4 de Junho

O que foi dos milhões, dos milhares de milhões de homens que nos precederam? O que foi das gerações sem conta que se sucederam para que a vida se ofereça, aqui e agora, de forma contida e silenciosa, seguindo o fio que traça a minha mão sobre o papel? Milhões, milhares de milhões de homens cujos rostos perdem-se na noite dos tempos. Tu, que me lês, pensaste alguma vez neles?

On Kawara sim. Em 1969 propôs deixar registo de todos e de cada um dos anos que passaram desde o ano de 998.031 a.C. até o ano em que se encontrava. Entre 1970 e 1971, escreveu cada uma dessas datas à máquina, a dez colunas, quinhentas entradas por página, duzentas páginas por volume, até completar dez pesados volumes. Na dedicatória podia ler-se: "Para todos aqueles que nasceram e morreram".

Brassaï sim. Entre 1933 e 1960 realizou uma série de fotografias dedicadas às imagens anónimas que povoavam os muros de Paris. Inscrições anónimas e rústicas, feitas a ponta de navalha ou com a ajuda de um carvão, que dão conta das obsessões e das fantasias da noite dos despossuídos e dos marginados: animais, seres mitológicos, figurações da morte. Imagens condenadas a desaparecer com a próxima reforma imobiliária – apesar das noites dependerem da sua substância para existir.

Perdemos quase totalmente a noção de que estamos juntos nisto. Esquecemos que nada, absolutamente nada do que dá forma ao mundo em que vivemos (nem sequer estas notas insignificantes), houvesse sido possível sem o sacrifício de todos os que viveram e morreram para que chegássemos a este momento.

Qual é o valor de uma consciência perante isso? Não sou capaz de responder a essa pergunta, mas continuarei a escrever mesmo que não seja mais do que por isto: se tudo está condenado a desaparecer, o farei ao meu modo, apagando à força de sobriedade cada um dos meus traços individuais, dando um rosto às sombras.

* * *

Bertold Brech escutou uma vez as perguntas de um operário inconformado. "Quem construiu Tebas, a das sete portas?", se perguntava.

"Arrastaram os reis os blocos de pedra?" "Onde foram os pedreiros na noite em que foi concluída a Muralha da China?"

"Qualquer monumento da cultura é um momento da barbárie", escreveu Walter Benjamin. A sua sentença converteu-se numa referência iniludível para nós. Que mãos embebidas em tinta ordenaram os tipos das suas primeiras edições?

Há perguntas que não admitem outra resposta que uma interrupção total do nosso pensamento.

5 de Junho

Evidentemente, noite de insônia.

* * *

Em 1994 um grupo de espeleólogos aficionados, capitaneado por Jean-Marie Chauvet, descobriu nas margens do rio Ardèche uma gruta que resguardava um conjunto de pinturas rupestres de aproximadamente 32000 anos de antiguidade, isto é, duas vezes mais antiga que qualquer outra conhecida até então – fora as representações abstratas encontradas na África do Sul em 1991, algumas das quais contam com quase 75000 anos.

Para preservar o delicado equilíbrio que assegurava a sua sobrevivência, só um pequeno número de especialistas foi autorizado a penetrar na gruta. Foi apenas em 2010 que as imagens que povoavam as suas paredes tornaram-se acessíveis para quem quisesse vê-las. Para tal, Werner Herzog foi convidado a realizar um registo cinematográfico das mesmas, dando lugar a um filme ao mesmo tempo lírico e documental.

A emoção de Herzog na gruta é palpável. Os homens e as mulheres que fizeram aquilo são seus próximos. Não são, por acaso, os batimentos que se escutam nesse silêncio milenar os dos nossos próprios corações? É possível, mesmo que por momentos pareça que as visões desses seres não atravessaram apenas um abismo de tempo, mas também provêm de outro mundo. Para eles provavelmente teríamos o aspecto dos lagartos albinos que nos observam assombrados no final do filme.

* * *

O que vi

Não é difícil compreender porque esse sonho de tigres nos fascina. Em certo sentido, não avançamos tanto no que diz respeito à exteriorização da nossa vida interior. O que são cinco mil anos de história comparados com os quase duzentos mil anos que leva o *homo sapiens* sobre a terra? Seguramente, acrescentamos um traço aqui e aí, mas no essencial continuamos fazendo-nos as mesmas perguntas, caindo nos mesmos erros, e sobretudo comprometendo na usura dos dias a prossecução dessa viagem noturna que, por muito que remonte no tempo, está sempre por recomeçar.

Aqueles que, repetidamente, contra tudo o que se apresenta no mundo como consagrado ou estabelecido, voltam a colocar essa questão, a questão do que é o homem para si, se internam novamente no segredo das cavernas (e algumas vezes já não regressam, ou regressam, como René Char, com os olhos em lágrimas).

À margem disso, o homem não está nunca a salvo de recair nos círculos da animalidade, nos quais só rege o *latido do desejo*.

* * *

– O que tens?
– Penso nesse mundo desaparecido, tão distante como familiar, encapsulado no tempo mineral de uma gruta.
– ...
– É perturbador que tenham sobrevivido as flautas e não a música, que chegassem a nós as imagens gravadas na rocha e não as histórias que contavam, que conservemos os machados e não as festas.
– Até a menor das pedras com que tropeças na rua sobreviverá a Shakespeare.
– Pode ser, mas entre o duro e o mole há apenas diferenças de grau.
– Quando mais mole, mais vida; quando mais duro, menos vida.
– Também menos reflexões sobre a vida e a morte.
– ...
– Existem, por outro lado, combinações muito mais complexas. A arte nasce nas partes mais moles e se inscreve nas partes mais duras. Há palavras de silício.
– E palavras que o vento leva.
– Mas nem todas, não é verdade?
– ...

— Mesmo que um dia a gente deixasse definitivamente de ler, da mesma forma que deixámos de escutar as vozes que noutras épocas animavam os bosques, muito antes de que isso aconteça, temo, as pedras que levantam as nossas cidades se confundirão com ruínas.
— ...
— Então, talvez, o mundo, tal como o conhecemos, terá também desaparecido, e os livros encerrarão um enigma tão grande como o que as pinturas rupestres encerram para nós.
— Isso é uma profecia?
— Só sei que a vida, sozinha, não basta.

6 de Junho

Volto a sonhar com o tempo imemorial no qual tiveram lugar os secretos rituais que deixaram como rastro as imagens de Altamira e Levantina, de Lascaux e de Chauvet. Ante o olhar assombrado da tribo, de costas para o fogo, uma mulher afunda as mãos num recipiente no qual misturou terra ferrosa e raízes resinosas, ou carvão vegetal e gorduras animais, e as retira embebidas em cor, provocando a excitação geral. A um lado, dois anciões cegos marcam um ritmo hipnótico, que não admite variações, e que faz vibrar os corpos em uníssono, um golpeando-se o peito com as duas mãos, o outro valendo-se de ossos especialmente escavados para isso. As mãos da mulher deslizam lentamente pela parede da caverna, como se tateasse a rocha procurando o que ela tem para dizer, e deixa à sua passagem, aqui e ali, um rastro avermelhado, que relumbra aleatoriamente acompanhando as oscilações da fogueira. Por vezes essas linhas insinuam figuras de animais que todos os presentes viram antes. Por vezes deixam apenas uma marca informe, que simplesmente dá conta de forma visível da presença de todos nesse lugar. Antes de que caia a noite, deixam a caverna em silêncio, porque a escuridão infunde-lhes um temor ancestral. Lá fora, já aquietados na confusão dos corpos, verão essas mesmas figuras insinuar-se nas estrelas ou no transe do sonho, o que por sua vez dará lugar a outras imagens, e assim por diante.

* * *

O que vi

Quantas vezes terá sido esboçada a primeira figura sobre a terra até dar forma a esse improvável fenômeno de acumulação que se estende até nós? Quantas vezes não passou de um mero devaneio da imaginação de um indivíduo momentaneamente ensimesmado, apagado em seguida com a palma da mesma mão que lhe dera forma? A cena apaga-se na repetição de um gesto ao mesmo tempo necessário e impossível. Mas se alguns dos homens que estiveram aí chegaram a viver o suficiente como para ter a oportunidade de voltar a adentrar-se nesse lugar assombrado de imagens, ou se outras pessoas, quarenta ou cinquenta séculos mais tarde, o fizeram por acaso procurando abrigo para campear uma tempestade, ou até mesmo nós, se o fizéramos nós, procurando algum tipo de iluminação, o sentimento seria assustador, porque nas suas paredes aflora o mistério dessa experiência noturna na qual, por um momento, esquecidos dos ditados da necessidade e do perigo de estar vivos, os seres humanos compreenderam que eram parte de algo que estava nascendo.

7 de Junho

Marie-José Mondzain imaginou-o mais ou menos assim. Um homem interna-se numa gruta com apenas com a luz de uma tocha. Ele a fabricou, com as suas próprias mãos, a partir da matéria que a terra colocou à sua disposição. Também ele, com engenho e paciência, acendeu-a. Está aí para dar volta ao jogo da natureza, no qual não é senão um prisioneiro da necessidade. Detêve-se perante uma das paredes e, esticando um dos braços, o esquerdo, provavelmente, que não está ocupado sustentando a tocha, apoia a mão contra a rocha. Então, sem desfazer a distância que mantém com relação à parede, cospe sobre a palma da sua mão uma mistura de saliva e raízes que esteve mastigando desde que se internara na gruta.

O pigmento cintila no ar por um instante e a seguir adere-se fortemente à porosidade da rocha. Fora, na intempérie, já está habituado a deixar marcas à sua passagem – os restos de uma fogueira, a ossada de um veado sacrificado e partilhado em banquete com o resto do clã, machados e setas desgastadas pelo uso – mas os elementos não demoram em fazer que tudo desapareça muito rápido pela ação da erosão, como os reflexos que, algumas vezes, lhe devolvem as águas quietas no meio do bosque. Aqui, na intimidade da gruta, ao abrigo das forças do universo, assim como fez com a luz, ele mesmo estabeleceu as medidas. Não tem lugar só na sua cabeça. Sabe que necessita do mundo para existir, da mesma forma que necessita da parede para apoiar-se, mas desta vez decidiu dar a cara ao mundo – não a esta ou àquela coisa, mas a essa totalidade da qual se sente parte e ao mesmo tempo estranho. Por isso valeu-se do seu braço para manter uma distância mínima entre o seu ser e aquilo que faz possível o seu ser, instaurando uma relação inédita com o real, além dos ditados da necessidade, cedendo aos quais a sua consciência se desvanece com frequência, embargada pela fome, o pânico ou o desejo.

As raízes que ruminara até reduzi-las a uma pasta homogênea, capaz de misturar-se sem distinção com a sua saliva, provêm da terra, mas o pigmento que soprou sobre a palma da sua mão possui uma qualidade com que a terra não contava; da qual poderia – em verdade – ter prescindido indefinidamente, mas que agora existe como exteriorização da sua vontade, que não se contenta apenas em responder aos imperativos da sobrevivência. Como se não tivesse suficiente com o que é, este animal começou a preocupar-se com o que não é, isto é, com o que poderia ser – ele, o homem, o mundo, etc.

Devagar, com curiosidade e contenção, retira a mão que apoiara contra a rocha, e o seu olhar recai sobre a marca em negativo que produziu através desses gestos longamente pensados nos intervalos da caça. O que tinha dentro, agora está fora. Não necessita disso para nada. Por isso mesmo, permanecerá aí, signo ao mesmo tempo pletórico e carente de sentido que proclama a sua capacidade para dar mundo ao mundo.

Ainda sente o sabor amargo das raízes na boca. A cena repete-se, provavelmente, algumas vezes. Mais tarde, em torno do fogo, junto dos seus, quando lhe assinalem entre risos os lábios ainda manchados pela cor do pigmento, inventará uma história qualquer. Acreditarão ou não nele – isso não o preocupa em demasia. Algum dia lhes pedirá que o acompanhem ao fundo da gruta e então poderão experimentar eles também: está tudo por ver, por pensar e por fazer.

* * *

"A teologia gosta de fazer sair o homem da mão de Deus, da mão de qualquer oleiro divino. O gesto da gruta cria o homem à imagem da sua própria mão. É o autorretrato de um sujeito que só conhece de si e do mundo a marca que as suas mãos irão deixar aí."

8 de Junho

Apesar da disseminada superstição do progresso, a estranheza perante o fato de estar vivos nunca deixou de assombrar os artistas. Os touros de Picasso continuam dialogando silenciosamente com o touro que possui a mulher da gruta de Chavet, a linguagem balbuciante de Klee renova e vivifica as inscrições da caverna de Blombos.

Segundo parece, na pintura rupestre era comum que um artista retocasse uma figura ou estendesse uma cena pintada com milhares de anos de antecedência, como se não existisse hiato e o tempo não pesasse sobre essas imagens. A uma intensa consciência da precariedade da vida somava-se um arraigado sentimento do inesgotável do seu mistério.

A nossa consciência histórica tem alguma dificuldade em compreender esses gestos intemporais, nos que talvez se encontre em jogo uma parte do homem que não se reduz às suas determinações históricas. As mãos que improvisaram as primeiras figuras nas paredes das cavernas são as mesmas que ainda hoje hesitam ante uma tela em branco. As coisas *mal* começaram. As coisas continuam encerradas no seu mistério. Continuando tentando fazê-las nossas, reproduzindo a sua imagem à escala humana, ou recordar-nos que não nos pertencem, que estamos de passagem, ou apenas deixar uma marca antes de desaparecer, por insignificante que possa parecer. O que são cinco, quinze, trinta e cinco mil anos quando o que está em jogo é o enigma da existência?

O homem está nascendo, não terminou de nascer. Obstinada, tenaz, incansavelmente, abre-se ao mundo, sem resguardo nem garantia, com cada palavra e cada gesto, passo a passo, no desconhecido, até que acabe.

* * *

Em 1949, a livraria *Clan* publicava em Madrid um pequeno volume com obras de Pablo Picasso, Fermín Aguayo, Pablo Palazuelo, Eloy Laguardia, Sigurd Nyberg, Santiago Lagunas, José Llorens Artigas, Francisco Nieva, Benjamin Palencia, Francisco San José e Ángel Ferrant. O título do volume, que apenas teve direito a 180 exemplares numerados,

30 em papel de fio e 150 em papel alfa (o que consulto é o número 66 dessa segunda série), era: *Novos pré-históricos*. Atualmente existe uma cópia exposta numa das salas do museu. No breve prólogo de Carlos Edmundo de Ory se afirma que os artistas aí reunidos não têm por objeto calcar a arte anónima das grutas neolíticas, apesar de haver obras que poderiam justificar essa ideia, mas contribuir para acabar de uma vez por todas com os equívocos do progresso artístico, restituindo ao homem a tenra ilusão do começo.

Podemos ter deixado atrás a vida nas cavernas, mas continuamos sendo o mesmo animal territorial que se viu refletido pela primeira vez nelas. Nos movem os mesmos impulsos. Apenas perdemos parte da nossa capacidade para ser afetados por algumas coisas.

* * *

Max Aub dizia que uma criança, há cinquenta mil anos atrás, não deixava de ser uma criança e que, como tal, devia possuir, da mesma forma que as crianças de hoje, um autêntico poder de imitação e de invenção. Daí à arte não há senão um passo. Continua sendo necessário, sempre, dar esse passo.

* * *

"Só há uma coisa que um artista não pode suportar: não se sentir mais *no princípio*."

10 de Junho

Há (encontra-se) no quarto andar, depois de atravessar salas povoadas de flores de neon e monitores de televisão, máquinas inúteis e acumulações de objetos inservíveis, uma grande tela de Robert Motherwell, na qual uma imponente figura negra, que à primeira vista lembra um touro de pé, ou um homem abrigado pelos atributos do touro, recortando-se sobre uma superfície branca, apenas trabalhada, limitada acima por uma franja negra e à direita por uma pequena zona que não chegou a ser coberta completamente. Dir-se-ia que se impôs na imaginação do artista enquanto trabalhava noutra pintura, a que se encontra por debaixo, e obrigou-o a passar tudo por cima, com urgência, com precipitação, com frenesim. É fruto de uma visão assombrada, uma pintura noturna, manifestação espectral em vez de imagem.

A figura também poderia ser a de um garanhão e, por extensão, uma representação daquilo que, sem deixar nunca de precipitar-se no vazio, não acaba. Estando em Madrid, é impossível não pensar num parentesco secreto com uma das *pinturas negras* de Goya, aquela na qual uma multidão encontra-se reunida em torno a uma efigie na qual confundem-se os traços do homem e do bode, sendo provável que Motherwell, que visitara Espanha no mesmo ano em que realizou a pintura, conhecera. Seguramente, também, evoca imagens de totens de aborígenes norte-americanos, de cuja cultura é possível deduzir uma influência mais próxima e mais constante sobre o artista.

A pintura domina a grande sala em que se encontra com o seu espírito atávico. Contemplando-a, sentimo-nos dominados pela sua presença, como se emanasse alguma espécie de poder dela e não fosse apenas um simulacro, uma evocação, uma impostura.

A primeira vez que a vi, pensei que vira a morte.

* * *

A outra pintura de Motherwell na sala – *Elogio à República Espanhola III* (1965) –, uma enorme tela com um motivo rítmico elementar, a grandes traços negros sobre um fundo de cores quase planos, ocre, azul, celeste, branco, rusticamente trabalhados, onde apenas se destaca uma pequena mancha de vermelho (fogo) na margem direita, essa outra pintura, digo, que em outro lugar, junto a outros quadros, poderia transmitir uma impressão de força e de energia, ao lado da *Figura totémica* parece uma travessura infantil. O *Balbastro* (1965) de José Guerrero, e até mesmo *Alpajurra* (1963), resistem melhor à sua gravitação. Mas é necessário atravessar algumas salas para encontrar uma obra capaz de desafiar o seu influxo anímico. Trata-se de uma pequena obra de Wols – *Composição* (1948).

A pintura de Wols é muito mais primal que a de Motherwell. Não um totem, mas um fetiche. Se te detivesses perante ela, a sua imagem poderia perseguir-te como uma maldição.

11 de Junho

Detrás do emplasto de Wols, espreita o olhar da morte. Hoje pela manhã, ao deter-me ante a pintura, não consegui evitar que um arrepio me estremecesse. A mesma arte que torna o universo um lugar humano pode fazer cair todos os véus com que ocultamos o abismo.

A obra de Wols, como a de Van Velde que está a seu lado (Sem título, 1956), encontra-se emprestada no Reina Sofia. Pertence à coleção da *Fondation Gander pour l'art* (Genebra, Suíça). Não sei porque veio-me à cabeça a lembrança desses filmes em que as múmias cobram vida ao ser trasladadas a um museu. Não sou supersticioso. Longe de mim acreditar que podem existir objetos maléficos. De todos os modos, deixei a sala e dirigi-me à biblioteca de imediato.

* * *

Recomposto, passo a tarde copiando no meu caderno longo trechos das numerosas intervenções de Motherwell em torno à pintura. Como um desses obscuros copistas da idade média que nos deram Aristóteles, ao passar à mão os textos que me põem a pensar retomo o gesto que lhes deu lugar, voltando a dar-lhes forma, uma forma ligeiramente diferente, interpolando uma palavra aqui, suprimindo outra lá, reunindo ideias cuja afinidade passara desapercebida, aproximando-as de mim. Algumas páginas se iluminam com isso, outras obscurecem-se para sempre.

Entre uma coisa e outra, arranco à autoridade das obras vislumbres de uma liberdade que não teme errar para afirmar-se. Ainda não me pertence com propriedade. Terei que persistir se quero conquistá-la. Há dias em que a minha cabeça se parece – a ocorrência é de Fitzgerald – a essas regiões desejáveis, mas impotentes, nas quais os grandes países avançam e retrocedem.

* * *

Motherwell dizia que há alguns problemas de expressão que os meios da representação não podem resolver, e que não é possível responsabilizar ninguém por esse fracasso, a menos que coloquemos a culpa na realidade. Introduziu numerosos artistas, como Jackson Pollock, na escrita e no desenho automáticos, que por sua vez aprendera de Bresson e Masson. Mais tarde converter-se-ia num dos principais porta-vozes do expressionismo abstrato, mantendo sempre certa reserva em relação à crítica militante de Clement Greenberg – o seu mais fiel interlocutor, e também o seu amigo, seria Harold Rosenberg.

Estudara literatura, filosofia e história da arte, mas as suas ideias tendiam a ser viscerais. Definiu a pintura como uma exploração, ao mesmo tempo cega e desesperada, do abismo sobre o qual repousa a existência. De resto, o seu significado, produto exponencial do significado acumulado de milhares de pinceladas sobrepostas, lhe parecia inconcebível.

Apesar disso, sempre foi um cultor do trabalho e do compromisso ético da pintura com o mundo. Fora leitor de Espinoza, a quem gostava de citar cada vez que surgia a oportunidade. Uma das suas passagens favoritas era: "as coisas nobres são tão difíceis como escassas".

12 de Junho

Ao contrário de Motherwell, Wols não deixou uma obra crítica significativa. Exercia o pensamento de uma forma aforística, que não admitia análise nem explicação. Anotava as suas ideias onde o assaltavam e nunca teve a pretensão de dar-lhes uma forma sistemática, pelo que apenas conservamos algumas intuições registradas sem método em papéis soltos e envelopes usados.

Não que carecesse de formação. Até à morte do pai, de fato, desfrutou de uma educação invejável: violino, desenho, as melhores escolas. Depois iria abandonando tudo, até não contar senão consigo mesmo.

A partir das poucas palavras que o sobreviveram é possível reconstruir uma cosmovisão muito pessoal, porém em grande medida devedora dos críticos da modernidade (Poe, Nietzsche, Artaud), na qual intentava inscrever o seu ofício, que não considerava humano.

Também a sua vida foi aforística de certo modo. Morreu muito jovem, quando tinha apenas trinta e oito anos, de forma ridícula, como muitos filósofos ilustres nas *Vidas* de Diógenes Laercio, mas sem simbolismo algum. Soube ganhar a vida como fotógrafo, taxista e professor de alemão. Também passou um tempo na cadeia, sem que se conheça muito bem sob que acusações.

Com pouco mais de vinte anos, instala-se em Paris, onde toma contato com as obras de Duchamp, Dalí, Ernst e Man Ray. Em 1939, com a declaração da guerra, é deslocado a um campo, em Les Milles – tal era, de resto, o procedimento adotado com todos os alemães residentes em Paris. Em Les Milles encontrará Ernst, que não gostava muito de Wols.

A guerra não impediu que continuasse pintando. Quando termine, já não pensará noutra coisa. O gosto pela bebida, a separação da sua mulher, e uma série de acidentes, um dos quais custou-lhe a perda parcial da vista, impediram, sim, que desfrutara disso com plenitude.

Viveu os últimos anos da sua vida num quarto miserável. Raramente deixava a cama, nem sequer para trabalhar. Se possível, preferia fazê-lo em pijama, sobre pequenas folhas de papel, que rabiscava obsessivamente. Só a insistência de René Drouin, o seu marchand, conseguiu arrancá-lo da horizontalidade em 1947, para produzir perto de quarenta telas em óleo, que os críticos tendem a associar à sua descoberta da materialidade das superfícies, apesar de que essa preocupação seja evidente desde os seus tempos como fotógrafo – por exemplo, *Cassis* (1949-51), *Paralelepípedos* (1932-42), *Poupon sur les povés* (1938-39), etc. A essa série de óleos, em todo o caso, pertence a composição que me assombra.

O seu verdadeiro nome era Alfred Otto Wolfgang Schulze. Um telegrama de 1937 o reduzira sem razão aparente ao acrónimo que adotaria de imediato, não apenas como assinatura, mas também como *alter ego* ou heterónimo. A partir de então, não era raro ouvi-lo falar de Wols na terceira pessoa, como se se tratasse de outra pessoa que não dele.

13 de Junho

Há uma série de autorretratos de 1941, ou, estritamente falando, um autorretrato em série, composto de seis pequenas instantâneas, onde Wols aparece fazendo caretas. Tem apenas 27 anos, apesar de aparentar bastante mais. Brinca ante a câmara como se estivesse ante um espelho.

Tem o aspecto de um tipo simpático, acessível, não de um maldito, como quer a lenda. Gosto, sobretudo, da quinta imagem da série, na qual arqueia a sobrancelha esquerda ao mesmo tempo que contorce a boca para a direita, numa expressão codificada, mas que torna sua com alguma ironia.

Lembra-me alguns atores de segunda linhas que apareciam em *Miami Vice* – e, pelo gesto, ao humorista Jon Livitz.

A comparação, acredito, não o teria desgostado. Costumava retratar-se dessa forma e se conservam algumas fotografias nas quais tenta mimar os gestos dos atores famosos, como no autorretrato de 37, no qual aparece com o chapéu ladeado e um cigarro ao canto da boca, com ares de Bogart.

14 de Junho

Sartre escreveu um artigo sobre Wols, que mais tarde seria recolhido no quarto volume de *Situações – Dedo e não dedo* (1963). Até então, os críticos apenas viam em Wols uma espécie de psíquico da pintura, subtraindo qualquer valor artístico à sua obra, ainda que reconhecessem a sua exploração de certos âmbitos da experiência para os quais não parecia existir uma linguagem adequada. Sartre é o primeiro a levar o seu trabalho a sério. Isto é digno de nota, porque Sartre mal escreveu sobre pintura e em grande medida ignorara os artistas do seu tempo, com exceção de algumas notas dedicadas a Giacometti, Masson, Lapoujade e Robeyrolle. Wols fora seu amigo, chegara mesmo a ilustrar uma pequena edição de *Nourritures*, que acompanhava algumas passagens de *A náusea*, publicada por Jacques Damase em 1949.

Sabemos que Sartre definia o espaço da pintura pela ambiguidade, o que o levara a negar-lhe qualquer valor político nas caraterizações da arte comprometida que propusera alguns anos antes. Só que a ambiguidade também pode ser uma riqueza. É o que constata ante *A grande barreira ardente* (1944/5), dando livre voo à sua imaginação. Oscilação imóvel da matéria, a aquarela de Wols compõe-se e descompõe-se perante o seu olhar, apontando percursos possíveis, insinuando histórias, sugerindo situações, mas apenas oferecendo apoio, permitindo que o olhar resvale rapidamente sobre o quadro – interrogada, qualquer hipótese é de imediato desmentida.

Depois, a metafísica. Se o que aparece sobre a superfície pintada luta entre a aceitação fascinada e a recusa da sua determinação, é porque o que põe em jogo não é da ordem dos objetos. Na sua abertura – ao mesmo tempo irrestrita e inapreensível – ao nosso olhar, o que revela a obra de Wols é a subjetividade que somos, abismada perante o rastro de outra subjetividade. "Anverso ardente e sangrento" das coisas, detrás das imagens espreita a nossa própria condição.

Isso é assim em relação a esse particular guache de Wols ou vale em geral para toda a pintura? Sabemos que a contemplação de qualquer imagem é sempre excessiva e deficitária – ver é esperar uma revelação e propor uma interpretação, as duas coisas ao mesmo tempo, tempo o todo, sem trégua. Mas isso significa que, se lhe damos o tempo e a atenção que exigem, as imagens nos revelam inelutavelmente a chaga viva do nosso coração?

(Didi-Huberman, retomando livremente a intuição de Sartre, o entenderá assim.)

15 de Junho

Contemplo duas fotos do atelier de Wols (trata-se do mesmo quarto que Sartre alugara para ele?). É um quarto de pouco mais de dez metros quadrados, talvez menos, onde se amontoam em desordem a pequena cama de solteiro, uma minúscula mesa sobre a que se rejuntam os pincéis e os óleos, uma cadeira (apenas uma), que serve de mesa de cabeceira, e uma dúzia de telas encostadas contra uma das paredes. Também há uma tábua de madeira apoiada sobre a mesa, a modo de *placard*, onde estão cravados três pequenos desenhos, e uma espécie de banqueta, que alternativamente Wols dispõe junto à cama ou debaixo da mesa. O lugar é escuro, uma exígua janela deixa passar a pouca luz que o ilumina – segundo parece carece de energia elétrica: duas velas falam do tom das noites. Aí forjou-se essa obra inclassificável que hoje albergam edifícios fastuosos, ricamente iluminados.

Oscar Wilde escreveu: "Todos vivemos no mesmo lamaçal, mas alguns de nós contemplam as estrelas". Wols sempre olhou para baixo, era incapaz de desviar a vista do barro em que se afundava sem remédio, mas no barro reconheceu a mesma matéria de que estão feitas as estrelas.

De qualquer maneira, está morto. O pó ao pó.

16 de Junho

Na cafeteria do Cinema Doré, encontro-me com uns estudantes argentinos que estão passando um semestre em Madrid. Perguntam-me como é que estou. É uma formalidade, compreendo, mas de todos os modos desato a falar como um louco (está convertendo-se num hábito em mim).

Foi um dia intenso de trabalho e não consigo pensar noutra coisa: Wols, Wols, Wols. E depois: aprender a ver, aprender a escrever, fazê-lo, não esperar mais.

17 de Junho

Não há, na verdade, nada. A tela foi coberta por uma fina camada de cor, aplicada num imperceptível movimento circular, que deixa entrever o encarnado da tela aqui e ali, entre pinceladas, e de forma mais limpa no centro, onde Wols haveria de concentrar-se. Isso é verde, de um verde pálido, quase azulado. Também em círculos, primeiro, e confundindo-se em manchas empastadas, depois, o negro oferece uma figura ao fundo sem fundo no que acabam por misturar-se, informes, todas as figuras. Uma grande mancha vermelha lhe marca a frente. Trata-se de um rosto ou, melhor, de uma máscara. O vermelho também salpicou a superfície, dando à grande mancha vermelha o prestígio de uma ferida, e se confunde, à direita, com a fina camada verde que emoldura a cena numa espécie de água barrosa, formando uma poça. Uma multiplicidade de marcas brancas completam a imagem, em rápidas pinceladas circulares, reforçando a sensação de estarem sendo absorvidas pela pintura, em sucessivos pontos em arco, dando lugar a um sorriso lúgubre, a um nariz elementar, a uma cicatriz antiga, e, por fim, em duras impressões sobre a matéria negra, fixando o olhar estrábico em quem se detém perante a tela, um olhar que é muito difícil sustentar. Na realidade, as cores e as marcas do pincel são apenas uma abstração. O que tenho ante mim é, em lugar de uma pintura, uma presença ao mesmo tempo fascinante e perturbadora, que transborda a minha visão e envolve a totalidade dos meus sentidos num abraço asfixiante. Queria afastar-me e nem sequer consigo desviar a vista. Não é nada, mas mesmo assim é demais – pelo menos para mim. Como um demónio, deixa cair no meu ouvido palavras venenosas. Lembra-me que tudo que queremos ou sonhamos, tudo aquilo com o que sonhamos e nos preocupamos, tudo o que projetamos e construímos, tudo, absolutamente tudo, acabará por perder-se nas trevas, na trama que tecem o tempo que corre e a distância que se estende, com indolência e facilidade, assim como se esmaga um inseto.

Eduardo Pellejero

* * *

Guy Brett fala de uma sensação de fúria nesses óleos que Wols pintou para René Drouin. Está bem: Wols era um bêbado perdido (Sartre jurava que jamais o vira sóbrio). Posto isso, não deixa de ser um lugar comum reduzir a sua obra ao resultado de uma vitalidade desesperada, sobre a qual não haveria tido controle algum, ou insistir em que, mesmo dominando com alguma maestria o lápis e o guache, ignorava por completo o que fazia.

É certo que nunca realizou estudos prévios. Pintar era uma aventura para ele. Cada obra que começava era um salto no desconhecido. As suas pinturas não admitiam modelo, nem da realidade, nem da memória nem da imaginação. A sua mão parecia conduzir todo o processo por conta própria, sem pressentimentos, sem conceitos, sem imagens de um objeto ou um fim a atingir.

Mas não estava cego. Os seus olhos eram capazes de julgar quando já era suficiente, ainda que as formas resultantes pareçam desagregar-se pouco a pouco, à medida que Wols aprofunda o seu procedimento.

18 de Junho

A pequena tela começa a exercer um poder nefasto sobre mim, até quando não me encontro perante ela. Talvez devesse esquecê-la.

19 de Junho

A atração e a repulsão são solidárias na obra de Wols, na qual somos partícipes de uma entrega de delicadeza e beleza incomparáveis, ao mesmo tempo que nos submergimos no vazio do mundo, onde o homem, como escreveu Jean Tardieu, não é senão vertigem, náusea, ameba, ebulição, celas de uma colmeia em ruínas. É notável que o seu trabalho, que lembra de forma inevitável a alegria da obra de Klee, possa abismar-nos dessa maneira naquilo que não admite imagem nem representação.

* * *

O que vi

Terá razão Sartre? Será apenas o vulnerável entrelaçado da minha condição o que entrevejo nesse espelho que reflete apenas o que não muda? Terá razão Didi-Huberman? Pode ser que no fundo seja só o meu medo da morte, das múltiplas mortes às que estou condenado, o que me observa fixamente da pintura?

20 de Junho

Ontem permaneci mais do que o habitual na sala onde se encontra a pequena obra de Wols, esperando que alguém se detivesse perante a pintura e se estremecesse tal como ocorre comigo. Talvez assim saberia que não sou apenas eu quem vê a noite espreitando sob a superfície. Sentir-me-ia dessa forma menos sozinho? Foi apenas para isso que me meti nisto? Já não tinha a S.? Não era justamente o contrário o que vim buscar?

* * *

Em *O túnel*, Ernesto Sábato conta a história de um pintor, Juan Pablo Castel, que expõe uma pintura no Salão de Primavera de 1946. Em primeiro plano, uma mulher vê uma criança brincar. Acima, à esquerda, uma pequena janela deixa entrever uma cena lacónica: uma praia deserta na qual uma mulher olha o mar. É, para Castel, o centro secreto da sua obra (da sua solidão), mas ninguém parece reparar nela. Oportunamente, uma mulher o fará, e se perderá na multidão antes que Castel se atreva a abordá-la. Durante semanas fantasia com a possibilidade de encontrá-la e perguntar o que viu na janela. Quando por fim tenha oportunidade, ela confessará que pensa nisso constantemente. Essa frase enlouquecerá Castel. É um homem solitário, confundido, profundamente instável.
– Estou caminhando na escuridão – diz.
Sabemos que a matará desde a primeira página.

23 de Junho

Acordo alterado a meio da noite. Tateando, procuro o relógio. São três da manhã. *Na noite mais escura da alma são sempre três da manhã.* Tive um pesadelo mas sou incapaz de resgatar uma só imagem da memória. Faz dias que estou assim. É um verdadeiro retrocesso. Desconheço-me ante a minha imagem no espelho e sou possuído pelo sentimento insuportável de que existe um abismo entre mim e o mundo. Tudo isso é absurdo. Eu sou eu e faço parte do mundo – modestamente, inclusive, dou-lhe forma. Não tenho ilusões, não tenho fé no mundo nem em mim, mas estamos juntos nisto, não é verdade? Estamos feitos da mesma substância, não é verdade?

* * *

Não, não é. Pretendes que o abismo é apenas uma sensação. Dizes-te que neste mundo a beleza é comum. Mas ao teu redor só há muros. Conhece-los bem. Tu mesmo ajustaste a levantá-los. Do outro lado, espreita a inumana indiferença do universo. Se levantasses a cabeça, a silhueta das montanhas no horizonte e o rumor das árvores do jardim perderiam de imediato a sua doçura, revelando uma natureza hostil, irredutível à nossa necessidade de sentido e à inutilidade de qualquer esforço humano por dar uma figura ao que é.

* * *

Acordo alterado a meio da noite. Assalta-me a sensação de que há alguém no quarto. Chamo e responde-me o silêncio. Não só o do universo, também o dos outros. Estou só. Quis assim. Não há mais ninguém no quarto. As noites são cada vez mais longas.

24 de Junho

O meu corpo puxa para trás. À sua maneira sabe que não é capaz de ir tão longe como pretende o meu pensamento e tenta impor o seu ritmo, fazer valer a sua lei. Não se trata apenas de um abatimento físico; lentamente obscurece a minha consciência, envenena o meu espírito, inculca-me paixões tristes. Depois de tudo, trata-se de morrer. É suficiente que considere isso por um segundo para que se apodere de mim uma espécie de náusea. Como convivem as pessoas com isso? Te atreverias a perguntar isso a alguém? À pessoa que mora contigo, digamos, por exemplo, durante o almoço?

* * *

O que vi

– Mas não tens medo?
– Tenho medo da vida, não da morte.
– ...
– Medo de ter que vivê-la sozinha.
– ...
– Medo da morte dos meus pais, da dos meus irmãos, da dos amigos. Não me sinto preparada para tanta morte.
– Não é possível estar preparado para isso, mas há que continuar vivendo.
– ...
– Além disso, a morte torna mais fácil a morte. O mundo vai enchendo-se de ausências. Chega um momento em que já nada nos ata.
– E os filhos?
– Não, isso não.
– Por mim?
– Não, por mim. Nem filhos nem Deus.
– ...
– ...
– Continuam a fechar os olhos dos mortos, sabias?
– Fazem bem...
– Antigamente colocavam umas moedas sobre as pálpebras.
– ... porém eu preferia ir embora com os olhos abertos.
– Em qualquer caso, não poderias ver nada.
– Os olhos não estão só feitos para ver. Também estão feitos para chorar.
– Estás chorando?
– ...
– Façamos algo, antes.
– O quê?
– Vamos caminhar à praia!
– É melhor que nos apressemos, então. Neste lugar a noite cai num instante, como um raio.

* * *

Eduardo Pellejero

    O meu avô materno morreu apenas dois meses depois de eu ter nascido. Não o conheci propriamente falando, apesar de ele me ter conhecido e, segundo me dizem, celebrado o meu nascimento. Existia uma velha foto familiar em que eu aparecia sentado nos seus joelhos, com os olhos perdidos num ponto indefinido, envolto nos atributos pueris da primeira infância; sério mas sorridente, elegante à moda da época, quase hierático, ele sustentava-me com alguma condescendência, esticando o braço direito para atrás, para não incomodar-me com o fumo do cigarro. A partir dessa foto, a minha imaginação deu lugar a imagens improváveis que me assaltam por vezes, quando evoco o seu nome, que era Ricardo Pascual Marrodan, intensas e fugazes como flashes fotográficos. Fora o primeiro de quatro irmãos a nascer na Argentina – a sua mãe já estava grávida dele quando deixou Autol, uma pequena aldeia de La Rioja, para seguir o seu marido na diáspora. Os que o conheceram costumavam assinalar-me, sendo ainda criança, que herdara as suas mãos, que eram ossudas e femininas. Chegou a ser chefe de guardas na estação de Ferrovias do Sul que existia então em White. Morreu de uma embolia pulmonar desencadeada durante uma pequena cirurgia à qual se submetera, depois de anos de sofrer de úlcera, com o único propósito de desfrutar dos netos que começavam a chegar. Tinha 55 anos. A minha mãe, apenas 22. Foi enterrado no cemitério municipal.

* * *

    Já vivia em Buenos Aires quando morreu a minha avó Angélica. Durante vinte anos fora uma presença constante na minha vida, alguém que eu via quase diariamente, primeiro nas vertiginosas visitas que lhe fazia o meu pai todos os meios-dias para confiar-lhe maçadores procedimentos bancários e recolher ovos, frangos e tudo o que pudesse ajudar a alimentar-me a mim e ao resto dos meus irmãos, e, mais tarde, já dono dos meus passos, de regresso do clube ou da universidade, para tomar os lanches que sempre tinha preparados. Recordo que se dava ao trabalho de tirar a casca do pão, à que cobria de abundante presunto, e depois se sentava na outra ponta da mesa para ver-me comer. Quando os nossos pais viajavam, o meu irmão e eu ficávamos na sua casa. Tudo, aí, tinha um ritmo diferente. Levantávamo-nos muito cedo, antes que nascesse o sol, e íamos para a cama com as galinhas, como gostava de dizer. Depois de jantar jogávamos truco em duplas; então eu sempre fazia par com ela. Éramos muito ruins, mas a minha avó tinha realmente muita sorte, o que enfurecia ao meu avô e ao meu irmão. Nunca, como nessas ocasiões, a vi rir com tanta alegria. Era uma pessoa sofrida, reservada, que quase nunca falava de si. Preferia que o fizéssemos e, quando o fazíamos, acho que ouvia com atenção. Só me lembro dela ter contado uma única anedota. Tratava-se de uma visita que fizera a uma das irmãs, na qual vira o mar pela primeira vez: a ampla ondulação das ondas aproximando-se da costa, rompendo num estrondo ensurdecedor entre as rochas, caindo a seguir como um chuvisco ligeiro e episódico, causara-lhe uma profunda emoção, que a comovia cada vez que o recordava. Criara-se no campo e não fazia rodeios na hora de passar a faca nas galinhas, mas era incapaz de ver uma serpente – bastava ouvir o nome para lhe revolver o estômago. Uma semana antes da sua morte, durante a celebração dos quinze anos da menor das minhas irmãs, estive com ela pela última vez. Dançamos juntos a valsa que se impõe nessas festas. Essa era a imagem com que gostaria de ficar. Apesar de ter viajado a Bahía Blanca para o funeral, não entrei na casa onde a velavam e no cemitério permaneci a certa distância de onde tinha lugar o enterro. Vendo-me assim, alguns familiares aproximaram-se de mim para dizer-me que o infarto fora fulminante, pelo que quase não sofrera, mas eu sabia pelo meu irmão, que a levara de urgência ao hospital, que esses minutos duraram uma eternidade. No dia seguinte nos recolhemos em casa com os meus pais e os meus irmãos. Mesmo estando comovidos, tentávamos retomar a vida como a conhecíamos. Na geladeira havia uns nhoques de batata que a avó Angélica amassara alguns dias antes. Acho que foi o meu pai que insistiu em que não valia a pena desperdiçá-los. A minha avó não nos haveria perdoado isso. De alguma forma, ainda que de uma forma insignificante, continuava presente, entre nós. Os comemos com fome e gosto, a princípio em silêncio, sem podermos tirar da cabeça que era a última vez, mas à medida que o jantar foi avançando começamos a nos animar e até teve que intervir a minha mãe para que não brigássemos pelo que sobrara na travessa.

* * *

A minha avó materna sobreviveu ao meu avô por 32 anos. Jamais, durante todo esse tempo, se lamentou da sua sorte. Era uma pessoa muito alegre, que vivia rodeada de gente e nunca se cansava de conversar. O seu nome era Elena, mas todos a chamava de Tota, nunca soube porquê. Tecia para passar o tempo, porém sem gosto. A sua fraqueza era o jogo. Durante muitos anos passou os verões em Mar del Plata, onde ia menos à praia que ao casino. Jogava pouco, perdia pouco. Isso não a privava da emoção. Também passava pequenas apostas por telefone para os vizinhos do bairro, que anotava prolixamente num caderninho gasto pelo uso, onde não nos estava permitido mexer. Na realidade, quase todos os objetos da sua casa estavam fora do nosso alcance, e esse era um limite que poucas vezes nos atrevíamos a transgredir, porque além de ser uma pessoa alegre tinha um caráter fortíssimo. Todos os domingos almoçávamos na sua casa. O menu não admitia variações: raviólis caseiros de legume com molho de tomate e salsicha fresca. Todas as quartas, também, vinha a casa e dormia conosco. Lembro as longas tardes de verão, aborrecendo-a com as nossas perguntas, enquanto os nossos pais dormiam a sesta. Nós: "Avó, que faço?". Ela: "Cago!". Nós: "Avó, estou com calor!". Ela: "Toca tambor!" – ou: "Toca tambor, solta um pum e sente o odor!". Quando me mudei para Buenos Aires, mantive o costume de chamá-la de vez em quando por telefone. Depois a distância multiplicou-se e as chamadas tornaram-se mais difíceis, mesmo quando me lembro de tê-la surpreendido alguma vez de Lisboa. Apesar de sempre me parecer sem idade, começou então a envelhecer rapidamente, pelo menos para mim, que apenas a via de dois em dois anos, cada vez que regressava à Argentina. Celebrava essas esporádicas visitas com chimarrão e bolinhos, que comia às escondidas da minha mãe, porque sofria de diabetes. A despeito dos anos, foi forte quando teve que ser forte, ao lado da minha tia Nilda, que era uma mistura de filha e irmã para ela. Quando Nilda morreu, já não lhe restava muita energia. Os sintomas da diabetes foram cruéis. Viveu os últimos meses da sua vida sem consciência de si, entrando e saindo de hospitais, apagando-se lentamente. Morreu a 23 de dezembro de 2004, um dia antes de fazer 82 anos. Não me foi possível viajar para participar do seu velório. S., que ganhara um carinho especial por ela, chorou-a junto a mim. Está enterrada no mesmo túmulo que o meu avô, no cemitério municipal.

* * *

O que vi

O meu avô Ignacio morreu por último. Quando perdeu a sua mulher, todos pensamos que não a sobreviveria um ano, mas o velho reinventou-se a si mesmo e viveu vinte anos mais, sozinho, quase sem sair de casa, dedicado durante um tempo à sua horta e ao seu galinheiro e, quando já não teve mais forças para isso, às simples rotinas da sobrevivência. Nas festas familiares sempre era o primeiro a chegar e o último a ir embora– faltavam-lhe praticamente todos os dentes, o que o obrigava a comer com tal parcimônia que sempre havia que esperar por ele para levantar a mesa. Antes fora pedreiro, antes dono de um hotel de vila, antes peão de campo. O seu pai, que herdara uma fortuna considerável, perdera tudo nos cavalos, coisa que jamais lhe perdoou. Era muito hábil com as mãos. Alguns dos melhores brinquedos da minha infância foi ele quem os construiu, a partir de pequenos bocados de madeira, latão e borracha. Caminhava sempre olhando para baixo e gabava-se dos tesouros que encontrara dessa forma ao longo dos anos. De resto, era de poucas palavras, chegando a ser por vezes algo áspero. Quando ficou só, começou a falar um pouco mais. Contava histórias da sua juventude no campo, antes de conhecer a minha avó. Se recordava jeitoso e mulherengo. Nos alegravam essas expansões inesperadas. Lentamente fomos nos acostumando à sua nova forma de ser. Então a solidão começou a fazer o seu silencioso trabalho. Quando foi diagnosticado com demência senil, fazia tempo que andava errático e instável. Os que se encontravam mais perto dele sofreram mais que ninguém os seus violentos arrebates. A mim, pelo contrário, que podia passar anos sem vê-lo, reservava-me o melhor de si. Doía-me pelo meu pai e o meu irmão, que eram os que na verdade estavam aí para ele. A mesma teimosa vontade de aferrar-se à vida que lhe permitira superar a morte da minha avó resistia como uma fera encurralada, agora que se aproximava a sua. Os surtos tornaram-se cada vez mais frequentes e violentos. Logo perdeu por completo o controlo do seu corpo. Sei que isso deixou no meu pai uma marca que não se apaga. No dia em que me comunicaram que falecera, como todos na família, senti um profundo alívio. Nunca, até então, nessas circunstâncias, estivéramos mais preocupados pelos vivos que pelos mortos. Todos gostaríamos que as coisas acontecessem de outra forma, que a morte não envenenasse tudo, mas a morte forma parte da vida e há que a sobrelevar até que acabe. A do avô acabou no 31 de março de 2008. A nossa continua.
Mais ninguém morreu na família desde então.

* * *

"Escuta uma pequena história. Duas almas solitárias encontram-se no mundo. Uma delas lamenta-se e implora um consolo da estranha. E, docemente, a estranha inclina-se sobre a outra e murmura: 'Para mim também é de noite'. Não é isso um consolo?'"

25 de Junho

Wols morreu no 1º de setembro de 1951, de uma intoxicação alimentar, depois de negar-se a permanecer no hospital onde começara a ser tratado. O seu pai morrera quando ele era apenas um adolescente, em virtude de uma negligência médica. A partir de então e ao longo da sua vida, Wols desenvolveu uma profunda fobia em relação aos médicos e aos hospitais. Passou as suas últimas horas entre terríveis sofrimentos. Tinha apenas 38 anos, mas parecia um velho.

Foi enterrado discretamente, sem solenidades, num nicho do cemitério de Pére-Lachaise, em Paris.

* * *

Motherwell morreu a 16 de julho de 1991, com a idade de 76 anos, deixando como legado uma fortuna de dúzias de milhões de dólares, mais de um milhar de obras que jamais decidira vender e uma fundação dedicada à educação do público no modernismo, que fundara em 1981. Vivera sem privações e morrera sem agonia. Um ataque cardíaco o surpreendeu enquanto dormia uma sesta depois de almoçar.

Centenas de pessoas, incluindo numerosos artistas, críticos, académicos e políticos, acudiram ao seu funeral, que teve lugar numa praia próxima da sua residência em Massachussetts.

* * *

"No fundo da madrugada, sob as águas do estanque, a luz é glauca e o sol engana, porque o real é irremediável."

O que vi

27 de Junho

Tento voltar a Motherwell para desfazer-me do sortilégio que fez cair sobre mim a pintura de Wols. Me impressiona uma grande tela negra, na qual apenas fica a descoberto uma pequeníssima porção do vértice inferior esquerdo (*Iberia*, 1958). Motherwell a considerava uma pintura sinistra – junto a toda uma série de obras similares. Não é sinistra para mim. Posso perder-me contemplando-a sem ser assaltado pela angústia.

Também gosto muito de *Black on White* (1961) e *Africa nº 2* (1964/5), que junto a uma série de pequenas obras sobre papel, que realiza nos anos setenta – *Drunk with turpentine* (*Bêbado de terebintina*) –, dão conta de um impulso lírico que não desmerece da poesia.

29 de Junho

Continuo preso. Deambulei durante horas entre as obras de Motherwell e Wols. A chuva e o silêncio de S., que não respondeu ao meu cartão postal, afundaram-me na melancolia. Não consigo deixar de pensar na morte. A vejo de costas na pintura de Motherwell – não parece interessada em mim, mas poderia voltar-se a qualquer momento; então cairia no ato, como um saco vazio. Olha-me fixamente a partir da tela de Wols – continua provocando-me arrepios, verdadeiros estremecimentos; não desvia a vista, eu não a desvio (não posso).

Acho que já mencionei que necessito fazer verdadeiros esforços para não abordar aos que se detêm junto de mim e perguntar-lhes, sem rodeios, se são capazes de sentir a sua presença, imóvel e à espreita, detrás da superfície. Suponho que ficariam a olhar para mim, como para um louco, e, então, sim, estaria louco.

30 de Junho

Se algo me demonstrou a pintura de Wols, é que a arte não nos oferece necessariamente uma evasão fácil. Sempre corremos o risco que o mundo ao que nos abre seja ainda mais angustiante que aquele ao qual gostaríamos de escapar, como acontece com Brausen, o desgraçado publicitário de *A vida breve*. É perigoso pedir às coisas aquilo que não podem dar-nos. Brausen constrói na sua cabeça todo um universo, procurando abstrair-se do seu fracasso matrimonial, do câncer da sua mulher, da sua impotência e da sua solidão, e que obtém em troca? Mais abandono e humilhação em Santa Maria, mais miséria e degradação em Porto Estaleiro – máscaras tristes que não ocultam nada da morte.

* * *

Na hora de escapar, Onetti preferia não arriscar: bebia. Não entendia que essa fosse uma forma de renunciar, mas apenas um modo de suspender toda a questão do sentido da vida, que não tem sentido. É difícil acreditar que depositasse alguma fé nisso quando lemos a sua obra, porque nenhuma das suas personagens consegue realizar essa proeza – cada vez que tentam, fracassam estrepitosamente. Em todo o caso, era irredutível em relação a isso. Renunciara de muito jovem à epopeia e não tinha espírito para a comédia. Via o mundo com os olhos avermelhados pelo álcool e não achava que valesse apena perder um só segundo para participar ou intervir nos seus carnavais. Jurava que não lhe importava uma merda que as pessoas fossem para o inferno sempre que o odor da carne queimada não lhe impedisse continuar escrevendo. Eduardo Galeano chamava-o *o áspero*. Como Arlt, parecia comprazer-se em imaginar um futuro de chumbo e degolação.

Quem poderia culpá-lo? Mesmo inatingível no seu recolhimento, esteve sempre do lado dos perdedores por mérito próprio. A festa dos vencedores o enjoava mais do que qualquer outra coisa. Sentira sempre que a realidade enlouquecera muito antes de que ele se dispusesse a escrever. Entre comprometer-se no mundo e distrair-se, escolheu não desviar a vista do fracasso a que pareciam condenadas desde o princípio tanto uma como a outra dessas alternativas.

* * *

Nada mudou muito desde então. Nada parece mudar nunca. Continuam morrendo centenas de pessoas tentando atravessar o Mediterrâneo todas as semanas e os governos não fazem nada para remediá-lo; a guerra continua provocando vítimas e condenando a uma diáspora sem rumo povos inteiros na Síria, Somália, Afeganistão, Iraque, Sudão, Nigéria; todos os dias, nos lugares mais diversos do mundo, suspendem-se direitos que exigiram anos, décadas de luta para ser conquistados; no entanto, há gente saindo às ruas no Brasil pedindo que regressem os militares, jovens neonazistas tentando incendiar campos de refugiados na Áustria, grupos de extermínio que assolam os bairros populares no México.

Queria poder evadir-me. Não posso. Tento comprometer-me. Não consigo. Todas as manhãs abro os jornais com apreensão, não posso deixar de fazê-lo, e me afundo, literalmente, afundo-me nesse lodaçal, procurando desesperadamente uma notícia, não importa quão pequena possa parecer, uma notícia que projete um pouco de luz, não digo de esperança, apenas de resistência, uma demonstração de coragem, um gesto de inteligência ou de ternura, um fato afortunado ou uma fulguração da beleza. Qualquer coisa, absolutamente qualquer coisa que me permita sair de casa, primeiro sair de mim, claro, e depois procurar a rua, sem o sentimento deprimente, opressivo, demolidor, de que tudo está perdido, de que não há nada a fazer[3].

Há dias em que passo horas antes de encontrar algo – mas sempre existe algo, isso também é certo, não devia perder isso de vista. Continuar tentando ver o mundo, não apenas como é, mas também como não é, isto é, como poderia ser, também é algo, não é verdade? Manter os olhos abertos e a imaginação desperta é algo, não é verdade? Ainda tem algum valor, uma consciência, não é certo?

* * *

O oitavo capítulo da série que Kieslowski dedicou ao *Decálogo* abre com uma cena singular. Há uma menina, a mão de uma menina na mão de uma mulher, sendo conduzida por uma rua deserta. Procuram abrigo. A vida de ambas corre perigo. Tudo ao seu redor parece escuro e ameaçador. Entram num prédio de apartamentos. Apesar de que a situação

---

[3] Anotação de 2 de Setembro: Que notícias seriam essas? Comentava-o com Jordi Carmona o outro dia, quando se encontrava de passagem por Madrid, e disse-me que devia guardá-las, reuni-las numa espécie de arquivo ou antologia. Considerei isso, mas temo que essas coisas não envelheçam bem (nenhum de nós o faz) e acabem por perder a sua virtude inspiradora. Valem apenas talvez na medida em que abrem um porvir, mas poderiam corroer até o último osso da tua esperança, expostas à luz das derrotas e das traições que têm prometidas.

é desesperada, dentro recusam a ajuda que lhes prometeram. Logo, estão sozinhas, absolutamente sozinhas, sem poder confiar em nada nem ninguém.

Essa cena tem lugar no *inferno moral* que foi o holocausto. Kieslowski quer fazer-nos compreender que se tratou de um tempo de decisões impossíveis e, muitas vezes, imperdoáveis. Não havia espaço para hesitações, tampouco nada em que apoiar-se. As pessoas faziam o que podiam esperando estar fazendo o correto. Não havia lei nem deus que pudesse orientá-las. Contudo, na medida em que não abdicaram totalmente da sua humanidade, continuavam sendo livres para escolher – quero dizer que estavam condenadas a fazê-lo e a viver com isso.

A virtual omnisciência que nos dotam as próteses informáticas às quais passamos conectados boa parte dos nossos dias, também nos colocam numa forma de inferno moral. Podemos não viver pessoalmente um momento de perigo, mas podemos estar certos de que o perigo ameaça a vida de alguém (de muitos) em algum lugar. Isso domina o nosso olhar e interpela constantemente a nossa consciência. Como fazer para responder à demanda continua e simultânea que dirigem à nossa liberdade todos aqueles que procuram refúgio no mundo? Não aqui ou ali, neste ou naquele momento, mas em todos os lados, o tempo todo.

Como na imagem que abre o filme de Kieslowski, todos levamos uma criança indefesa e assustada pela mão, procurando conduzi-la a um lugar onde possa viver o resto da sua vida sem preocupações. Isto é complicado, porque não há refúgios para a consciência e a criança que levamos pela mão é filha das nossas decisões, dos nossos atos e das nossas palavras – e também das nossas omissões e silêncios.

Se a observas com atenção, talvez possas reconhecer no seu rosto os teus próprios rasgos, não como são, mas como, sem cessar, com cada demonstração de coragem ou de covardia, vai vindo ao ser.

2 de Julho

Procuro novamente o jardim do museu. Saiu o sol e está-se bem lá fora. Necessito tomar ar. A obra de Calder continua girando sobre si mesma. Não mudou muito nestas semanas, mas por alguma razão não chega a exercer sobre mim o seu efeito lenitivo. Em lugar de perder-me nos meus pensamentos enquanto contemplo as suas evoluções, noto que o metal, perto da base, afeta certo grau de corrupção. Alguns rebites estão cobertos de ferrugem. Foi um inverno longo. Teias de aranha desgarradas pelo vento flamejam nos seus flancos. Aguarda com impaciência que o trabalho dos restauradores a restituam à sua idealidade sem mácula. Pode parecer eterna para mim, estava aqui antes que eu chegara, continuará estando muito depois de que tenha ido embora, mas não é completamente indiferente ao evanescente fedor da decomposição. Ao contrário das imagens que cintilam como estrelas na eternidade refrigerada das galerias, ela sabe que depende do seu corpo físico para existir. Também depende para isso do meu olhar. Hoje não posso fazer nada por ela e ela não pode fazer nada por mim. De todos os modos, permaneço um momento ao seu lado, como se visitasse um doente.

4 de Julho

Isso não me deixa. Não me deixa nunca. Se desvanece por momentos é só para regressar com mais força, para me tomar desprevenido, me pegar no pulo. Esforço-me para pensar noutras coisas, mas volto sempre a recair nesse inferno onde só se escutam as vozes dos assassinos. Volta, não descansa, entristece-me de morte, condenando-me a uma sobriedade sem lucidez, a um pessimismo sem falhas.

Quanto há que correr, quanto há que tomar, quanto há que foder, quanto há que comprar, gastar, suar, lavar, ler, comer, viajar, dormir, pedir, rezar, investir, ganhar, correr, correr, para que isso vá embora de uma vez por todas e já não volte, não volte mais?

* * *

(Volta sempre.)

* * *

Então, justamente quando me dispunha a fechar o caderno depois de ter tomado essa nota obscura, sumido na mais profunda escuridão que possas imaginar, pousou a menos de dois metros de onde me encontro, um melro, e começou a cantar e a cantar, exaltado e ensurdecedor (suponho que dever ser temporada de cio para estes animais), durante mais de dez minutos, sem parar. Durante todo esse tempo, não fui capaz de pensar noutra coisa, fascinado pela intensidade desgarradora desse canto. A escuridão desvanecera-se em mim como por arte de magia.

O melro não é bicho de dar confianças. Carece da espiritualidade que se atribui aos pombos. Negro como o diabo, é quase um corvo. Mais vale, por isso, não lhe pôr os olhos em cima durante muito tempo. O seu canto, que é hipnótico como o das sereias, que também tinham algo de pássaro, revela a verdade inumana do universo, mas fá-lo com uma beleza que tem algo de humana.

Voltou a empreender o voo com a mesma indiferença com que parara frente a mim. Aí onde se encontrava, o entardecer projeta a minha sombra, alongada e trémula como o caule de uma flor. Acontece que estou vivo, caralho.

* * *

Da mesma forma, uma palavra de S. teria bastado para salvar-me.

* * *

Por que, depois de tudo, há em mim esta necessidade de precaver-me a todo o tempo do desconhecido? De onde surge em mim este temor ante o inesperado? Sou realmente tão vulnerável aos golpes do destino? A minha vida já mudou de forma radical muitas vezes, e aqui estou, seja como for. Quando mais se sente, mais se sofre. Vim recuperar a minha sensibilidade e não regressarei sem isso. Acho que também deverei aprender a conviver com *o anverso ardente e sangrento das coisas*.

* * *

Onde estivera cantando o melro ficaram umas pequenas pegadas sobre a terra. Pensava que tinha permanecido no seu lugar, mas estivera movendo as suas pequenas patinhas de arame o tempo todo, deixando as marcas da sua presença fugaz, signos de um pensamento dançado sem intenção. Daqui a nada as levaria o tempo.

5 de Julho

Michaux dizia que o artista é aquele que resiste com todas as suas forças à pulsão fundamental de não deixar rastro. Digamos que esse seja o caso, apesar de ter sérias dúvidas de que o seja, quanto pode sobreviver-nos uma obra? Duchamp estimava que vinte ou trinta anos. Sartre, para sempre.

Limitadas ou inesgotáveis, em todo o caso, ambos pensavam as obras como objetos mágicos e irradiantes, donos de uma alma autônoma e gloriosa, além de divergirem no que respeitava à sua expectativa de vida. De fato, algumas obras parecem perseverar no seu ser, de geração em geração, enquanto outras diluem-se em abstrações onde apenas reconhecemos a paixão que lhes dera lugar. Também as ideias envelhecem e morrem, finalmente. Se os museus e as bibliotecas não são sucedâneos do Parnaso, também não sou um cemitério. No fundo, as obras só vivem a golpes de olhar. Como as almas do Hades, apenas ganham vida se as interrogarmos diretamente – só que as suas memórias não conhecem o esquecimento e estão sempre dispostas a voltar a tomar parte do que acontece sob o sol. Se puderam dar a impressão de ser um fogo que não se extingue aos românticos, é porque, com fé cega, quase com desespero, insuflaram-lhes todo o seu entusiasmo.

Tudo passa. Só algumas coisas voltam. Só algumas coisas têm a extraordinária capacidade de voltar, mudadas, diferentes, reencarnadas na vida e no pensamento de homens e mulheres que não as viram nascer. As obras de arte possuem essa potência plástica, que não parece deste mundo, apesar de ser deste mundo, de não conhecer outro. Em contrapartida, para subsistir durante longos períodos de latência, parecem ter prescindido de fôlego próprio. Necessitam de nós para respirar, necessitam ganhar espaço nas nossas vidas e conquistar o favor da nossa atenção. Curiosa simbiose essa, que tanto rejuvenesce as obras como nos abre a um tempo sem idade.

Só digo que a arte, só, não basta.

6 de Julho

"Deixar um rastro" é quiçá uma expressão infeliz. Uma vez mortos, nenhum rastro pode conduzir até nós. Estou convencido, contudo, de que a essa superstição devemos boa parte da arte, pelo desde que a superstição de uma vida ultraterrena perdeu o seu ascendente sobre os homens.

De todos os modos, assim como os pais, que por muito que se apliquem na sua formação, não podem viver a vida dos seus filhos, tampouco os artistas podem sobreviver nas suas obras. Tal como o fazemos, o vemos e o pensamos na época que é a nossa, a arte é um modo singular de conduzir a vida neste mundo, não um sucedâneo da religião. Não promete nada. Não pode. Nem sequer um nome, mesmo que esse equívoco seja frequente.

Sempre recordo que Bolaño aconselhava dar uma bofetada bem dada àqueles que professavam a sua fé na imortalidade pelas obras. Não bater-lhes, mas dar-lhes apenas uma bofetada, "como as que no cinema se dá aos histéricos para que reajam e deixem de gritar e salvem as suas vidas; e depois, provavelmente, abraçá-los e confortá-los".

* * *

Não me viria mal, de vez em quando, uma dessas bofetadas. A ninguém, provavelmente. Deviam estar incluídas nos planos de saúde pública de todos os países. Isso e *as operações poéticas*.

* * *

Na realidade, a criação artística é uma experiência além-túmulo. Quem se coloca detrás de uma câmara, frente à superfície preparada de uma tela ou do papel em branco, vê passar perante os seus olhos a vida inteira, repetidamente, até que a vida perde toda a sua espessura e se converte num conjunto de signos permutáveis.

7 de Julho

Os rastros que deixa a arte são, de fato, de uma natureza paradoxal. Nos equivocaríamos se confundíssemos o animal que deixam entrever com o homem que lhes deu forma, ao menos quando a sua forma parece feita para durar. Se esse fosse o caso, e a arte não se diferençasse das iniciais que uma jovem inscreve numa árvore a ponta de navalha ou, mais factível nos nossos dias, nos vidros do metro com uma moeda, suscitaria em nós a mesma indiferença que essas tímidas maneiras de marcar um território. Agora, se na sua vontade de deixar um rastro, essa jovem se aplicasse tanto à elaboração da forma como à expressão do que late no mais profundo de si, o nome, mesmo podendo continuar sempre a esgotar o objeto da sua inscrição, como em alguns casos de *wild style*, perderia todo o seu valor referencial, para dar lugar ao encontro entre anónimos que define a possibilidade de que a arte tenha algum sentido, não só para quem se consagra a sua produção, mas também para aqueles que lhe concedem a sua atenção e lhe emprestam o seu olhar, para além do tempo e das distâncias que nos separam.

Até as formas aparentemente mais literais de deixar uma marca, como o diário ou o autorretrato, pressupõem essa desaparição da individualidade. A lei do eterno retorno é que tudo volta, mas só sob a forma da diferença, dando lugar a relações que ninguém é capaz de antecipar. As pinturas renascentistas que admiramos hoje não se parecem em nada às que deram forma mãos diligentes e muitas vezes iluminadas, e não porque os estragos produzidos pelo tempo (ou eventualmente provocados pela sua restauração) as tenham desfigurado de morte, mas porque justamente encontraram uma nova vida nos olhares que lhes dirigimos da nossa época. Podemos, é certo, considera-las como rastros de um mundo desaparecido, ou até como a marca única e inconfundível da existência de um homem qualquer (mesmo que isso em geral levante uma infinidade de problemas dos que pouco temos para ganhar), que já não dão lugar a uma experiência à que poderíamos somar-nos, mas se oferecem como mero objeto de curiosidade, de saber ou de mistificação.

O homem é uma substância viva. Qualquer forma de sobrevivência que aposte pela permanência da matéria contra o devir da consciência não merece a nossa consideração. As imagens que Rembrandt ou Van Gogh nos deixaram de si só têm valor e estão vivas na medida em que sentimos a necessidade de nos valer delas para definir os rasgos do nosso próprio rosto – o que uma vez fora a fisionomia de um indivíduo é hoje carne e sangue de uma geração. Quando o artista não entende isso, a sua obra não passa de uma lápide na qual familiares e discípulos inscrevem as duas datas definitivas.

É costume dizer que a arte não se faz com boas intenções, mas é necessário ir mais longe e dizer que arte só funciona quando as intenções que deram lugar a uma obra, boas ou más, renunciam às prerrogativas da origem e se abrem a uma experiência sem fim, na qual o próprio e o alheio deixam de fazer valer as suas diferenças para pô-las a jogar um novo jogo.

Talvez se possa inferir daí que o valor de uma consciência é diretamente proporcional à impessoalidade com a qual é derramada sobre o papel ou a tela, gravada sobre a pedra ou o filme, posta em cena ou subtraída às formas habituais em que experimentamos o sensível. Se quer projetar-se além dos estreitos limites aos que se encontra confinada, tem que saber adiantar-se ao desaparecimento que lhe está prometido, deixando espaço para que outras consciências eventualmente possam mover-se nela à vontade.

A única imortalidade que nos pode oferecer a arte passa por essa antecipação indefinida da morte.

8 de Julho

Um rastro, portanto, mas um rastro impessoal. Os artistas não são os homens e as mulheres que as suas obras fazem temer, mesmo que possamos entrever nelas pessoas que tivéssemos gostado de conhecer. É que, embebidos pelo nosso olhar, os seus rostos acabam sempre por parecer-se ao nosso, por sua vez transfigurados pelo reflexo que nos devolve o cristal esmerilado das suas obras.

9 de Julho

Algumas marcas podem ser muito literais. As que deixam os nossos pés ao caminhar sobre a areia, a que fica nos lençóis do corpo que amamos durante a noite, as que impõem na sua queda os lutadores sobre o *tatame*. Dessas e de outras marcas que lhe eram familiares, Yves Klein se inspiraria para realizar uma das suas obras mais chamativas, uma série de aproximadamente 180 impressões, sobre papel e tela, do rastro perecedouro da carne.

Isso é interessante, sobretudo, porque Klein via-se a si próprio como um explorador do vazio e, em certa medida, constitui um dos baluartes das poéticas da desaparição (que consumou de forma definitiva sendo ainda muito jovem, à idade de 34 anos). De fato, ganhara fama fazendo desaparecer quantidades nada simbólicas de ouro nas águas do Sena, ante o incrédulo olhar dos seus resignados mecenas, e inaugurando exposições em salas totalmente vazias, como a que teve lugar na galeria de Iris Clert em 1958.

Dentro do mesmo espírito, dedicara os seus primeiros anos como artista à exploração da pintura monocromática, que praticou num começo da forma mais impessoal imaginável, recortando retângulos de papel de diferentes cores, como se estivesse interessado apenas no conceito e não quisesse escurecê-lo com nenhuma marca própria. O prólogo do álbum que edita em 1954 com dez desses trabalhos, assinado por Pascal Claude, pretendia tornar manifesta essa pureza; aí podia *ler-se*: "_____

_____

_____

_____

__" (sic).

Isso não era uma piada. Pelo menos não era *só uma piada*. As experiências de Klein com o vazio tinham por transfundo uma profunda concepção da arte como mediação. A pintura não existia para ele em função do olho, mas em função da vida. Os objetos que produzia e as situações às que convidava quem se aproximava da sua obra queriam ser um veículo para a meditação sobre o derradeiro sentido da existência. Dos seus monocromos afirmou, por exemplo, que tinham por missão elevar o homem ao absoluto a partir do que este tem de visível (o que não está nada mal). De um modo similar, defendia que o profundo azul ultramarino que patenteara em 1956 era, antes que nada, uma cor que favorecia a reflexão.

Em todo o caso, a verdade é que Klein carecera de qualquer educação formal e costumava embaralhar-se na hora de expor as suas ideias sobre todas essas coisas. Restany, que foi o seu amigo, diz que essa falta de cultura operava como uma força por detrás da aparente ingenuidade das suas proposições, mas eu não estou tão seguro.

10 de Julho

No quarto andar do museu há uma dessas impressões que Klein começara a produzir em 1960 e que respondem ao nome genérico de *Antropometrias*. Amanhã, sem falta, proponho-me visitá-la.

Eduardo Pellejero

11 de Julho

A marca da *Antropometria* que se encontra no museu (*Ant 56*, 1960) é um rastro fiel, mas não é exatamente de Klein. Sabemos que Klein descartara o pincel desde o começo, a quem acusava de estabelecer um laço demasiado estreito entre a tela e o artista. Apesar do seu histrionismo, a expressão pessoal não lhe interessava. Estava mais preocupado pela impressão do mundo. Soube valer-se dos elementos para isso; a terra, a água, o ar, o fogo, ganharam em diversos momentos da sua vida um ascendente total sobre as suas obras – mesmo que seja talvez mais correto dizer sobre *as suas ideias*, tendo em conta os contrassensos aos que de imediato somos expostos quando tentamos atribuí-lhe a autoria das *suas obras*. Renunciara, por princípio, ao *domínio* (e em certa medida também à propriedade) da pintura. A sensibilidade era para ele uma propriedade intrínseca ao mundo, que ia além da esfera da subjetividade e contudo lhe pertencia de direito.

Nas *Antropometrias* poria a jogar um quinto elemento: a carne. Mesmo sendo difícil deduzir a partir das suas pinturas, Klein já trabalhava com modelos na sua época monocroma. Esse costume, que certamente desperta suspicácias, daria lugar aos experimentos a que devemos porventura as suas imagens mais comovedoras.

12 de Julho

Regressando a casa, na altura de Alcalá, vejo um rapaz de dez ou doze anos, sobrelevando com estoicismo o asfixiante uniforme escolar. Como dissimulo, com indiferença, com inconfessada malícia, vai deixando à sua passagem o seu passo um rastro, trêmulo mas contínuo, detrás de si. Empunha um bocado de carvão na mão direita, que desliza sem olhar, sobre as fachadas, as portas, as vitrines, as caixas de correio. Quando se depara com um saguão ou uma garagem, sem vacilar, torce de imediato a sua rota, prestando-se a esses curtos trajetos ortogonais com resignação e paciência, e a seguir retoma o caminho, sempre com a vista erguida, abstraído em pensamentos pueris, repetindo sem entusiasmo o refrão de uma canção da moda.

Detenho-me para observá-lo de onde me encontro, no outro lado da rua, perguntando-me (de repente tornou-se para mim objeto de uma preocupação assombrada) o que é que fará quando chegue à esquina e tenha que cruzar a avenida – se agachará para dar continuidade à linha sobre o asfalto ou se atreverá a riscar os carros que aguardam a luz verde dos semáforos?

Não contei com o trânsito a que dão lugar esses mesmos semáforos ao abrir, interpondo-se entre mim e o rapaz no preciso momento em que ele alcança a esquina. Quando finalmente para e volto a ter uma vista despejada do passeio, desapareceu.

Curioso, cruzo para contemplar de perto essa linha negra e ainda palpitante, mas aí já não há nada.

* * *

A 23 de fevereiro de 1960, depois de algumas semanas dedicadas a estabelecer os princípios do procedimento, Klein convida Udo Kultermann e Restany ao seu atelier para uma demonstração. De acordo com a versão deste último, a um sinal de Klein, Rodraut, a sua mulher, começa a besuntar o busto de Jaqueline, uma das modelos habituais, que se encontra nua, com uma emulsão de pigmento azul. A seguir, atendo-se às indicações do artista, Jaqueline estende-se no chão, apoiando o busto sobre uma folha de papel disposta especialmente para isso. A operação repete-se algumas vezes mais até que Klein considera que já foi suficiente.

13 de Julho

A designação de *Antropometrias* pode levar à confusão. A antropologia comporta uma especialidade, com efeito, que responde por esse nome; trata da medida do corpo humano e das suas partes. Trata-se, na realidade, e para sermos mais precisos, de uma forma da *somatometria*.

Em todo o caso, a *antropometria* também define de forma mais específica o registo das particularidades físicas dos indivíduos, coisa que se adequa melhor às impressões realizadas por Klein, se eliminarmos qualquer conotação técnica possível do termo. Constitui, nesse sentido, uma muito particular arte dos rastros. Dos rastros da carne, não do espírito.

14 de Julho

Deixo a biblioteca mais cedo que o habitual, novamente dominado pelo sentimento quase físico de uma *morte oceânica*, como dizia Henry Miller, onde a minha própria morte é apenas uma gota de água evaporando-se. Não há forma de precaver-se desse tipo de embates. Não importa quanta força ou quanto talento possas sentir no punho. Quais são as tuas chances de *alçar a tua vida individual, mesmo que seja só por uma simples fração de segundo, sobre esse mar sangrante no qual naufragas*?

* * *

Em 1966, Michel Foucault publicava *As palavras e as coisas*, um dos livros de filosofia mais populares de todos os tempos (e provavelmente também um dos menos lidos). O impacto que teve superou largamente o mundo académico e se converteu de maneira inexplicável numa referência comum da cultura popular. Foi reimpresso seis vezes na França durante o primeiro ano, chegando a vender mais de vinte mil exemplares, e um ano depois chegava ao cinema, satirizado por Godard em *La chinoise*, onde é alvo do arco de Veronique, junto a outras figuras supostamente contrarrevolucionárias (entre as quais encontram-se Kant, Descartes, e inclusive o próprio Godard).

Em grande medida, a popularidade do livro de Foucault devia-se à provocativa afirmação de que o homem era uma invenção recente e que a sua desaparição era, talvez, iminente. Essa tese, que ganhou fama como o anúncio da morte do homem, tinha para Foucault um sentido eminentemente epistemológico, mas provocou reações escandalizadas na opinião pública da época. Foucault limitava-se a dizer:

– Contenham as lágrimas!

Em vão tentara explicar que, nas suas análises, o homem era apenas uma figura do saber e que a sua intenção não era vaticinar o fim da espécie, mas apenas o das estruturas empírico-transcendentais do humanismo.

Verdade seja dita, *As palavras e as coisas* terminava com uma imagem ao mesmo tempo familiar e arrepiante, cujo poder de sugestão Foucault não podia ignorar (por isso fechava o seu livro com ela). *Se o solo sobre o qual a figura do homem está assente oscilasse* – escrevia, referindo-se, não à terra que pisamos, mas ao que ele denominava as disposições fundamentais do saber, mas que remédio, não se faz tremer o mundo dessa forma no último parágrafo de um livro sem agitar os temores mais profundos dos seus leitores! –, se isso acontecesse, dizia, *o homem apagar-se-ia como, na beira do mar, um rosto desenhado sobre a areia.*

Cinquenta anos de hermenêutica especializada descartaram qualquer possível intenção apocalítica nas palavras de Foucault. Há que compreender, contudo, que a interpretação literal do anúncio da morte do homem não era disparatada. Eram tempo de guerra fria e a consciência de que o homem podia desaparecer da face da terra ganhava matizes de uma perversidade aterradora todos os dias. Enquanto Foucault estava preocupado pelas escansões da história recente, o mundo observava com preocupação o fim dos tempos.

Os estudos foucaultianos avançaram consideravelmente desde então. O mundo não. A imagem do rosto do homem cintilando fugazmente entre duas marés continua a exercer o seu nefasto ascendente sobre o nosso espírito. Só que já não se trata de saber se a humanidade desaparecerá ou não da face da terra, mas quando. Vamos nos habituando a viver com isso.

15 de Julho

Marco um almoço com Rodrigo. Proponho-me não me deixar levar pela conversa, com da última vez, e falar do que realmente me preocupa nestes dias. Temo que se não o faço acabe comigo. Nos encontrámos, como sempre, na universidade. Deu um jeito de cancelar uma reunião marcada para as três, mas não dispomos de muito tempo, porque deve fechar o novo número da revista do departamento e enviá-lo para a imprensa até amanhã.

Falamos da guerra de Síria, do cerco que a Alemanha tende em torno da Grécia, da neta de Allende, das diferenças entre o pisco chileno e o peruano, de Ernesto Laclau, de Pavese, de traduções e canibalismo. Quando nos servem o segundo prato, aproveito a interrupção e lhe digo que não consigo deixar de pensar que vamos desaparecer, que sei que é ridículo, e quem sabe vergonhoso, mas mesmo assim não posso tirá-lo da minha cabeça.

– Não estarás pensando que podes evitá-lo, não é verdade? – diz.

Claro que o pensei! Depois de ter decidido que só era capaz de viver a vida sob as formas especulares da ficção, já não excluo nenhuma hipótese, por absurda que possa parecer. Não lhe digo isso, evidentemente,

digo-lhe que não, mas confesso que a ideia me assalta cada vez que me descuido.
— Falaste disso a S.?
Rodrigo sabe que estou há meses sem falar com ela. Na realidade está dizendo que me deixe já de disparates e a procure de uma vez por todas, que não sei viver sem ela e depois ando por aí pressentindo em todos os lados os embates da morte, que numa época como a nossa, em que os verdadeiros encontros são cada vez mais raros, fechar-se em si próprio é suicida.
— Em todo o caso, como sabes, a nossa natureza comporta uma solução muito simples para essa questão.
— Não, isso não – lhe digo.
— Mesmo que já não goze da popularidade que conheceu noutros tempos...
— Está bem, já entendi.
— ...ter um filho continua resolvendo o problema para a maioria das pessoas.
Joga com um subentendido. Rodrigo não tem filhos nem planeja tê-los. Também sabe que nem eu nem S. considerámos jamais essa possibilidade. Está pedindo-me que tenha calma, apenas isso. Tenta fazê-lo sem ser condescendente. Compreendo que tampouco ele está isento de angústia, ainda que pareça conviver melhor que eu com ela, e sinto-me um pouco mal por ter introduzido o tema na conversa.
— Sobremesa?
Comeu o seu prato com rapidez e pediu uma maçã assada, que já está acabando. Tem que ir indo, eu sei. Digo-lhe que não se preocupe por mim, que vou tomar mais um tempo. Bebe o café já de pé, junto da mesa, consultando o seu relógio entre um gole e outro.
— Agora – diz-me –, a vontade de deixar algo que nos sobreviva, independentemente que seja sob as formas da cultura ou da biologia, não deixa de ter o seu valor. Há que ter coragem para isso. Se o que te preocupa é o fracasso que está prometido a tudo o que empreendemos, então é melhor que o deixes, porque *fracassarás*. Mas se estás disposto a fracassar na tua lei, não deixes de tentar.
— Pago eu – lhe digo.
— Para a próxima – diz –. Já está tudo pago.

O que vi

* * *

"Temos poucas possibilidades de fazer naturalmente bons encontros. Parece que estamos determinados a lutar muito, a odiar muito, e a não experimentar senão alegrias parciais ou indiretas que não rompem suficientemente com a concatenação das nossas tristezas e dos nossos ódios."

16 de Julho

Retomo as minhas leituras evitando no possível o influxo das bestas negras que povoam a minha pequena biblioteca madrilena, desfrutando da imortalidade intermitente que as nossas perguntas prometem aos livros de homens e mulheres mortos há muito tempo atrás. Continuam vivos para mim. Na sua companhia não me sinto sozinho.

* * *

Mas estou só. Tenho saudades de S.

17 de Julho

Uma passagem dos papéis de Klein recorda-me que não vim aqui para morrer, mas para viver. Da mesma maneira que as pinturas que visito quase diariamente no museu, tenho que dar à minha vida esse minuto de verdade que falava Restany, sem o qual nenhuma poesia seria possível.
A passagem de Klein afirma que a questão mais importante para o homem é reaprender a ver e a sentir. Estava convencido, como Nietzsche, que chegara a hora de reivindicar a fineza dos sentidos e a plasticidade da inteligência.
Mais uma vez sinto-me a caminho. As minhas armas: solidão, persistência, curiosidade.

18 de Julho

Klein distinguia pelo menos dois tipos de antropometrias: os *Sudários*, impressões realizadas sobre tela que tomava sobre uma espécie de cavalete, de natureza estática e inevitáveis associações figurativas, que nos remetem às representações neolíticas do corpo feminino; e as *Batalhas*, grandes composições sobre folhas de papel estendidas no chão ou presas sobre uma parede, nas quais as evoluções das modelos ou a superposição das suas silhuetas tendem a produzir um forte sentimento de dinamismo.

Existe um terceiro tipo de antropometrias, em que a marca do corpo aparece em auréola, e que Klein realizava rociando pintura sobre o corpo das modelos, ou, em alguns casos, um líquido inflamável, provavelmente benzeno, que a seguir fazia arder. Essas obras, que são de uma particular complexidade, lembram inevitavelmente as sombras deixadas nos muros pelas vítimas da bomba atómica em Hiroshima – de fato, a de número 79, na qual as silhuetas apenas se distinguem do fundo azul, tem por nome *Hiroshima*.

* * *

Nunca a arte conceitual foi mais sensual, nunca teve tanto corpo.

Klein ganhara intimidade com a matéria trabalhando num atelier de molduras onde, entre outras coisas, aprendera a manipular o ouro. Mais tarde, a sensualidade da matéria se converteria no veículo mais adequado para o conceito. Ao mesmo tempo, os corpos das modelos excedem a função de meros pincéis humanos – são algo mais primitivo e mais primário, que responde ao mistério da carne.

As imagens que resultam de tudo isso não desconhecem as sugestões da forma, ainda que as marcas que deixam os corpos embebidos em pintura sobre o papel não representem nada: nelas torna-se visível tudo o que no homem existe sem representação. A *Antropometria* número 97 é de uma intensidade arrebatadora. A 101, em que o azul e o dourado se conjugam, e onde às impressões antropométricas se sobrepõe a impressão em negativo das folhas e dos ramos, com os seus monumentais quatro metros de largura, propõe uma experiência sensorial imponente.

No fundo, pouco importa qual seja o conceito que obceca Klein nesse momento. Encontra-se mais perto que nunca de realizar a síntese entre os tateios da arte pré-histórica (110, 92, 114, 106, 50, 60, 100) e as últimas experiências do expressionismo abstrato (105, 127, 78, 155, 125).

E, contudo, é para ele, como sempre o é para os grandes artistas, apenas um começo.

O que vi

19 de Julho

(Alguém) existe. Houve. Sabemos que se chamava Jacqueline ou Hélena, Marlène ou Monique. Era jovem e bela, e assim ainda é a marca que o seu corpo deixou sobre o papel. Não fala muito da mulher que foi, mas afirma sem apelação possível que esteve aí, que existiu e viveu e gozou do seu corpo com plenitude e liberdade. Empapou a sua pele no azul e recostou-se sobre o papel, deixando-se abraçar por um sentimento de alegria inexplicável, e depois, arrastando-se com a ajuda dos seus braços, voltou a fazê-lo pelo menos outras duas vezes. Foi por indicação de Klein ou simplesmente tentando fazer uma brincadeira que voltou a untar os peitos com a pintura e estampou-os no estremo superior da figura, dotando-a de uns apêndices indecifráveis, que lembram as inconfundíveis orelhas de Mickey Mouse?

Agora, se olhares com mais atenção, se te aproximares o suficiente, quiçá sejas capaz de deduzir os traços do impalpável: o latido do coração estendendo-se sem esforço até os pulsos, a pesada circulação do sangue e o rítmico compasso dos pulmões, a lenta tarefa da digestão e o movimento insone dos intestinos, e inclusive, só deves fazer mais um pequeno esforço, a proliferação dos tecidos e a alegre desordem do desejo, modulações de uma vida secreta e impessoal, mas nem por isso imperceptível, que se manifesta subtilmente nas variações de temperatura da pele, na dilatação dos poros e no suor que lentamente vai confundindo-se com a materialidade mineral dos pigmentos.

Klein dizia: "O corpo só vive, todo-poderoso, e não pensa". Como um deus.

* * *

Dificilmente observamos tudo o que temos à nossa frente. As figuras nas quais se compraz a nossa percepção não esgotam senão uma ínfima porção do que se oferece aos nossos sentidos. Isso não significa que, dando-nos o tempo necessário, não possamos chegar a abrir a nossa sensibilidade, a nossa imaginação e a nossa inteligência à imponderável profundidade do que é e, sendo, deixa a sua marca sobre a superfície das coisas.

Eduardo Pellejero

Tudo é uma questão de tempo. Quanto tempo? Bem, isso, para ser sincero, não posso dizer. Estou há meses dedicado por completo a essa experiência, e o que vi realmente? Seis ou oito pinturas – no máximo? Algumas fotos velhas? A vida de umas poucas pessoas através dos livros? Rostos ao mesmo tempo próximos e distantes que não demoram em confundir-se com o esquecimento na minha memória? O que há do resto? O que há das obras que ignorei ou passei por alto, das histórias que não me dei ao trabalho de ouvir, das coisas que não tive disposição para conhecer?

Cada imagem, cada semblante e cada gesto, encerra um mundo – *o* mundo –, como as monadas de Leibniz. A funcionária a quem estendo o meu bilhete na entrada do museu, tal como a mulher que interpreta Gena Rowlands em *Minnie and Moskowitz*, pode estar passando por uma crise existencial, visível na careta em que parece ter-se congelado o seu rosto ou no quase inapreciável tremor que domina as suas mãos, mas eu vejo apenas um uniforme. Quanto tempo seria necessário para que começara a ver? A vê-la a ela, para começar?

Cassavetes o faz sem pausa durante quatro dias, entre a noite em que Minnie fica bêbada junto a uma das suas colegas, a quem confessa as contradições do seu desejo, e a manhã em que, resignada a ocupar o lugar que parece estar-lhe destinado como mulher, se casa com Moskowitz (Seymour Cassel) numa capela decadente. Nesse lapso de tempo, brevíssimo se tivermos em conta que se trata de uma vida (de uma vida humana, para mais), somos testemunhas de uma série tão grande de coisas que nos levaria anos para processar tudo – que é o que costuma acontecer inclusive com as pessoas que o vivem em carne própria.

Agora, no museu trabalham centenas de pessoas como Minnie, e é ao mesmo tempo frequentado diariamente por muitas mais, cada uma das quais esconde, à vista de todos, uma história singular. Todas e cada uma dessas pessoas, em diversa medida, interatuam entre si, encontram-se e desencontram-se, se procuram ou se ignoram e, em diversa medida, estabelecem relações – que podem ser casuais, mas também durar anos, como um matrimónio – com as obras de homens e mulheres que, por sua vez, dedicaram parte ou a totalidade das suas vidas a condensar as suas experiências sobre a superfície de uma tela – tal era o desconcerto do seu desejo. Não são apenas as imagens que decoram as paredes que nos interrogam. Um mundo, *o* mundo, tudo, quer ser descoberto, aqui e agora, sem dilação.

O que vi

Cassavetes tentou resolver o problema que isso coloca consagrando-se a filmar o mesmo filme, vez após vez, durante toda a sua vida. Não podendo escapar à constante solicitação do visível nem querendo renunciar ao seu compromisso com a verdade, fixou a vista num ponto qualquer (bem, não qualquer, tratava-se de um muito significativo para ele) e já não a desviou mais. Foi capaz de ver muitas coisas dessa forma. Literalmente, porque incitava aos seus atores a que improvisassem durante as cenas, muitas vezes renunciando a contar uma história em proveito da auscultação fascinada da realidade. Em certo sentido, atuava menos como um diretor que como um testemunho. Estava disposto a dar às coisas todo o tempo que necessitassem para revelar-se. O primeiro corte de *Faces*, ao qual dedicara quase sete meses de filmagem (quando um filme na época raramente requeria mais do que um para estar pronto), era de mais de seis horas. O estudo decidiu que lhe sobravam pelo menos quatro, e se desfez do resto para não ter que preocupar-se mais com o assunto.

20 de Julho

Impossível dormir. Não consigo deixar de pensar em tudo o que sou incapaz de observar. Fecho os olhos e tento não pensar em nada, mas após alguns segundos começam a surgir figuras da escuridão, relâmpagos que revelam imagens vagas mas reconhecíveis: uma serpente emplumada, um relógio de pêndulo, o sol pondo-se no rio, isto já de forma muito precisa, há dez anos atrás, em Lisboa, sem dar-me conta comecei a pensar na última vez que vimos Pauly, a quem faz tempo que não escrevo, e a lembrança de Pauly infunde-me um profundo sentimento de melancolia, digo-me que amanhã tenho que acordar cedo, mas não há forma, vejo o tempo passar, abri os olhos, estou desperto.

Acordo e tomo algumas notas no caderno. Tenho que escrever a Pauly, contar-lhe o que fiz, mesmo sabendo o que me dirá e não sei se estou preparado para ouvi-lo. Tomo um enorme copo de água (tenho a infundada ideia de que beber água facilita o sono) e volto a meter-me na cama. Liguei a luz e disponho-me a ler algumas páginas de um romance de Lobo Antunes que deixei faz algum tempo pela metade (só algumas páginas, até que me entre o sono), mas enquanto retomo o livro onde o deixara me encontro com isso de que *a solidão possui o gosto azedo do álcool sem amigos, bebido pelo gargalo, encostado ao zinco da pia*, e compreendo que, se avanço, não só não dormirei esta noite, mas me condenarei a uma semana de insônia.

Escondo o livro no fundo da gaveta das meias e desligo a luz. Durante um momento parece que finalmente vou poder dormir, e quiçá durmo por alguns instantes, mas de repente recomeçam os relâmpagos: uma cabeça de touro, copos vazios sobre uma mesa, mãos que se procuram ou se repelem, o rosto do meu pai, e o do meu irmão, durante uma discussão que tivemos anos atrás e que não esqueci, cruzamos palavras injustas e fomos injustos, nunca voltamos a falar disso, mas a partir de aí sempre houve entre nós uma barreira, fico a pensar na distância, sem dar por isso abri os olhos, estou desperto novamente.

Saio uma vez mais da cama. Só quero silêncio – não silêncio exterior, silêncio dentro da minha cabeça. Sem compreender muito bem por que o faço, começo a esboçar uma lista dos amigos que estão longe. Nilson, Nonato, Ney, Tânia, Augusto, Mayara, Jadson, Joyce, Josi e Jorge em Belém; Ester e Remi em Toledo; Weynna, Ana, Anderson, Sérgio, Leandro, Laísa, Pedro, Jefferson, Silvia, André, Rousi e Glauci em Natal; Rodrigo e Camilo no Rio, Alex em Mossoró; Susana e Vivian e Mi em Campinas; Lara e Jonnefer em São Paulo; Vinícius e Olivier e Irene em Curitiba (Davide, provavelmente, também esteja com eles); Carolina e Cíntia em Belo Horizonte; Carmen e Jordi em Campina Grande; Pauly e Horacio em Oaxaca; Eduardo, Teo e Rubí em Morelia; Nacho em Seattle (sozinho, como eu); Jéssica em Bolonha; Nadier e Joana em Paris; Cláudia em Coimbra; Eugénia e Erika no Porto; Jaqueline em Lisboa (Golgona continuará lá?); Oscar, Julieta, Héctor e Cecilia em Buenos Aires; Luciana e Estela em Bahía Blanca; Víctor em Santiago; eu em Madrid. Alejandro Dolina escreveu: "O universo é uma perversa imensidade feita de ausência – não estamos quase em lado nenhum".

Lá fora começou a clarear. Me embarga um estranho sentimento, como de ter sobrevivido a uma batalha. Apesar de não estar bem, compreendo que é melhor sair.

Começa o dia.

21 de Julho

Ando feito um zumbi toda a manhã. Pela tarde, no Parque do Retiro, faço uma pequena sesta ao sol. É um sono tranquilo, sem imagens, do qual acordo recomposto e animado. Devo regressar ao trabalho ou evitar qualquer coisa que possa voltar a desvelar-me, pelo menos por hoje?

22 de Julho

Volto a visitar a *Antropometria* que se encontra no museu e noto que o papel se encontra coberto por uma finíssima camada de azul, esparzido a certa distância, de forma mais ou menos homogênea, como pela ação de um pulverizador. Mais tarde, na biblioteca, leio que Klein costumava submeter algumas dessas obras à intempérie – expondo-as à chuva, por exemplo. Esse procedimento antecipava as *Cosmografias*, através das quais Klein procuraria capturar *ao vivo* o rastro que deixam as forças mais elementares do universo.

A sua primeira tentativa tem lugar durante o verão de 1960, que pensa passar em Cagnes-sur-Mer, junto à sua mulher. Antes de partir, ata ao teto do carro uma tela que preparou previamente com abundante pintura azul, ainda fresca; espera que o vento, o sol e, eventualmente, a chuva, deixem a sua marca sobre a superfície. O resultado é surpreendente: a ação dos elementos produz uma série de círculos sobre a tela, que se aglomeram em torvelinos quase negros (*Vento Paris-Nice,* COS 10, 1960). No ano seguinte repetirá a experiência com uma tela previamente untada de pintura vermelha, obtendo um resultado similar (*Vento de viagem*, COS 25, 1961). Klein estende as suas experiências com o que ele denominava *as marcas do imediato* expondo as telas à chuva (*Cosmogonia da chuva*, COS 30, 1961; *Cosmogonia da tempestade*, COS 34, 1960), e tentando capturar na costa o fluxo da água e das marés – sobre isso só consegui ver algumas fotos de Klein trabalhando nos bancos do Rio Loup, ao sul de onde desfrutara as suas férias de 1960.

* * *

Deixará este ano em mim uma marca como as que as tempestades deixam nos anéis das árvores? Afetará em alguma medida a forma e o ritmo do meu crescimento, o déficit das minhas fotossínteses, a minha inclinação pela sombra? Um especialista que pudesse analisar esse hipotético anel em relação aos que o precederam e aos que, eventualmente, o envolverão, que coisas haveria de concluir? "Aqui começa o ciclo das florações" ou "só se trata de um fenómeno isolado"? Durante muito tempo vivi ao abrigo da intempérie. Não arrisquei demasiado transplantando-me tão longe? O que pode oferecer-me este clima que não possa oferecer-me outro? Por um impulso mudei de céu. Temo pela minha alma.

23 de Julho

Instigado pelo seu marchand, Klein decide fazer uma demonstração do seu novo trabalho. Terá lugar no dia 9 de março de 1960, às dez da noite. Os preparativos têm lugar numa certa reserva, dada a natureza do espetáculo. Nos convites pode ler-se que se proporá ao público dar um salto de quarenta mil anos, desde Lascaux (outra vez Lascaux, outra vez a noite dos tempos!) até à nossa época, através dos traços anónimos que deram e continuam a dar conta do despertar da consciência de si e do mundo. O espetáculo terá uma duração de quarenta minutos, o mesmo tempo que tomará a *Sinfonia Monótona Silêncio* em ser executada – vinte minutos de som contínuo seguidos de vinte minutos de silêncio – pela orquestra de vinte músicos que foi especialmente convocada para a ocasião.

* * *

As fotos do evento que se conservam são incríveis. Numa das que oferece uma perspectiva mais ampla, vemos, à direita, a plateia perdendo-se na semipenumbra, visivelmente concentrada – alguns assistentes esticam a cabeça para ver melhor, enquanto outros simplesmente se põem de pé. À esquerda, atrás, a orquestra, localizada frente a uma tela monocromática, ataca os instrumentos numa nota prefixada e constante (com exceção de um dos músicos, que levanta a vista ao céu com os olhos fechados, quiçá desejando estar noutro lado).

O chão foi coberto com grandes folhas de papel branco; salta à vista, em contraste com o fundo, marcando os limites do improvisado cenário. Três mulheres, com os corpos já untados de pintura azul, evolucionam sobre o papel seguindo as indicações de Klein, quem, de rigorosa etiqueta, numa postura elástica (é, acima de tudo, um atleta), levanta a mão direita num gesto enfático. Uma delas desliza pelo chão depois de ter sido arrastada por outra, que está à sua frente, fora de foco – logo, em movimento. A terceira acaba de aplicar mais tinta fresca sobre o seu corpo e dirige-se às folhas de papel que se encontram penduradas na parede da esquerda (fora de quadro). Parecem cômodas na sua pele – sabem o que fazem, ensaiaram-no cem vezes. A cena irradia sensualidade e dramatismo.

As marcas acumulam-se sobre o papel. Um grande retângulo azul parece estabelecer um limite frente à orquestra – foi pintado com antecipação ou a sua confecção foi parte da demonstração? No extremo contrário, acumula-se uma multidão de rastros, pegadas sem objeto nem direção, como as do melro que escutei cantar no Parque do Retiro. Ao lado, uma grande mancha, produto da pintura que salpica sem intenção a superfície cada vez que as mulheres param para untar-se a pele, vai ganhando expressão, estabelecendo um contraponto com o grosso traço, de singular intensidade e beleza, que deixou ao deslizar-se a mulher que ainda se encontra no chão, ocupando o centro do papel e da fotografia. Abaixo, à esquerda, por fim, vemos a sombra da cabeça de um homem jovem – está olhando para baixo, quiçá tirando uma fotografia (outra, não esta).

* * *

Segundo parece, ao acabar a demonstração, teve lugar um pequeno debate aberto ao público. Tive a oportunidade de consultar algumas passagens, que se conservaram. As intervenções foram rápidas e precisas, pelo que é difícil não suspeitar que estivessem ensaiadas ou forjadas *a posteriori*.

Pierre Restany: A impressão é o mais antigo de todos os ritos...
George Mathieu: De acordo sobre o rito, mas onde está o mito?
Yves Klein: O mito está na arte.
George Mathieu: Para você, o que é a arte?
Yves Klein: A arte é saúde!

24 de Julho

Como a sensibilidade, as nossas marcas nos pertencem e ao mesmo tempo existem sempre além do nosso ser, numa enrarecida zona da realidade na qual as coisas vivem e morrem à força de encontros e desencontros, de interpretações e indiferença, de invenções e sobreentendidos. Deixar um rastro fiel pode ser uma empresa mais difícil do que poderia supor-se.

Também não é fácil não deixar rastro algum. Em geral, passamos negligentemente pela vida. Ocultar todas as pistas que vamos deixando não é algo que esteja ao alcance de qualquer um.

Bartlebooth, a personagem do romance de Perec, propõe-se esgotar a sua vida na consecução desse propósito. Não pretende suicidar-se, o que por outro lado costuma deixar uma infinidade de rastros, mas viver de tal forma que os seus atos acabem por neutralizar-se mutuamente, obtendo um resultado final igual a zero. Para tal, estabelece um rigoroso programa que, espera, seja capaz de esgotar todo o seu tempo, protegendo-o do absurdo da existência, e não deixe rastro algum da sua passagem pelo mundo.

O plano comporta três momentos fundamentais: 1) durante dez anos iniciar-se na arte da aquarela sob a orientação de Serge Valène, pintor e ilustrador de discreta notoriedade; 2) durante vinte anos viajar pelo mundo realizando um total de quinhentas marinas em quinhentos portos diferentes, à razão de uma aquarela a cada quinze dias, que um atelier especializado se encarregará de converter num *puzzle* de setecentas e cinquenta peças; 3) durante vinte anos, reconstruir cada um desses *puzzles*, à razão de um a cada quinze dias, os quais, já completos, serão submetidos a um processo para devolver às aquarelas a sua integridade, as quais, por sua vez, serão expostas a uma solução detergente com o objeto de apagar totalmente as imagens, restituindo a brancura original às folhas de papel sobre as quais foram pintadas.

É uma empresa condenada ao fracasso desde o começo, mas no fundo é sempre assim com qualquer empresa humana, pelo que Bartlhebooth se dispõe a acometê-la sem pressentimentos, com método e aplicação. Se tudo acontece de acordo com o planejado, cinquenta anos de vida e de trabalho, de experiência e aprendizagem, de viagens e de jogos, passarão sem deixar rastro.

Só que isso que ganhara forma, sem resistência alguma, na sua cabeça, haverá de ter lugar no mundo. Isso significa que, inevitavelmente, o seu projeto acabará por produzir efeitos imponderáveis naqueles que, por uma razão ou outra, se vejam associados a ele, deixando marcas difíceis de apagar. Morellet, por exemplo, encarregado da reconstrução das aquarelas a partir dos *puzzles* completados, sem problemas financeiros mas condenado a uma inatividade forçada entre um trabalho e outro, entrega-se a uma série de experimentos químicos, que lhes custarão três dedos de uma mão – e os dedos o trabalho, e o trabalho a sanidade mental, e a sanidade mental a reclusão forçada num hospital psiquiátrico.

De resto, o certo é que a empresa de Bartlhebooth só poderia conhecer o sucesso se, além de completar-se, se esgotasse em si mesma – e com ela esgotasse também a vida de todos os envolvidos no projeto. No hipotético caso de que alguém sobrevivesse à empresa, com efeito, acabaria inevitavelmente por desequilibrar o seu balanço perfeito.

Proust, que como Bartlhebooth se preparara durante toda a sua vida para escrever *Em busca do tempo perdido*, e dedicara quinze longos anos a desaparecer na sua obra, quiçá tenha estado mais perto que ninguém de realizar essa proeza. Morreu retocando o manuscrito de *Albertina desapareceu* dias depois de ter concluído o que se propusera – não escreveu mais, não viveu mais, fechara as suas contas.

A personagem de Perec não chegará tão longe. A morte o surpreenderá quando ainda se encontre a anos de atingir a sua meta, enquanto se dispõe a completar o *puzzle* quatrocentos e trinta e nove. Sem querer, como todos, deixará pelo menos um espaço vazio e mais de um fio solto.

* * *

Apesar de tudo o que se tem escrito a respeito, os artistas dos últimos dois séculos foram muito ambíguos no que se refere a desaparecer. Em geral, colocaram as coisas de tal forma que é difícil levá-los demasiado a sério.

Faulkner manifestou em várias ocasiões ao longo da sua vida que, *como pessoa reservada que era*, esperava ser apagado por completo da história, sem deixar rastros... fora dos livros que tinha publicado.

Van Gogh, que esteve muito mais perto de conseguir desaparecer sem deixar rastro algum e sempre foi consciente de que a história não comportava espaço para um pária como ele, não se resignava a passar sem deixar pelo menos uma marca que desse conta daquilo que albergava o seu coração – *um homem que sentia profundamente, que sentia delicadamente*.

25 de Julho

Quando pensamos no que significa deixar uma marca, somos movidos a pensar inevitavelmente na forma em que inscreveram o seu nome na história as grandes figuras da arte e da literatura, da política e da religião, da santidade e da guerra, e quiçá, como o fez Foucault, numa ou noutra figura da rebeldia, cintilando, com raiva mas sem objeto, durante o instante em que o poder fixa os seus olhos sobre a sua existência antes de condená-la irremissivelmente ao fundo dos seus calabouços – Jean Antoine Touzerd, apóstata, sedicioso, sodomita e ateu; Mathurin Milán, ímpio, misantropo, orgulhoso e desgraçado.

De resto, até há muito pouco tempo atrás, além das instâncias nas quais a história grava as glórias em que gosta de ver-se refletido o poder, a memória não conhecia outras formas e os rastros dos homens sem fama confundiam-se sem recurso possível no anonimato da noite dos tempos – um milhão de anos sem outros rasgos distintivos que o lugar que lhes atribuímos na série dos números naturais com a qual damos forma à sucessão.

As coisas mudaram, entretanto, mas não necessariamente para melhor. Hoje os arquivos são virtualmente inesgotáveis e prometem uma imortalidade vicária até ao mais insignificante dos seres. Não importa quem, tudo encontra um lugar na fria memória das redes informáticas. Não apenas milhões, mas bilhões, trilhões de imagens, dados, mensagens, comentários, gostos, preferências, digitalmente reduzidos a uma cadeia infinita de uns e zeros, sem distinções nem privilégios, absolutamente disponíveis, em todos os lados, a qualquer momento, e permanentemente alimentada por uma fome de informação que condena à inanição qualquer outra forma de vida, física ou espiritual.

A ossada cresce dia a dia, ameaça alagar as cidades e os campos. Nada se perde, nada se transforma. A informação acumula-se sem cessar e por momentos parece embotar os nossos sentidos e ultrapassar a capacidade de síntese da nossa inteligência. A noite dos tempos deu lugar ao império do ruído branco. É estridente, deslumbrante, embrutecedor.

* * *

O que vi

Tentando desfazer-me do mal-estar que produzem em mim estes pensamentos, lembro de uma história que conta Antonio Di Benedetto. Trata-se do singular destino de uma tribo que erra pela selva do Paraguai, da mão dos seus filhos, como se fugisse de si mesma. Todos os adultos são cegos. As crianças não. Anos antes foram vítimas da crueldade de uma tribo rival, que lhes queimara os olhos com facas ardentes, privando-os para sempre da dimensão do visível. Depois de um tempo de profundo desassossego, acabaram por habituar-se a prescindir da vista e descobriram, com surpresa e beneplácito, que assim eram mais felizes. Se, por um lado, já não eram capazes de ver, por outro, também não podiam ser vistos. A vida, por obra da cegueira, tornara-se mais fácil. Não existiam já a culpa nem a censura; logo, tampouco a impostura ou a vergonha. Quando sentiam necessidade, procuravam-se às cegas para o amor. Sem afastar-se dos outros, aprenderam a estar a sós consigo mesmos. Para se isolarem mais, alguns bateram nos ouvidos até romper os tímpanos. A felicidade, porém, não duraria para sempre. Os filhos dessa liberdade, afinal, podiam ver.

* * *

Enlouquecerei de doçura ou de tristeza? Da minha loucura ou da loucura do mundo? Há esperança para mim, mesmo que só seja a esperança de enlouquecer?

26 de Julho

De uma religiosidade algumas vezes recalcitrante, Klein dizia ser capaz de ingressar no Éden através da arte. Pelo que me diz respeito, seria feliz só com ser capaz, como dizia Calvino, de "procurar e reconhecer quem e o que, em meio ao inferno, não é inferno, e fazer que dure, e lhe dar espaço".

Lamentavelmente, nem sequer isso parece estar sempre ao alcance das minhas mãos. Sinto que a estupidez triunfa. O inferno cresce cada dia. Logo dominará o planeta inteiro. Não é um lugar onde as pessoas ardam, como ardeu Klein na plenitude da sua vida. O frio se estende em toda a parte. Tenho os pés gelados e húmidos. Não há forma de aquecê-los.

É preciso ver sempre, mas pergunto-me de que serve continuar a ver sempre o mesmo, sem alterações, sem mudanças. Bataille já alertava sobre a incompatibilidade existente entre o compromisso com o mundo e a exploração da intimidade. Isso significava, para ele, que era humanamente impossível olhar ao mesmo tempo para dentro e para fora.

Mais e mais sinto o desânimo tomando conta de mim. Estão-me vedadas as formas da felicidade que desconhecem os tormentos da má consciência. Sou um bicho manso ao que sobra imaginação, apenas isso. Há dias que sinto que não valho nada. Acordado, sofro terríveis pesadelos. Vejo um mundo espantoso delineando-se no horizonte. Tem a forma do fim do mundo, mas não parece ter fim.

O que fazer para, sem fechar os olhos, não ser consumido por esse espetáculo de uma destruição que não acaba?

* * *

Faz isso por mim. Apenas olha, não penses. Esquece tudo. Desfaz-te de ti. Observa ao teu redor. O que vejas, escreve-o. É tão simples como isso, como na música de Lenine: "focado no seu mundo qualquer homem imagina muito menos do que pode ver". Enganas-te se pensas que é possível deduzir a totalidade do universo a partir de ti mesmo como uma aranha estende a sua teia. *Há mais coisas no céu e na terra que as que suspeita a tua filosofia.* Abre os teus cinco sentidos se não queres passar sem advertir que cada pássaro que cruza os caminhos do ar poderia deparar-te um imenso mundo de prazer. E de dor, é certo, também de dor. Mas não penses nisso, não agora, não tenhas medo, apenas levanta a vista, olha.

TERCEIRA PARTE

Quem nos resgatará da seriedade?

Julio Cortázar

O que vi

27 de Julho, 7:15 hs.

Sonho que converso com Iris Murdoch no terraço vazio de um grande edifício abandonado, sobre um lago, ao fim da tarde. Compreendo que se trata do convento de *O sino*, que li há anos atrás. Falamos de Platão e do existencialismo – Murdoch dedicou um livro à polêmica questão da expulsão dos poetas que tem lugar em *A República* e foi uma das primeiras comentadoras inglesas de Sartre. Apesar de que morreu apenas em 1999, parece pertencer a um mundo há muito tempo desaparecido.
– Não se equivoque – diz-me – Aqui o fantasma é você.

* * *

"O fantasma é um afogado no rio do tempo sucessivo que consegue assomar-se um instante à superfície antes que o trague a corrente, só um instante, pois não é próprio do fantasma durar, estender-se no tempo. Pode voltar, isso sim. E alojar-se assim, sem transformação alguma, no ânimo. E tampouco é isso o que pede; se permanece é para pedir outra coisa, a única coisa que pode salvá-lo: ser fixado num instante perene."

* * *

Acordo e, sem sair da cama, quase às cegas, tomo o primeiro livro que encontro sobre a mesa de cabeceira – *O dicionário do diabo*, de Ambrose Bierce, *o amargo*, numa tradução de Rodolfo Walsh que publicara o Centro Editor de América Latina em 1972 (devo ter mais cuidado com os livros que deixo à mão!).
Na breve nota introdutória, brincando com um conhecido aforismo de Cioran, Horacio Achaval afirma que, nos seus melhores momentos, uma ratazana parece ter-se infiltrado no seu cérebro para sonhar nele.
Essas palavras põem-me a dançar.

27 de Julho, 7:40 hs.

Madrid arde. O apartamento, que fora razoavelmente acolhedor e silencioso durante o inverno, agora, por força do calor, aberto ao pátio interno do prédio, converteu-se num lugar sofrível. Agoniada, a gente não consegue dormir e exterioriza a sua frustração de formas estridentes. Ontem pela noite, os vizinhos ao lado estiveram fritando croquetes até as quatro da manhã. A noite anterior, alguém decidiu lavar as escadas às três da manhã. Como se não fosse suficiente, alguns andares foram subalugados a turistas, que só parecem ganhar vida de madrugada, dando lugar a festejos rapsódicos e barulhentos, que conferem à música a qualidade incivil que Kant lhe atribuía.

Saio da cama e tomo uma ducha rápida. A biblioteca conta com um poderoso equipamento de ar condicionado. Quero estar aí à primeira hora (abrem às nove). Deixei reservados alguns livros que aguardo ler com impaciência. Também conto com passar a limpo as notas que tomei durante as últimas semanas. Sinto-me com forças renovadas e, pela primeira vez em muitos anos, com a sensibilidade à flor de pele. Produziu-se em mim algum tipo de mudança, ao mesmo tempo profunda e imperceptível, que começa a permitir-me estar sozinho e em paz, as duas coisas simultaneamente. Isso é importante porque cheguei a temer que nunca acontecesse, que me estivesse vedado, e que a viagem até aqui tivesse sido somente uma perda de tempo – ou, pior, a perda de S.

Enquanto tomo o café, leio algumas páginas do diário de Katherine Mansfield – "Ai de mim! Não voltarei a andar descalça pelos bosques selvagens nunca mais!" –, mas o deixo antes de ser tomado pela melancolia. É melhor não abusar até ter o estômago cheio.

27 de Julho, 8:25 hs.

A cidade já afeta o êxodo do verão. O que habitualmente se vive com urgência, de repente vive-se com tranquilidade. Por que, se é possível que seja assim durante um mês, não pode ser assim sempre?

Subo pela rua da Montora até Sol e aí, pela de Carretas até à praça de São Jacinto. Caminho colado às sombras, porque o sol é abrasador apesar da hora. Não me sentia tão bem há muito tempo. No fundo, tudo o que precisava era um pouco de solidão – voltar a estar sozinho como na infância, alheio a tudo o que o mundo em que vivemos considera grande e importante (Rilke). A luz, o ar, os cheiros, as pessoas que caminham ao meu lado e os carros na rua, tudo parece possuir uma qualidade única que quer ser apreciada. Levo a vista de uma coisa à outra: as frutas lustradas que expõe em cuidados caixotes de madeira uma mercearia junto à saída do metrô, um polícia com a sua moto passando uma multa de trânsito a uma caminhonete de entregas mal estacionada, os reflexos dos vidros das janelas trocando mensagens em código. Quando passo debaixo da copa de uma árvore, estico o braço tanto quanto me é possível, procurando o contato fugaz das folhas, como se fosse uma criança fascinada pelo mundo.

São sensações que tinha esquecidas. Claro que, com a memória das sensações, também afloram as lembranças que tornaram necessário o seu esquecimento. O prazer que me produzem nem sempre sobrevive ao mal-estar que suscitam em mim as histórias às que alguma vez estiveram associadas. Se pudesse ter o primeiro sem ter que suportar o segundo!

* * *

Faz alguns anos, em Lisboa, acompanhei um pequeno seminário de lógica dialógica oferecido por Shahid Rahman. Apesar da origem indiana, Rahman passara a sua infância e a sua adolescência em Bahía Blanca, a minha cidade natal; o seu pai fora reitor da universidade até o golpe de 76, depois do qual renunciara – o meu pai, que então era funcionário administrativo na mesma universidade, recordava ter trabalhado com ele. Essa circunstância não nos aproximava muito, mas me animou a falar com ele com liberdade.

No último dia, jantando num restaurante da baixa, lhe confessei que, apesar de que o seu trabalho era sem dúvida muito valioso, me contrariava que uma pessoa brilhante como ele desperdiçasse o seu talento na formalização de tautologias, havendo tanto para descobrir no mundo. Respondeu-me que em parte tinha razão, que na verdade a lógica aspira a tocar as estrelas e só alcança, com muito trabalho, a roçar os ramos mais baixos das árvores, mas que, ainda assim, sentir esse contato insignificante podia ser algo profundamente comovedor.

Desde que tenho consciência, não deixei nunca de procurar o segredo de umas poucas coisas elementares. O fiz sempre sem método, tateando, porém ainda não me foi dado a sentir um só contato da verdade, como se me houvessem deixado sozinho num quarto do qual removeram todos os móveis. Jamais pretendi tocar as estrelas, apenas assomar-me à superfície da minha pele. Não devia ser mais fácil sentir o contato de si mesmo?

Eduardo Pellejero

* * *

Sinto falta do vento na cara, da paisagem deserta da pampa, do gosto do pó na boca, do penetrante aroma da terra molhada depois de meses sem chover, do silêncio do campo adentrando na cidade. O que aconteceu para que tivesse que vir tão longe? Haveria sido mais difícil perder tudo isso ficando por perto? Porque o teria perdido de todos os modos, isso está claro.

27 de Julho, 9:40 hs.

Na biblioteca. Tenho dificuldade em concentrar-me. Abandonei o estudo da obra de Klein e não encontrei ainda nada de novo que me ponha a pensar. Isso preocupa-me, porque sem referências tendo a perder a cabeça.

Para distrair-me, tento lembrar dos quadros literários dos que tenho memória: o que adorna o quarto em que Winston se encontra clandestinamente com Julia no romance de Orwell (e através do qual são vigiados pelo Grande Irmão); o que é objeto de uma disputa familiar em *A ignorância*, de Kundera; o Vermeer que provoca a morte de Bergotte, o assexuado escritor de *A prisioneira*, na obra de Proust; o que acusa a corrupção moral de Dorian Gray na fábula de Wilde – o mais célebre de todos.

Assim, brincando, começo a trabalhar. Guia-me, como sempre, o princípio que, segundo John Berger, dá à crítica o seu único sentido possível: não mistificar os artifícios da composição, o gênio por detrás das obras ou as continuidades e as rupturas da história da pintura, mas assinalar as relações que a arte é capaz de manter com as experiências humanas mais gerais.

* * *

Francis Lee: Que direção acha que devia tomar a pintura?
Joan Miró: Redescobrir as fontes do sentimento humano.

O que vi

27 de Julho, 14:35 hs.

Na hora do almoço atravesso até o Parque do Retiro e procuro a sombra das árvores. Trouxe comigo um lanche e algumas frutas. Será assim, digo a mim mesmo, durante o que reste do verão. Estarei pronto então para regressar para junto de S.?

Tiro as coisas da mochila com parcimônia. Como nos sonhos, faço e vejo-me fazer, sou ator e espectador ao mesmo tempo. Tenho as mãos pálidas, branquíssimas, como se fosse um desses animais que vivem em túneis sob a terra, sem ver jamais o sol, como uma toupeira – isso não significa que estejam completamente desprovidas de beleza. Posso ouvir a minha respiração, que é profunda e ritmada, e sentir com prazer e deleite o modo como ganham a língua e o paladar o sal do presunto e a frescura do tomate. Aqui e ali, no espaço que posso abarcar com a vista, sozinhas, aos pares ou em pequenos grupos, dúzias de pessoas que realizam atos idênticos ou similares aos meus, e experimentam, como diversa intensidade, as mesmas sensações que eu.

Reservo os pêssegos para mais tarde e deito-me um momento sobre a grama, colocando o braço detrás da cabeça, a modo de almofada. Os ramos dos pinheiros entrelaçam-se no alto formando desenhos abstratos, animados pela quente brisa que sopra do sul, apenas deixando entrever por momentos o azul sem mácula do céu. Só necessito fazer em mim um pouco de silêncio para escutar as vozes das coisas.

27 de Julho, 16:10 hs.

Releio as minhas notas sobre Wols. Podem ser pessoais (demasiado subjetivas), mas não são triviais. Só são triviais os juízos que não contribuem para o enriquecimento da experiência. Se revelam possibilidades da existência que não alcançaríamos de outra maneira, então possuem um valor de verdade, por pequeno que possa parecer, mesmo que sejam o resultado do devaneio de uma imaginação.

* * *

"Aprendi que o artista não vê apenas. Ele tem visões. A visão vem acompanhada de loucuras, de coisinhas à toa, de fantasias, de peraltices. Eu vejo pouco. Costumo mais ter visões. Nas visões vêm as imagens, todas as transfigurações. O poeta humaniza as coisas, o tempo, o vento. As coisas, tal como estão no mundo, de tanto vê-las nos dão tédio. Temos que arrumar novos comportamentos para as coisas."

* * *

Evidentemente, a forma da experiência não se adequa à forma da escrita. Na escrita, os instantes de suspensão que dão espessura e intensidade à experiência ganham uma dimensão que lhes é imprópria, prolongando-se em superfície, passando a formar parte de um tecido de signos que, chegado o caso, pode ser o fim da experiência em si. Escrevo, contudo, para encontrá-los. De que outra forma poderia acumular experiência?

Confio em que, à força de errar, serei capaz de ganhar perícia suficiente como para não contaminar de sentido tudo o que venha dar às minhas mãos. A simplicidade do equipamento e um espírito aventureiro são essenciais nisso, sobretudo quando se trata de sondar o não-familiar e o desconhecido (Calder).

Como um aficionado, trabalho diariamente numa forma caseira de hermenêutica do particular, que espero me permita avançar de singularidade em singularidade, sem deixar que o universal entre de maneira intempestiva para resolver as contradições ou harmonizar as diferenças que possam afetar-me (o universal, apenas como problema). De resto, guia-me um imperativo de prudência: avançar passo a passo, lentamente, evitando recaídas desnecessárias, que me demandariam muito tempo para restabelecer-me – primeiro, pequenas experiências e poucas palavras; depois, pouco a pouco, ir abrindo as malhas da sensibilidade e da imaginação.

27 de Julho, 18:55 hs.

Dou por fechado o trabalho. Não poderia dizer que avancei, mas tampouco que não saí do lugar onde me encontrava. Amanhã poderei retomar as minhas leituras sem prejuízo. Agora, quem sabe, se me apresso, ainda tenha tempo de ver algumas coisas no museu. Devo aproveitar a presença de Klee enquanto dure a exposição do *Kunstmuseum Basel* – isso sempre me levanta o ânimo.

Antes de ir embora, consulto o correio. Faço-o todas as segundas – *apenas* às segundas. Diminuiu consideravelmente desde que me encontro em Madrid. De todos os modos, conservo o hábito. Duas ou três horas bastam-me para manter a correspondência em dia. Nilson, a quem escrevi a semana passada para saber em que pé se encontra o novo número da Polichinelo, para o qual contribui com uma pequena nota, não respondeu ainda. Também nada de S., que continua sem transgredir as leis da minha solidão.

A única coisa que chama a minha atenção é uma mensagem da minha irmã, que não costuma usar este meio para comunicar-se comigo; ainda que, claro, como poderia fazê-lo de outra maneira desconhecendo o meu endereço em Madrid? Não comentei a ninguém da família que me encontro em Espanha. Qual não é a minha surpresa ao saber que também ela se encontra em Espanha fazendo algumas entrevistas para o seu filme sobre Alberto Greco?

Sabe que estou aqui. S. deu-lhe a informação. Me intima a que me encontre com ela amanhã mesmo em Piedralaves. O correio tem a data de há três dias atrás, mas sinto que chega do mais profundo do meu passado. Durante um instante considero, sem malícia, a possibilidade de ignorá-lo.

27 de Julho, 21:10 hs.

Não entrei para ver Klee. Preferi andar um pouco. É claro que irei encontrar Paula. Não estou louco. Pediu-me que fosse, não posso me negar. Estaria louco se o considerasse em termos de infração da minha solidão. Para mais, gostaria muito de vê-la.

* * *

Averiguo como chegar a Piedralaves. Há um ónibus que faz o caminho de Ávilar todas as manhãs saindo da Estação Sul. A linha seis do metro passa por aí. O primeiro serviço é às oito e meia. Com isso todas as questões práticas estão resolvidas. Tenho o resto da noite para colocar-me as sentimentais.

28 de Julho, 1:30 hs.

Mal me deito, acordo agitado. Procuro o relógio na escuridão, temendo não ter escutado o alarme. Ainda é cedo. De forma muito vaga – estou meio adormecido –, acredito ter sonhado com o reencontro com Paula. Há uma imagem persistente: a silhueta de umas montanhas recortando-se no horizonte – me aproximo delas. Coloco o relógio debaixo da almofada e tento retomar o sono.

28 de Julho, 6:10 hs.

Acordo. Dormi pouco e mal. Deixo-me estar na cama. Quanto demorará o metro até à rodoviária? O sono me impede calcular com claridade. Se fica tarde, tomarei um taxi.

28 de Julho, 8:35 hs.

Recostado contra a janela, contemplo como vamos deixando Madrid para trás. Não nos movemos apenas no espaço, voltamos atrás no tempo. Passei anos sem ver Paula e não sei como vou encontrá-la nem como ela me encontrará a mim. Poderíamos ter-nos escrito mais nos últimos anos – antes o fazíamos com regularidade e sentimento. Essas coisas acontecem com todos. Tudo exige tudo de nós. Fazemos os nossos compromissos. Abraçamos algumas coisas, deixamos cair o resto.

Vivemos juntos, em Buenos Aires, durante quase dez anos – desde que começámos a estudar (ela belas artes, eu filosofia), até que Paula se mudou com Alejandro, com quem mais tarde se casaria. No começo nos demos mal. Os dois idealizáramos viver sozinhos. Organizámos os nossos horários para ver-nos o menos possível; eu acordava quando ela ia dormir, e vice-versa. Não lembro quem era o dono das manhãs e quem velava pelas noites – tenho a sensação de que era sempre de noite nessa época. Pouco a pouco começámos a encontrar-nos nos breves intervalos que inevitavelmente se sobrepunham por uma ou outra razão. Não éramos os seres impossíveis que o outro temia. Tínhamos, inclusive, muitas coisas em comum. Não foi uma decisão tomada, mas algo que se foi dando, a amizade.

O que vi

Quando a gente considera o vivido da perspectiva que oferecem os anos, é difícil não sentir que teríamos sido incapazes de sobreviver sem a ajuda de umas quantas pessoas. Ignoro se então terei ajudado Paula de alguma maneira, mas sei que eu não o teria conseguido sem ela. Éramos jovens e ansiosos. Só estávamos dispostos a aceitar o absoluto, apesar de que nos debatíamos no relativo. Andávamos expostos o tempo todo. Não guardávamos nada para nós. Talvez não fosse a forma mais inteligente de começar a viver, mas não sabíamos fazê-lo de outro modo. Guardo uma memória ao mesmo tempo entranhável e aterradora desses dias.

* * *

As viagens em ônibus sempre me deixaram melancólico. A mesma coisa não me acontece com os aviões. Tendo a atribuir essa particularidade às enormes janelas que possuem os ônibus, nas quais, durante um tempo que jamais permaneceríamos frente a um espelho, somos confrontados com a nossa própria imagem, mesmo sendo mais provável que se deva ao sentimento de transição que impõem os ônibus, enquanto que os aviões transmitem uma ilusão de instantaneidade – é como se não viajássemos (algo similar passa com o metrô). Nessas circunstâncias, não é estranho que me incline a pensar no tempo. Quanto passei sem vir aqui? Quanto passou desde a última vez que vi fulano? Será a última vez? Voltaremos a ver-nos? É possível que seja precisamente por isso que deixei de viajar em ônibus.

* * *

Nota: escrever sobre *os veículos existenciais*.

28 de Julho, 9:30 hs.

Até Piedralaves são menos de duas horas. Devemos chegar em qualquer momento. Não me cairia mal um café. Não comi nada antes de sair de casa. Faremos alguma escala em algum lugar?

* * *

Não fiquei muito tempo em Buenos Aires depois que Paula se mudou. As coisas estavam mal e eu estava mal e, afinal, já deixara antes tudo para trás – podia fazer isso de novo. Nunca pensei que atuando desse modo estivesse fazendo algo para sempre. Apenas hoje, quinze anos depois, começo a compreender que não há forma de regressar (a lado nenhum).

Passei uma temporada no Brasil, onde fracassei rotundamente (apesar de que fui muito feliz). Não estava preparado para assumir isso (nem o fracasso nem a felicidade). Lembrei que Oscar Conde sempre insistira em que devia instalar-me em Lisboa, se o que queria era escrever. Pouco antes de deixar a Argentina, no antigo cinema Cosmos, tivera a oportunidade de ver com Julieta uma série de fotografias de Trás-os-Montes, na fronteira com a Galiza, que me impressionaram pela beleza dos bosques e a tranquilidade dos rústicos casarões de granito. A soma dessas duas coisas foi suficiente para que tomasse a decisão de mudar-me a Portugal. Ignorava, não só, que a paisagem de Lisboa não se parece em nada à do norte do país, mas também, e isto é algo que ainda me envergonha, que as suas costas se abrem ao Atlântico e não ao Mediterrâneo, coisa que estupidamente dava por assente. Nem sequer me tomara o trabalho de consultar um mapa antes de comprar a passagem (apenas de ida). No dia da partida, já no aeroporto, comunicaram-me que não poderia embarcar: era impossível viajar a Portugal sem possuir uma passagem de volta – mas eu não pensava regressar! pelo menos não num futuro próximo! Até então nunca tivera uma noção clara de que existiam fronteiras no mundo.

Suponho que era inevitável que, viajando de maneira tão improvisada, em Lisboa encontrasse a solidão. Instalara-me num apartamento sem móveis nem portas, num prédio praticamente abandonado (só havia outro vizinho num dos andares superiores, a quem nunca cheguei a ver senão de costas, perdendo-se nas escadas). Apesar disso, rapidamente tornou-se caro demais para mim. Chegara em setembro e desde então não parara de chover. O meu visto venceu antes que conseguisse orientar-me. Aconteceram coisas tristes (isso não sou capaz de partilhar, isso fica para mim). Em meio ao naufrágio, e apesar da distância, Paula lançou-me uma tábua de salvação. Foi a primeira vez que ouvi falar de Alberto Greco.

* * *

Quinze anos! Passaram quinze anos desde que Paula começou a sua busca. Quinze anos é muito tempo! Uma criança torna-se um adulto em quinze anos. Muita gente se perde em quinze anos. Posso lembrar com certa facilidade onde me encontrava há quinze anos atrás, mas me resultaria muito difícil dar conta de tudo pelo que passei nesse tempo. Quinze anos é toda uma vida (no meu caso, várias). O que aconteceu com Paula nesses quinze anos? Posso ter perdido o rumo de tal maneira que necessite quinze anos para reencontrá-lo?

Em todo o caso, por que não o deixou? Afinal, Greco pode ter sido importante em seu momento, mas custa-me imaginar que possa continuar a sê-lo depois de tanto tempo. O que é que Paula pode ter visto para aferrar-se dessa forma a ele? Por que algumas coisas se tornam tão importantes para algumas pessoas?

28 de Julho, 9:50 hs.

A próxima paragem é Piedralaves. Não trouxe nada comigo. Devia ter comprado um presente para Paula? Algum brinquedo, talvez, para os meus sobrinhos? Por que nunca penso nessas coisas? A S. não lhe tivesse passado por alto. Quiçá encontre algo na vila.

* * *

O primeiro entusiasmo que nos infundiu Greco foi o da viagem. A gente não viaja por prazer, pelo menos não sem estar desorientada; a gente viaja por necessidade. Nós tínhamos urgência em sair do lugar onde nos encontrávamos. A mim calhou-me fazê-lo primeiro.

Despedir-se é sempre mais difícil para os que ficam. Paula ficou. Preferiu que fosse assim. Entrevira uma vida possível, estava disposta a dar alguns anos para ver se funcionava. Foi quando começou a desmoronar-se a decoração de opereta em que vivêramos nos últimos dez anos. De repente, sem que pudesse precaver-se, roubaram-lhe o porvir (a ela e a milhões como ela). Era necessário começar tudo de novo.

Em 1960, Greco organizara uma empresa interessantíssima. Com o patrocínio da General Motors, conseguira um caminhãozinho, reunira algumas obras de artistas amigos, e se aventurara nas rotas do interior do país. Nas vilas, nas que aparecia de improviso, organizava exposições, conferências e concursos de aquarela ou desenho para as crianças, que premiava em atos exaltados e festivos. Devia ser todo um acontecimento vê-lo em ação nesses lugares aos quais nunca chegara nada nem remotamente parecido. Quando surgia a oportunidade, também aproveitava para comprar peças do artesanato regional a preços módicos, que mais tarde pensava vender com uma ampla margem de lucro em Buenos Aires. Passou meses nisso, vivendo da caridade que lhe ofereciam prefeitos e fazendeiros, como uma dessas personagens tristes, decadente e finais, que povoam os romances de Osvaldo Soriano.

Claro que então não o vimos assim. Em meio ao desânimo que reinava na Argentina, Greco representava para nós a alegria. De imediato começamos a fantasiar com reviver a sua aventura. Demos início a uma correspondência diária, planejando o itinerário, os revezamentos, a logística e o financiamento. O meu pai chegou a ajudar-nos montando uma detalhadíssima planilha com os custos iniciais e algumas estimativas do que seria necessário para a manutenção mensal. No princípio consideráramos uma equipa mínima de três pessoas: Paula, um assistente e o motorista do caminhão. Tentando reduzir os custos, sugeri a Paula que, dado que tinha experiência montando algumas exposições por conta própria, quiçá poderíamos poupar-nos um salário se ela se responsabilizasse por isso. Paula esteve de acordo e argumentou que, de fato, também não devia ser muito difícil aprender a dirigir um caminhão, tendo em conta o avançada que estava a tecnologia automotor, pelo que podíamos descartar igualmente o motorista.

Apresentámos o projeto, que era esplêndido e delirante, em várias agências de fomento, e inclusive chegámos a conversar com o departamento de relações públicas da General Motors, aludindo, a modo de justificativa, que nesse ano se completavam justamente quarenta anos da odisseia de Greco. As negativas sucediam-se uma atrás da outra, mas nunca chegámos a sentir que o projeto estava realmente morto. Paula voltara a viver. Em certo sentido, o projeto fora um sucesso.

* * *

Lembrar-se-á Paula de tudo isso? Lembrar-se-á, em todo o caso, da mesma forma que eu? Quinze anos é muito tempo! Não somos os mesmos.

O que vi

Pelo menos eu, se é que posso afirmar algo, perdi em grande medida o sentido da aventura que partilhávamos então.

Estamos entrando em Piedralaves.

28 de Julho, 10:05 hs.

Paula me espera na rua, frente ao café que funciona como rodoviária. Não teve dificuldade em reconhecê-la, como temera. Apesar de que o tempo passou também para ela, continua igual a si mesma. Ainda se vê jovem. Como me verei eu? Na janela do ônibus, sem ir mais longe, pude contemplar o meu rosto como num espelho. Evidentemente, estou habituado a este rosto. Não mudei de repente, de um dia para outro. O vi evoluir lentamente, antecipar os meus gestos mais frequentes nas rugas, ceder à gravidade das pálpebras, afetar o cansaço da carne. Mas quinze anos! Como não iria notar ela a diferença?

Verdade seja dita, e apesar de reconhecer que estou cheio de manias, nunca me obcecou a forma em que os outros me veem. Pelo menos isso. Não é que não pense no tema de alguma forma; simplesmente não me preocupa. Isso é estranho, porque não se trata de algo insignificante. Pelo contrário. No fundo, é no reflexo que se condensa no olhar dos outros que existimos mais ou, até, existimos de forma propriamente dita, fora de nós próprios, de verdade. De forma intensa quando convivemos com alguém, e sob as formas atenuadas da memória quando estamos ausentes, a nossa imagem dissemina-se no mundo sem que tenhamos nada que aportar ao assunto. Quando desapareçamos, inclusive, as nossas imagens continuarão por aí durante algum tempo, jovens de uma juventude sem idade nas testemunhas envelhecidas do que fomos, de forma parcial e fragmentária, a expensas de um gesto que tivemos ou uma anedota que protagonizámos, e quiçá, ainda, se a nossa imagem motivar alguma vez em alguém a necessidade de partilhá-la, nos filhos e nos netos dessas testemunhas, sob as formas imponderáveis das imagens que o narrado é capaz de suscitar na imaginação, até que as palavras percam todo o seu poder evocador ou as imagens passem a formar parte do património de outra existência.

Desço e, ao descer, Paula levanta a mão direita a modo de sinal de reconhecimento. Fê-lo de imediato, ou quase de imediato. Afinal, somos irmãos, isso deve significar alguma coisa, penso. Compreendo que estivera nervoso sem necessidade desde que recebera a sua mensagem.

Enquanto aguardo que mude a luz do semáforo para poder cruzar, olhamo-nos mutuamente através do tráfico, que é considerável, e rimos sem poder evitá-lo, como crianças. Então os carros param, desfaço a distância que me separa dela e, dizendo, sem ocultar completamente a emoção, mais para mim que para ela, "quinze anos!", deixo que me abrace, sem rigidez nem dramatismo, como a última vez que nos vimos.

28 de Julho, 10:07 hs.

Enquanto tomamos um café, Paula me coloca à par da agenda. Mesmo estando ainda algo adormecido pela viagem, lhe agradeço mentalmente, porque assim nos poupa as perguntas de compromisso, que não saberia fazer com convicção e me resultaria impossível responder com sinceridade. Combinou algumas entrevistas com vizinhos da vila, alguns dos quais chegaram a conhecer Greco durante a temporada que passou aqui em 1963. Também espera poder filmar os lugares onde Greco fizera as intervenções que fotografou Monserrat Santamaría e – está muito entusiasmada com isso – voltar a desdobrar o *Grande manifesto-rolo da arte vivo-dito*, em cuja reconstrução trabalhou durante meses. Tira, de uma lata, um voluminoso rolo de papel encerado, de uns dez centímetros de largura e mais de cento e cinquenta metros de cumprimento, e me diz:

– Vamos convidar todos para que venham fazê-lo conosco!

Comento que no *Reina Sofia* está exposto, mesmo que só em dois pequenos troços, o rolo original, que Lourdes Castro conservara durante todos estes anos. Quiçá poderíamos ir vê-lo depois de Piedralaves.

– Não vale a pena – me diz –. Se está no museu, não serve. *A arte viva quer acabar com a mediação das galerias e das exposições*. Este rolo pode ser de mentira, mas esta tarde vai ganhar uma verdade da qual o outro já não é capaz. Para isso teria que voltar a expor-se a uma experiência sem parâmetros, arriscando inclusive a sua própria existência.

Ficou de pé enquanto falava e ocupou um lugar ao meu lado. Agora me explica o funcionamento básico da câmara. Não pode perder tempo. Tem que estar de regresso a Buenos Aires depois de amanhã. Viajará esta mesma noite a Barcelona, para fazer as últimas entrevistas e visitar a tumba de Greco, e já na quinta empreenderá o regresso.

— Esse é o anel do zoom — me diz —. Não mexa em nenhum momento. E dé tempo às coisas. Deixe que falem mesmo quando fiquemos em silêncio.

Não estou seguro de ter compreendido completamente. Me deixarei levar e veremos o que acontece. Depois de estar tanto tempo sozinho, não está mal estar à serviço de outra vontade. Encontro certo alívio nisso.

— Vou ao banheiro — diz — e começamos.

Guardou a lata com o rolo na mochila e colocou sobre a mesa um grande envelope de papel.

— Isto é para você — me diz —. Não sei se ainda recorda. São as cartas que me enviou quando foi para Lisboa. É como se não tivesse passado o tempo, não?

Lisboa, 14 de Novembro de 2001

A medida que passa o tempo, Paula, o regresso parece-me cada vez mais difícil. Quero dizer que começo a habituar-me à ideia de que este é um caminho de ida apenas. Um caminho como qualquer outro, suponho. A consciência de que a distância talvez seja para sempre não o faz nem melhor nem pior. Para convencer-me de que não vale a pena dar mais voltas ao assunto, repito como um mantra a ocorrência de Leonardo Sciascia: *Quem comete o erro de ir-se não pode cometer o erro de regressar.*

A vida em Lisboa não é, no essencial, muito diferente do que era em Buenos Aires. Trouxe os meus velhos hábitos comigo. Passo as manhãs e as tardes lendo nos jardins e, quando chove, estudando nos cafés, que são barulhentos mas acolhedores. As pessoas aceitam essas coisas com naturalidade. Não me sinto em casa, não é isso que espero, em todo o caso, mas sinto-me cômodo e, o que é mais importante, com uma liberdade de movimentos que me era desconhecida na Argentina.

Recebi os papéis que me enviou e comecei a trabalhar nisso de imediato. É incrível! A última noite não fui capaz de deixar de ler até às cinco da manhã e quase não dormi pensando na forma em que parece dirigir-se diretamente a nós. Devíamos conseguir os catálogos que nos faltam, os (poucos) artigos que lhe dedicaram na época, e quiçá o livro de Ernesto Schoo, que desconhecia até que você o mencionou.

Não deixe passar muito tempo para escrever-me e enviar-me tudo o que encontre. Faça-me chegar, também, quando possa, algum desenho para alegrar um pouco as paredes do meu quarto, ao que animam apenas duas grandes manchas de umidade. Eu prometo enviar-lhe as minhas primeiras notas com a próxima carta. São excessivas e violentas, como se tentassem abrir um buraco nos muros que nos rodeiam.

Espero que as coisas com Ale estejam melhor e que o trabalho na clínica não continue minando a sua vontade de pintar e de fazer coisas. Se algo aprendi com esta viagem, como dizia Greco, é que "só há que dar importância às coisas que são sérias e importantes, e unicamente ouvir as palavras que são ditas com carinho, saudavelmente, as que nos dão força, e não as que nos destroem; a essas sim, ouvi-las, às outras não".

Estas que lhe envio são das primeiras, não das segundas. Espero que encontrem você com a força e a alegria de sempre.

O seu irmão, que lhe quer,
E.

28 de Julho, 10:55 hs.

Paula entrevista Amable Ferrero, que é vereador na prefeitura de Piedralaves. Amable viveu durante boa parte da sua vida em Madrid, onde trabalhou sempre como funcionário do *El corte inglês*. Depois de aposentar-se regressou à cidade. Há alguns anos atrás, durante uma viagem, numa exposição dedicada a Greco organizada por uma galeria de *San Telmo*, chamaram a sua atenção algumas fotos, que encontrara familiares. Reconhecera, não só as casas de Piedralaves, mas também, entre as crianças que rodeavam Greco em muitas das imagens, o seu próprio rosto à idade de sete ou oito anos. Apesar de não compreender de imediato porquê, algo lhe disse que era importante que essas fotografias, que tomara há mais de quarenta anos Monserrat Santamaría, voltassem de alguma forma a Piedralaves.

Amable não sabe explicar muito bem o que é que motivou nele essa ideia, mas não é absurdo supor que, ao recuperar a cidade, recuperasse também a memória da sua infância. As fotografias não eram tão comuns há cinquenta anos como o são agora. Mais raras ainda eram as que iam além do típico ensaio familiar, realizado por ocasião de um evento especial, em geral no estúdio do próprio fotógrafo para reduzir os imprevistos ao mínimo. As que tomara Santamaría de Greco capturavam a vida onde e tal como se dava: nas ruas, inquieta e casual, sem poses nem imposturas.

* * *

Greco chegou a Piedralaves com Peter Von Artens no verão de 1963. Nas proximidades da vila, rio acima, existia um pequeno balneário que ganhara certa popularidade em Madrid. Os vizinhos aproveitavam essa circunstância para alugar alguns quartos durante a temporada e provavelmente se divertiram à conta das excentricidades dos turistas que chegavam para descansar.

No balneário, Greco e Peter passavam as tardes deitados ao sol. Os da vila apelidaram-nos de *sereias varadas*. Gosto de saber que Greco, cuja vida parece ser uma sucessão interminável de escândalos, de frustrações e de fugas, haja conhecido esse tempo brando.

As crianças os seguiam a todos os lados. Devia parecer-lhes a coisa mais extraordinária do mundo esse barbudo, que andava pelas ruas que estavam cansados de ver, descobrindo perante os seus olhos o que nunca haviam visto antes.

* * *

Amable diz que recorda perfeitamente a figura de Greco, que com os seus *vivo-dito* revolucionara a vila naquele ano. Não esperava, em todo o caso, que todos o lembrassem com a mesma intensidade que ele. Quando finalmente conseguiu levar as fotos de Monserrat Santamaría a Piedralaves, em 2013, a reação excedeu tudo o que imaginara.

Na realidade, surpreendeu a todos que aquele personagem que passara fugazmente pela vila há cinquenta anos atrás fosse considerado agora um artista importante. O que viam nele não tinha relação alguma com a arte. Tratava-se de algo mais simples e mais elementar, que dizia respeito à vida, às suas próprias vidas em particular, e falava de um tempo que ele marcara, paradoxalmente de forma indelével, com um fugaz círculo de giz.

* * *

Greco começara a ensaiar esses gestos singulares em 1954. Armado apenas de alguns paus de giz, saía à rua e assinava as coisas que saíam ao seu encontro: paredes, lojas, animais vivos e mortos, homens e mulheres nas suas tarefas domésticas ou a caminho do trabalho, cidades inteiras a partir do mar e instantes inapreensíveis para o olho não treinado.

O procedimento básico era simples: Greco traçava um círculo de giz em volta das situações que chamavam a sua atenção e, ato contínuo, assinava com o seu nome ao pé. O giz podia ser substituído por um frasco de nanquim, o círculo por um cartão ou um lenço - chegado o caso, tudo podia ser abreviado por um mero gesto da sua mão.

Em latim, *descobrir* e *inventar* são sinónimos. Pode parecer que, reparando no que ninguém observara antes com atenção, Greco não traga nada de novo ao mundo, mas a verdade é que, pelo provocador movimento que realiza, algo tem lugar na ordem das relações que dão um sentido ao mundo – algo muda, algo se transforma. Cintila por um instante a beleza dessa mulher que se debruçara a estender a roupa, a poesia dessas casas em ruínas, as propriedades estéticas únicas que pode chegar a ganhar a vida inclusive sob as suas formas mais ordinárias.

28 de Julho, 11:25 hs.

Fazemos uma pausa para checar se tudo está funcionando bem. Amable estava dizendo que a exposição das fotos de Greco em Piedralaves tivera um efeito inimaginável na consciência da vila. De repente, as pessoas sentiam que a beleza espreitava em todos os lados. Não apenas na praça da igreja ou nos modestos monumentos do passado imperial que se conservam, mas aí onde tinha lugar a vida de todos os dias, nas ruas tantas vezes recuadas e nas casas familiares, e também neles, neles também, sem necessidade de retoques, de idealizações ou adereços. Há cinquenta anos atrás Greco olhara para eles como ninguém o fizera antes, incorporando as suas vidas a uma forma de arte que não se parecia à arte dos museus, na qual nunca tiveram espaço, e ao fazê-lo transformara para sempre a arte e os museus – e agora também as suas vidas. Foram necessários cinquenta anos para que tudo isso acontecesse.

* * *

O que vi

Quinze anos, cinquenta anos... leva tudo tanto tempo!

* * *

Greco não inventara a pólvora nem nada parecido. Mesmo quando disputou de forma irónica a paternidade do *vivo-dito* com Ben Vautier, a quem assinou alguma vez enquanto era assinado por ele, não ignorava que o que fazia conhecia antecedentes célebres. Desde que em 1917 Duchamp tentara colocar um mictório sobre um pedestal, a modo de escultura, os princípios do novo jogo da arte estavam assentes e, mesmo que a sua intenção fosse apenas fazer uma piada aos seus colegas, tratava-se de um jogo muito sério. Ao desatar esse vulgar objeto de louça branca das cadeias de sentido às que até então se encontrara associado, obrigando-o a responder a uma pergunta extemporânea – o que é a arte? Ou, quiçá, melhor, o que é a beleza? –, mostrara que não importa o que nem quem possa pôr a voar a nossa imaginação quando são impugnadas as identidades assignadas.

A lição de Duchamp, como tudo, levara anos em ser assimilada, mas na mesma época em que Greco fazia as suas primeiras experiências, outros artistas exploravam o espaço aberto pelo mestre involuntário. Piero Manzoni propusera em 1961 as suas primeiras *esculturas viventes* – modelos vivos que ocupavam um espaço na galeria depois de ter sido assinados por ele. Antes criara o que ele denominava *bases mágicas*, que consistiam numa série de simples pedestais de mármore que qualquer um, a qualquer momento, podia ocupar adotando qualquer posição, convertendo-se pelo mesmo ato numa obra de arte.

Em todo o caso, o gesto de Greco queria ser, ao mesmo tempo, mais inovador e mais tradicional do que a história da arte e a atualidade artística permitiam prever. Se, por um lado, o seu proceder implicava uma crítica à necessidade de arrancar as coisas do seu meio ambiente e instalá-las num museu para abri-las a uma experimentação extraordinária, por outro, confundia-se com a vontade de perpetuar a fugacidade do instante que define de forma geral a atitude poética desde a modernidade.

28 de Julho, 11:35 hs.

Paula diz-me que temos suficiente por agora. A próxima entrevista está marcada para o meio-dia. Amable nos propõe visitar os lugares onde foram tomadas as fotos de Greco.
Enquanto vai buscar o seu carro, nos sentámos a beber uma cerveja. Mesmo sendo ainda muito cedo, já se sente o calor. Mal vemos gente na rua. Paula tomou um caderno e agora faz pequenas riscas com uma barra de carvão que ameaça desaparecer a qualquer momento entre as suas mãos. Apesar do movimento ser mecânico, parece muito concentrada no que faz. À medida que o carvão se acumula sobre o carvão, a superfície torna-se mais e mais luminosa, até converter-se numa espécie de espelho.
– Como está? – pergunta-me, sem levantar a vista.
– Bem – digo –. A câmara faz praticamente tudo sozinha.
– Não – diz-me –. Como está você?

* * *

Antes de que chegara a enfriar o projeto de percorrer o país pelas rotas que percorrera Greco há quarenta anos atrás, Paula começara a assombrar os museus da cidade com o seu espírito. Junto a um grupo de amigos, tinham articulado um coletivo que respondia pelo nome de *Rat-art*, e que se dera a conhecer intervindo as principais galerias de Buenos Aires durante as inaugurações, ocupando intempestivamente o único lugar ainda disponível: os banheiros.
Em Outubro de 2003 publicaram um manifesto, que mais tarde apareceria reproduzido na revista *Ramona*, para o qual contribui como escritor fantasma. Era enfático e raivoso, violento e urgente. "Ainda não somos a maldita ratazana gloriosa com a que sonhamos – afirmava sem falsas pretensões –. Não basta apenas mudar o pelo e desenvolver o gosto pelos cantos escuros para poder fazer um buraco na parede. Não basta que façamos as nossas coisas nas praças nem que apareçamos ocasionalmente nos banheiros das mais respeitáveis casas da cidade (e noutras também). Com muito pesar nosso carregamos os nosso ídolos, e somos, como todos, filhos do nosso tempo." (Os ídolos eram, de fato, barulhentos e consensuais: Nietzsche, Deleuze, Duchamp e, menos previsivelmente,

O que vi

Pierre Pinoncelli – com o qual o grupo talvez tivesse as maiores dificuldades.)

A condescendência de administradores e galeristas poupou-lhes a cadeia em algumas ocasiões, mas também os induziu a ir mais longe. O grupo ganhou novos membros e começou a planejar intervenções que já não pudessem ser ignoradas. Foi então que Paula apareceu com a ideia de pintar de cores as colunas do Museu Nacional de Belas Artes, pela noite, de forma clandestina.

Lembro de ter escrito cartas preocupadas pelo que pudesse acontecer com ela e com as pessoas que a acompanhavam. Então Paula soube que estava grávida de Josefina e o projeto fico em suspenso, indefinidamente.

* * *

Os roedores também eram uma referência na obra de Greco. Em 1962, em Paris, propusera expor ratos numa espécie de aquário. A ideia era que vivessem apenas – que comessem, cagassem, dormissem, e que as pessoas pudessem vê-los através do vidro da vitrine. Greco planejara, inclusive, abastecer os ratos de *pães de formas maravilhosas* para que criassem labirintos fabulosos. Surpreendentemente, a ideia ganharia corpo, apesar de que a indignação do público e o mau cheiro levariam o dono da galeria a clausurar a exposição no dia seguinte à inauguração. Segundo parece, Greco conservou os ratos durante alguns dias, numa mala, dentro do armário, até conseguir um comprador.

Esse mesmo ano volta a aparecer com os ratos na *Bienal de Veneza*. Não fora convidado por ninguém. Pensava ler um manifesto e instalar-se nos corredores com a sua obra de arte viva. As testemunhas lembram que os ratos escaparam no preciso momento em que entrava no recinto a comitiva oficial, encabeçada pelo então presidente da república, Antonio Segni. O público fugiu despavorido, provocando um escândalo que levaria anos a apagar dos anais da exposição. Greco foi convidado a abandonar o país, mas não é certo que tenha obedecido de imediato, dado que alguns meses depois começam a aparecer umas curiosas inscrições nas paredes de Roma nas quais podia ler-se: "A pintura está acabada. Viva a arte *vivo-dito*".

28 de Julho, 11:55 hs.

Guiados por Amable, encaminhamo-nos à zona histórica da vila. Piedralaves mal mudou com o tempo. Cinquenta anos não são grande coisa para uma cidade. Mesmo para mim, que não estou familiarizado com as fotos de Monserrat Santamaría, é muito fácil reconhecer os lugares nos quais Greco fez as suas marcações: a casa das sacadas de madeira sob as quais Dona Maria, a mãe de Pepe, sustém um cartaz frente aos lençóis estendidos; a rua onde Juan, o dos bodes, subido de má vontade ao seu burro, deixa-se fotografar apesar de tudo; a esquina na qual, entre crianças e galinhas, Greco transporta um cartão recém pintado no qual está escrito: "Obra de arte assinalada por Alberto Greco".

Paula parece abstraída e mal escuta as explicações que Amable nos oferece sobre o destino das pessoas que participaram de tudo. Observa as cópias das fotografias que trouxe com ela e, como se deixasse flores numa tumba, vai depositando-as, uma a uma, nos lugares em que estas foram tomadas. Acompanho-a com a câmara, a certa distância, para não a incomodar. Vem de longe. O que fará a seguir? Não me custa mantê-la em foco, mais ou menos enquadrada, mas sou incapaz de imaginar o que possa estar passando pela sua cabeça. Só temos acesso à realidade através do que se oferece aos nossos sentidos. Posso vê-la mover-se com lentidão e delicadeza, avançando sem presas pelas ruas que conduzem à rua da igreja, manipulando com extremo cuidado as fotografias que coloca sobre as pedras, aprofundando o ardente silêncio do meio-dia, apenas fendido por uma ou outra observação de Amable, que agora se dirige a mim, evitando levantar muito a voz, pressentindo sem compreender a importância que esse ritual profano tem para Paula.

* * *

Apesar de que as pessoas que acompanharam de perto a Greco nos seus passeios *vivo-dito* pareciam participar do espírito aventureiro dessa arte fugaz, os diários da época viam nele uma oportunidade de exteriorizar a indignação de uma vaga moralidade ferida ante uma atitude crítica existencial que não eram capazes de compreender. Ao impressionante trabalho que Francisco Rivas publicou em 1991 devemos a conservação de algumas pérolas como esta: "Alberto Greco acaba de consagrar-se como *farsante oficial da arte* e especialista em alterar a ordem pública. Proclama-se inventor de um movimento pictórico: o *vivo-dito*, que consiste em não pintar nada e assinar telas em branco que recolhem as sensações que ele diz viver. O *vivo-dito*, além de ser um grande engano, é o nome do seu autor: *vivo*... Isso, um vivo é o que quer ser Alberto Greco".

Não sei se Greco queria ser alguma coisa. Encontrava-se de tal forma consagrado ao gozo do momento presente que parece improvável que fizesse muitos projetos. A ideia por detrás do *vivo-dito*, contudo, revela uma preocupação que remonta às suas primeiras obras, fazendo confluir num elementar círculo de giz todas as suas tentativas de fazer coincidir a arte e a vida.

Desde muito jovem interessa-se pelo existencialismo e encontra no informalismo uma forma de dar uma continuidade plástica a esse sentimento. Desenha sem descanso, muitas vezes sobre suportes que mal aguentam o passar do tempo, e costuma submeter as suas obras à intempérie, como o Klein das cosmografias, aceitando com naturalidade que os seus trabalhos se deteriorassem, desbotassem ou apodrecessem. A pintura interessava-lhe menos como obra que como modo de dar forma à existência.

Começar a pintar-se a si mesmo, colocar na rua os quadros expostos numa galeria, ou inclusive vestir ele próprio os quadros, à maneira de um *homem-sanduíche*, deve ter-lhe parecido uma extensão natural da sua forma de entender o que fazia. Não concebia que a arte tivesse algum sentido separada da vida, e talvez não fosse capaz de estabelecer de forma clara os limites que separavam a sua vida da sua arte. À medida que aprofunda as suas experiências, cada vez com mais insistência e com maior intensidade, esses dois termos diluem-se respondendo a um jogo sem regras que Greco não parecia capaz de controlar.

A sua obra gráfica (e não só) é um claro exemplo de que para ele não se aplicavam essas distinções. Os seus quadros não deixam de incorporar elementos do seu cotidiano (*Com que grana pago o whisky?*) e circunstâncias íntimas (*Querida amiga Eugenia*) ou familiares (*Mamãe*), enquanto que as suas cartas e os seus textos pessoais afetam um influxo permanente da ficção e uma forte tendência a estetizar situações e sentimentos, como se Greco fosse incapaz de experimentar o seu desejo – de pintar e de viver – sem expô-lo sobre as superfícies – nunca completamente brancas – sobre as quais exteriorizava a sua consciência.

Dessa perspectiva, o *vivo-dito* estava longe de ser uma piada, como denunciavam os seus críticos. Era, pelo contrário, a forma mais imediata que Greco encontrara de manifestar a profunda disposição poética sobre a qual se fundava o seu olhar.

* * *

Dito, de dedo. O *vivo-dito* é a arte de assinalar a vida com o dedo, como na frase: "O mundo era tão recente que muitas coisas careciam de nome, e para mencioná-las havia que assinalá-las com o dedo".

Buenos Aires, 29 de Maio de 2005

Já nasceu Josefina, E. O parto foi demorado e doloroso, mas no final tudo correu bem e estamos todos muito contentes e excitados, apesar de quase não dormirmos nas últimas semanas. Josefina é muito bonita e quase não chora – parece que sabe que quando me sento a desenhar me acompanha melhor ficando calada. Aprendi a fazê-lo com ela nos braços, até dando-lhe de mamar.

Recebi o seu artigo sobre Greco faz alguns meses, mas não consegui lê-lo até hoje. Em algumas passagens pude reconhecer em essência o que a sua obra significou para mim desde o primeiro momento; algo alegre e ao mesmo tempo violento, excessivo, como a viagem de metrô entre Sol e Lavapiés, uma espécie de impulso vital, que segue agitando-se dentro de mim, algo que nem sempre consigo pôr para fora.

A animação está parada por problemas com a câmara. Também o documentário, desde que se perderam as gravações das primeiras entrevistas. O tempo que exige tudo isso nem sempre está ao meu alcance e começo a pensar que talvez seja necessário que comece tudo de novo, sobre outras bases. Marina arranjou uma *Super 8* em bom estado e me propus sair a filmar algumas coisas em San Antonio de Areco; não uma reportagem, mas uma espécie de experiência sem roteiro, abandonando-nos ao que nos depare o puro acontecer e o contato direto com os elementos, como dizia Greco, tempo, gente, rumores, cheiros, lugares, situações – *a aventura do real!*

O que vi

Como estão as coisas em Lisboa? É certo que casaram em segredo? Virão visitar-nos alguma vez? Agora que você tem uma nova sobrinha não pode dar mais desculpas. Temos tantas coisas para conversar...

Espero que estas linhas lhe surpreendam na sua solidão e lhe devolvam a lembrança dos que lhe querem sem inferir-lhe o peso da melancolia.

Um abraço,
Paula.

28 de Julho, 13:25 hs.

No pátio da igreja. A nossa presença chamou a atenção de alguns vizinhos. Perguntam o que estava fazendo Paula e, uma vez a par, a maioria tem alguma coisa para contar. Chama a minha atenção que um número considerável de pessoas faça questão de recordar uns grandes medalhões que, segundo parece, Greco e Peter usavam naquele verão de 1963. Devia ser algo incrível, algo ao mesmo tempo risível e majestoso.

Nisso conhecemos Juan Manuel, que trabalha na renovação do edifício da igreja. Trata-se, explica Amable, de um dos rapazes que, como ele, seguiam Greco a todos os lados. Não tem dificuldade em reconhecer-se nas fotografias: é o menor de todos. Conta que naquela época não se passava nada na vila, e que não podiam acreditar nas coisas que fazia aquele cara, que ademais lhes permitia participar de tudo.

– Ignorava – diz – que se tratava de um artista sério.

– Greco considerava-se um artista tão sério – explica Paula – que não achava necessário parecer sério.

Depois pergunta-lhe se gostaria de ver algumas das coisas que fez enquanto esteve em Piedralaves, e tira o rolo da lata, que eu ajudo a desdobrar enquanto eles vão descobrindo as imagens uma a uma. Juan Manuel se emociona ao reconhecer alguns nomes familiares e não parece ter pressa em regressar ao trabalho: gosta do que vê.

Instintivamente, procuramos o reparo do jardim que dá para o vale. Ao sol não podia estar-se. Com a pressa, não considerámos o vento. O rolo o embolsou e agora revolve-se no ar como uma serpentina. Revezando-se, Amable e Juan Manuel ajudam Paula a devolvê-lo à quietude da lata, coisa que demanda um tempo considerável, porque se enrolou todo e é necessário endireitá-lo antes de enrolá-lo.

– Está vivo! – diz Juan Manuel.

Através do monitor da câmara (estive filmando toda a cena), noto que Paula sorri de forma quase imperceptível. Posso imaginar em que está pensando: tudo conspira, o círculo está a fechar-se.

* * *

Greco não via inconvenientes em que as coisas lhe saíssem do controle. Parecia desfrutar disso, inclusive. Na Itália, depois de ter protagonizado o escândalo dos ratos na *Bienal de Veneza*, reunira-se em Roma com Carmelo Bene e Giuseppe Lenti. Juntos, montam uma bizarra peça teatral – *Cristo 63* –, que estreia antes que chegassem a um acordo sobre o argumento.

Transvestidos em diversa medida e acompanhados por uma prostituta de luxo que interpretava Maria Magdalena, sobem ao cenário completamente bêbados, deixando de lado as escassas indicações cénicas que estabeleceram, o que provoca que a história degenere de imediato. Segundo parece, pouco depois de começar, Lenti tirara as calças e urinara alegremente do cenário sobre a plateia, suscitando a ira do público, com o qual os atores trocam insultos entre cena e cena. A polícia é mobilizada. O dono do teatro ligara pessoalmente. Em meio à confusão, em todo o caso, e num excesso de zelo para com a sua personagem, alguém teria tempo para atravessar com um prego um dos pés.

Evidentemente, é um fracasso, mas Greco está exultante. Dias depois escreveria a alguns amigos, queixando-se do público, que não subira ao cenário – o teriam matado! Anos mais tarde, Bene daria forma a um interessantíssimo teatro no qual as obras concluíam no momento em que as personagens ganhavam consistência sobre a cena (isto é, onde em geral começam). Greco não teria oportunidade de dar continuidade por conta própria à experiência, mas – como Bene – sonhara com um teatro que fosse uma aventura total. Não sei nada de Lenti.

Detidos *in situ*, os três foram parar a um hospital psiquiátrico, de onde, essa mesma noite, não se sabe como, conseguiram escapar.

* * *

O que vi

Ainda em 1963, Greco organiza uma viagem de metrô entre Sol e Lavapiés. Imprimiu convites especialmente para o evento. Mesmo que ninguém saiba muito bem de que se trata, a convocatória é um sucesso.

Hoje nada disso seria possível. Ao chegar a Lavapiés, são distribuídos baldes de pintura entre os assistentes e estende-se uma peça de tecido para lençóis no chão da estação. Todo o mundo pinta, desenha, escreve o que sente, participando com entusiasmo dessa improvisada obra coletiva. É uma verdadeira festa.

De repente, Greco, ou as pessoas, provavelmente as pessoas, decidem queimar tudo, acendendo uma enorme fogueira no meio da estação, e a gente dança em torno do fogo, oferecendo um espetáculo absurdo aos passageiros habituais do metrô que regressam às suas casas depois de uma jornada de trabalho.

Quando finalmente chegou a polícia, Greco recolheu o que sobrara e saiu correndo como um louco, jorrando pintura, todo sujo, com todas as pessoas atrás, temendo (e quiçá desejando ao mesmo tempo) que também o queimassem a ele.

Tal como no escândalo de Roma, os jornais documentaram abundantemente essa cena que, de outro modo, seria incrível. Nunca antes Greco se sentira tão feliz.

* * *

A arte tomou da vida essa inclinação para a desordem, que é signo de uma vontade que transborda largamente os limites da nossa consciência e as possibilidades da nossa individualidade. Se por vezes parece ser ao contrário, é porque temos domesticada a vida de tal forma que somente as provocações da arte conseguem nos surpreender. Porém, além das aparências, a vida continua estando fora do nosso controle. Negar-se a aceitar isso é condenar-se a um sofrimento desnecessário – sendo que a dor é inevitável.

Depois de Josefina, nasceu Julián. Paula dedicava a ambos todo o seu tempo com amor e generosidade. Durante alguns anos, praticamente deixara de pintar. Na mesma época, aproximadamente, eu deixara de sentir qualquer coisa.

Deixámos de nos escrever. Por vezes chegava-me alguma notícia dela através dos meus pais, mas falavam de coisas que não me diziam nada

– eram notícias de uma vida familiar que me era estranha e, em certa medida, indiferente. Nunca regressar me parecera tão longínquo, como se o último laço que mantivera com a minha antiga vida tivesse sido cortado para sempre.

28 de Julho, 14:40 hs.

Nos recolhemos sob as arcadas da praça onde se encontra o *Centro Cultural Municipal de Piedralaves*. Paula pede, como eu, gaspacho e um copo de vinho, mas antes que chegue à mesa põe-se de pé e se afasta de onde nos encontramos. Necessita estar a sós, dissera-me. Invento uma desculpa qualquer para Amable e desvio a conversa. A vila inteira o conhece. Uma após a outra, as pessoas se aproximam da nossa mesa para cumprimentar-nos e vão sentando-se conosco. Muitos são muito mais jovens que ele e, talvez, algo mais jovens que eu. Falam da campanha política e discutem, por momentos intensamente, sobre a melhor estratégia a seguir na conjuntura atual. Amable pertence à *Esquerda Unida*; os jovens que foram somando-se ao *Podemos*. Todos, ainda que com diversos graus de expectativa, esperam a mesma coisa: uma mudança. A discussão gira em torno da interpretação do que essa mudança poderia ser e chegar a significar.

Do outro lado da praça, sentada no degrau mais alto da entrada de uma velha moradia em ruínas, Paula abriu o seu caderno e está fazendo novamente os seus risquinhos, ausente e concentradíssima, como se se encontrasse noutro lugar e não aqui. A poucos metros dela deteve-se uma mulher, que a observa como se a estudasse para lhe fazer um retrato. Não é uma situação incômoda. Tudo parece muito natural. Então a mulher tira algo do seu bolso, se aproxima do lugar onde Paula está sentada e, com um traço único e contínuo, encerra-a num círculo de giz.

– É Mónica Martinez – me diz Amable, que também se distraiu da discussão e notou que eu olhava para outro lado –. É uma artista local, que nos ajudou na organização da exposição de 2013.

Paula saiu do seu ensimesmamento, e agora conversa animadamente com Mónica. Faço-lhes um gesto para que juntem a nós. Alguém pediu outra rodada para todos. Apesar do ar seco das serras, estou banhado de suor.

O que vi

* * *

Na arte, interpretar o mundo e mudar o mundo são formas indistinguíveis de um mesmo impulso elementar. Se falar de política na arte faz algum sentido, devemos começar por aí.

Interpretar não significa trazer à luz uma significação oculta nas coisas, mas apropriar-se das próprias coisas, arrancando-as aos circuitos do hábito, para pô-las a jogar outro jogo.

Greco era sensível a isso. Considerada em conjunto, a sua obra não nos ensina o que acontece, sem ensinar-nos, ao mesmo tempo, que ensinar é fazer acontecer. No *vivo-dito* confundem-se, de forma indiscernível, a apropriação e a produção, a interpretação e a mudança, porque, sem modificar materialmente nem os corpos nem os estados de coisas que assinala, modifica completamente as suas relações com tudo, atribuindo-lhes uma importância, um destaque ou uma visibilidade que não possuíam e que nada deixava prever.

* * *

Paula e Mónica uniram-se ao grupo. Explicam a todos o que estavam fazendo e surgem perguntas, que Paula responde com simplicidade e paixão. Escuto-a com a mesma atenção que os outros, como se fosse uma estranha para mim, outra pessoa que a que conheci quando vivíamos juntos – mais madura, mais complexa, mais interessante, por isso mesmo, também. Penso: não tivemos tempo de dizer nada.

Consulto o relógio. As pessoas começam a retirar-se para fazer a sesta.

– Espero todos vocês às sete na rua da igreja – diz Paula –. Apareçam!

Ninguém se escusa. É difícil dizer não a Paula. Dizem que aí estarão.

Virão?

28 de Julho, 16:05 hs.

De repente a vila entrou numa espécie de estado de suspensão. Amable propõe deixar-nos no balneário e pegar-nos mais tarde, depois da sesta. O lugar não mudou muito desde que Greco passou umas férias aqui. Ampliaram o bar e construíram alguns reforços nos lugares mais escarpados, mas a paisagem permanece inalterada. Nos refrescamos na piscina mais pequena, que se encontra na parte mais alta do balneário e, a seguir, nos deitamos ao sol para secar como as famosas sereias varadas, apesar de que seguramente não chamamos a atenção como na época de Greco.

    A luz faz ricochete na superfície da água e cria um efeito líquido sobre a parede de pedra que se levanta junto a nós. Paula fechou os olhos. Adormeceu, suponho. Não tenho ideia das horas a que terá chegado nem de onde. Sempre foi assim. O tempo não flui para ela: emana a golfadas. Planejou fazer num dia o que levaria meses para mim. Só por acompanhá-la hoje em sua aventura, amanhã vão doer-me todos os ossos. Voltarei exatamente ao mesmo lugar onde me encontrava?

    Fecho os olhos, reduzindo a luz ao ardor que produz sobre a minha pele. É como um túnel: estamos todos juntos, Paula, Martín, Luciana e eu, no fundo do pátio, deitados sobre as lajes, sob a meia-sombra da videira, adormecidos mas expectantes, prontos para incorporar-nos de imediato ao grito de qualquer um dos quatro e voltar a mergulhar na piscina, em que cada um tem o seu espaço pessoal meticulosamente delimitado, porque mal há lugar para todos.

— Lembra quando éramos crianças? – pergunto.

— Como se fosse ontem – diz, sem abrir os olhos, mas sem demora, como se tivesse estado esperando que fizesse uma pergunta (essa pergunta e não outra).

— O que foi da casa?

— Foi vendida, durante a crise.

— Não tem saudades?

— Por vezes. Dizem que essas coisas voltam com os filhos, mas não é verdade. As crianças que fomos não se parecem a nenhuma outra. É uma dessas coisas absolutas, que não admitem comparação.

— Quinze anos – digo.

— Você parece um velho, falando assim.

— Eh!

— Quinze anos, cinquenta anos... não passam todos juntos.

— De todos os modos, é tanto tempo...

O que vi

– Vamos enfrentando as coisas à medida que vão surgindo. Se você esquece isso, está ferrado.

28 de Julho, 17:30 hs.

Entrevista com Carlos Gonzalo, um artista local que parece ter colaborado com Greco durante a sua temporada em Piedralaves. Se mostra incômodo de que voltem a interrogá-lo sobre isso. Preferiria falar do que se encontra fazendo agora, o que é compreensível. O observo através do monitor da câmara, num plano fechado, no qual os seus gestos dão lugar a uma espécie de dança. Não escuto o que diz. Advertiram-nos que considera Greco um impostor e que reclama como própria a ideia do rolo, no qual procurámos sem sucesso rastros da sua intervenção. Ele alega que existem outros.

De fato, existem. Paula viu, em posse de colecionistas particulares que preferem não divulgar os seus nomes, fragmentos em formatos e materiais que não coincidem com os do rolo exposto no Reina Sofía.

Que importa, em todo o caso, que Carlos Gonzalo minta ou diga a verdade? Avança e retrocede sem sair do lugar, tornando muito difícil manter o seu rosto enquadrado, diluindo os contornos do documentário no fundo de lenda sobre o qual cintila a figura de Greco.

* * *

Mitómano por natureza, Greco também tinha a sua parte de farsante. Dominou e foi dominado pela arte da impostura. Essa caraterística torna problemática qualquer tentativa de aproximação à sua vida. Os testemunhos são tantos e tão diversos que desconcertam qualquer um.

Se vamos acreditar em tudo o que é dito, na sua primeira viagem à Europa desenha para Christian Dior, é descoberto por Audrey Hepburn e representa o papel de guru existencialista em *Funny Face*, abre um estúdio onde pratica a vidência e faz de médium, viaja por Itália, França, Espanha, Áustria, Suíça, Inglaterra, decora cabarés em Montmartre, estuda história da arte no Louvre, vende artesanato indígenas nas ruas, faz retratos nos cafés, frequenta o atelier de Ferdinand Léger e, por fim, várias vezes anuncia a sua morte, para estudar a reação que a notícia suscita nos seus amigos, como Tom Sawyer, para regressar a Buenos Aires em meio a uma fantástica campanha publicitária através da qual se autoproclama o maior pintor informalista da América – os cartazes, pagos por ele e por alguns dos seus amigos, dizem: "Greco: o maior pintor informalista de América" e "Greco, que grande és!".

A viagem à qual faço referência durou pouco mais de um ano. Houve outras mais longas – e Greco viajou muitas vezes à Europa, ao Brasil, aos Estados Unidos. Todas foram cunhadas do mesmo modo na memória.

A crítica esgotou todas as suas habilidades tentando determinar a parte de verdade e de falsidade de todas essas histórias. Alguns insistem que Greco era um pobre tipo, um louco que rondava a indecência. Outros tentam deixar de lado a sua biografia e asseguram que, como plástico, foi uma figura muito importante. Mais simples, mais fácil, mais razoável, quiçá, seria tentar identificar a lógica segundo a qual se conjugavam essas duas coisas na procura artística e existencial de Greco, porque se, por um lado, é obvio que Greco fez da sua vida uma constante posta em cena, não é menos certo que toda a sua obra está contaminada pela sua vida pessoal. Ou – como Hugo Tabachnik nos convida a fazer – compreender que, mesmo quando a sua mais autêntica e conseguida obra de arte foi a sua própria vida, trata-se de uma vida que se confunde com a lenda.

* * *

Por que convertemos por vezes certas pessoas em personagens de lenda? O que esperamos que possam oferecer-nos além do que puderam ter-nos dado em vida?

De Greco, Luís Felipe Noé disse: *era e continua a ser para nós um símbolo da liberação.*

Continuará a se-lo enquanto não encontremos outra forma de afirmar a liberdade a que soube dar-se, em tudo e para todos.

* * *

Quando Paula voltou a pintar, Geco estava novamente aí. A vida familiar penetrara até às regiões mais profundas da sua intimidade. Não podendo escapar a essa circunstância sem prejuízo para si mesma e para os que mais queria, decidiu fazer disso a matéria da sua obra.

Não era uma concessão resignada. Existia uma tensão nela que a pintura não era capaz de resolver. O mais pessoal tornara-se sem mediação algo essencialmente político, que explorou de todas as formas que estavam ao seu alcance: o humor, a ironia, a crítica. Como nos sonhos (como nos pesadelos), a domesticidade parece esconder uma velada ameaça nos seus trabalhos dessa época, na qual a vida faz explodir todas as coisas que tentam reduzi-la ao âmbito do privado. Paula voltara à grande rota.

Recomeçámos a escrever-nos. Não era possível retomá-lo de onde o deixáramos. Tudo mudara e nós também mudáramos. Tivemos que reaprender a encontrar-nos. Para ela não foi difícil. Eu tive mais dificuldades. Tenho ainda. Hoje, no balneário, fui incapaz de me fazer entender.

Lisboa, 26 de Junho de 2009

Fiquei muito feliz por receber a sua carta, Paula, que me encontrou preparando as malas para a viagem mais longa em muito tempo. As coisas em Lisboa chegaram a um ponto de estagnação. Este lugar, onde conheci a liberdade sob todas as suas formas, converteu-se numa prisão para mim, numa espécie de gaiola dourada, onde me permitem dispor do meu tempo *ad libitum* enquanto não levante a cabeça. Assim perdi alguns dos anos mais importantes da minha vida, os últimos, e não estou disposto a perder mais.

Em duas semanas partimos para os mares do sul. Apesar de ter que deixar muito mais coisas atrás do que eu, S. vem comigo. Não o duvidou um instante. Tem um espirito inato para a aventura, que em mim é muito fraco, obrigando-me a um constante esforço da vontade.

Enquanto arrumávamos as poucas coisas que juntamos com o tempo, nos lamentámos de nunca termos podido ter vocês por aqui, que conhecessem a nossa casa, que vissem como vivíamos, que fizessem parte disso. Dez anos, dez anos inteiros terão passado sem testemunho. Entristece-me pensar que, apesar das fotos, daqui a nada, será como se não houvessem sido.

Em todo o caso, se empreendemos a viagem é porque tem que ser, não vemos outra alternativa. Mesmo que ninguém nos acompanhe até o aeroporto para assegurar-se de que vamos embora, sentimos que nos estão expulsando daqui. Como nós, há milhares. O êxodo já é maior que o que teve lugar durante a ditadura salazarista – *que durou quarenta e oito anos!*

Não queremos que isso nos roube a alegria de seguir trabalhando e vivendo. Como Greco, viajamos com o sonho de encontrar, ou, melhor, de conquistar uma atmosfera diferente, um ambiente mais humano – e abrir as portas aos que vêm atrás, acabando com tudo o que é solene e sagrado, terminar de uma vez por todas com os figurões e muito menos jogar o jogo dos figurões, isto é, não se achar, não levar-se demasiado a sério, estar sempre no ponto de partida.

Não é incrível que Greco volte a aparecer sempre nos momentos mais importantes das nossas vidas? Alguma vez terminará o filme de que falámos tantas vezes? Terá tempo agora que está tão concentrada na pintura? Não é certo que finalmente virão visitar-nos agora que estaremos mais perto, com Ale e as crianças e tudo?

Não é necessário que responda a todas estas perguntas, que só são a maneira que tenho de expressar-lhe o contente que me põe que de novo nos encontremos no caminho. Digo que espero que tudo esteja bem consigo e com os seus.

O seu irmão, que sempre lhe tem presente,
E.

28 de Julho, 18:15 hs.

Vito Rosella Aguirre é neto de Dona Maura, a mulher que alugara o quarto a Peter durante a sua estadia em Piedralaves. A sua mãe era pintora e provavelmente esteve relacionada com a chegada de Greco à vila. Sendo criança, gostava muito de desenhar. Agora administra uma pequena gráfica da sua propriedade, na qual por vezes pode entregar-se ainda ao cuidado da cor, da que fala com uma paixão inesperada em alguém do seu ofício. De todas as pessoas que entrevistámos até agora, é a que parece ter-se conservado mais jovem. Quando Paula lhe pergunta se lembra de Greco, torna-se uma criança perante os nossos olhos. É uma transformação assombrosa, que nos deixa de imediato sem palavras.

Vito lembra de Greco melhor que ninguém. Todas as manhãs, depois de tomar o café, escapava-se da sua casa e atravessava a vila até à da sua avó. Com destreza inata, sigilosamente, galgava a fachada da velha casa familiar e penetrava pela janela do primeiro andar no quarto de Greco, que em geral dormia até muito tarde. Vito costumava levar sempre algo de comer e, enquanto Greco ganhava vida, contava-lhe as suas aventuras no colégio interno ao qual o enviaram os pais.

Os seus olhos embaçam enquanto nos conta essas coisas, que parecem ter para ele um valor que não é possível avaliar. Não sei se devo seguir filmando. Até agora não encontráramos ninguém que guardasse uma memória tão viva de Greco, tão íntima e intensa. Bebe um gole de água e assegura que podemos continuar.

Na rua, entre todas as crianças que acompanhavam Greco quando saía a fazer os seus *vivo-dito*, Vito desfrutava de um estatuto especial. Quando alguém transgredia essa tácita disposição, não tinha medo de enfrentar quem quer que fosse. A confiança era mútua; Greco não tinha inconvenientes em deixá-lo desenhar no interminável rolo que sempre carregava consigo.

Paula interrompe Vito. Interpela-o para que se explique melhor. Quer dizer que no rolo há, além das coisas de Greco, coisas dele? Vito diz que sim. Claro que não o lembra perfeitamente, mas está seguro de ter escrito muitas das suas aventuras no colégio interno e de ter feito desenhos – cenas de *Mortadelo e Salaminho*, caricaturas de personagens da vila, algum retrato do próprio Greco, inclusive – coisas das que Greco gostava muito e que dizia que eram o melhor do rolo, o que não era certo, mas que a ele lhe encantava que dissesse.

Paula tirou da sua mochila, sem interromper o relato de Vito, a lata que contém a cópia do rolo. Vito abre-a sem saber muito bem de que se trata. Sem dar-me conta, afastei-me um pouco, deixando-os sozinhos (e estão sozinhos), enquanto desdobram o rolo com cerimónia e emoção. Também apaguei a câmara. Mesmo que mais tarde me recrimine, Paula sabe que este momento pertence só a eles.

* * *

Na seção do rolo que se encontra exposta no museu, podem ver-se alguns dos desenhos de Vito, e inclusive ler-se algumas palavras das histórias que contava todas as manhãs a Greco. Na seção que se encontra do lado da vitrine que dá à entrada da sala, encontrei uma que começa mais ou menos assim: "Bem, vou continuar contando a minha vida...".

* * *

Paula ficou comovida pela história de Vito, a quem promete enviar uma cópia do rolo, porque através do rolo, junto a ela, isto é algo que Vito lhe confessou quando ficaram sozinhos, recobrou uma parte importante da sua infância, que acreditava perdida para sempre.

O convidamos a participar da intervenção que terá lugar em pouco mais de uma hora, mas entendemos que para ele toda essa história é demasiado íntima e que se sentiria quiçá fora de lugar.

Apesar de estarmos um pouco atrasados, Paula demora em despedir-se. Depois de tanto tempo encontrou finalmente alguém para quem Greco parece ser tão importante como para ela.

A vida é em geral uma série de desencontros até que nos desencontramos por fim até de nós mesmos, mas por vezes há encontros como este, que fazem com que tudo pareça ganhar um pouco de sentido.

28 de Julho, 19:05 hs.

Novamente sob os arcos do *Centro Cultural*. Concluímos as entrevistas e Paula repassa em silêncio as fotos que trouxe consigo. Não são muitas – *não há* muitas.

– O que é que escreve aí? – pergunta.
– O que vejo – digo.

Sorri e volta a concentrar-se nas fotografias. Por um instante senti que nos reconhecíamos como quando, ainda crianças, antes de fazer uma travessura, trocávamos um olhar de entendimento. Apesar de ter quarenta anos, apenas menos três do que eu, não consigo deixar de vê-la como se fosse uma menina.

– Tome – diz-me, e passa-me uma das fotografias –. Esta é para você.

* * *

Há, apinhados em torno ao rolo que desce, formando um arco, da janela aberta do quarto de Greco, um grupo de seis ou sete crianças, irrequietas, não imóveis, e em grande medida, por isso, fora de foco. Contemplam, à medida em que vai se desdobrando, imagens estranhas e quiçá indecifráveis para eles, mas não conseguem desviar a vista, alguns empurrando-se para não perder o lugar, outros colocando as mãos nos bolsos das calças, tentando fingir indiferença, acaso envergonhados de alguma coisa que viram, ou sentiram, ou apenas imaginaram. Adela Medrano e María José Magriñá, amigas de Monserrat Santamaría, que tomou a foto, acompanham a cena a alguns metros de distância e, segundo parece, respondem às interpelações das vizinhas que, escutando o alvoroço, saíram à rua para ver o que está acontecendo. Em primeiro plano, à esquerda, está Greco, que exibe um chamativo chapéu de palha, de aba grande, do tipo que se usava então para trabalhar no campo. Distraído por um instante de tudo o que tem lugar nas suas costas, sustenta o rolo na mão esquerda e, com a direita, o vai desdobrando, com a vista fixa numa cena que escapa ao nosso olhar, como se tivesse sido capturado em meio a algo, aquém ou além da pose, o que se diz *em vida*.

As casas denunciam a humildade dos que aí vivem e a distância insuperável que os separa de Madrid. De todos os modos, foi aí que as coisas aconteceram, perante o olhar dessas crianças que ainda hoje recordam ter formado parte de algo extraordinário – pequeno, e quiçá insignificante, mas extraordinário. Nesse lugar Greco viveu, talvez pela única vez em toda a sua vida com tranquilidade e plenitude, a autêntica expressão do seu desejo.

Foi apenas um instante na sua vida e, contudo, continua aí, perante os teus olhos, solicitando de ti que não deixes que fique por isso mesmo, que saias e prossigas, por tua conta e risco, a sua aventura, fazendo dela a tua própria história, para que possa ter algum sentido dizer *para sempre*.

* * *

Greco terminou com a sua vida no dia 14 de outubro de 1965. Segundo parece, sofrendo de uma crise depressiva, ingeriu um frasco inteiro de barbitúricos na casa de Jaime Camino, em Barcelona. Tinha apenas 34 anos.

Greco dizia que a pintura acaba sempre por vingar-se do pintor, mas não podia dizer isso com tristeza, nem com medo, nem com rancor. Assim como acompanhava o passo das pessoas na rua para capturar a vida no seu devir, acompanhou a sua até onde lhe foi possível. Só a nós, que sentimos a sua falta, é que isso pode parecer-nos insuficiente.

Sobre ele, Manuel Mujica Lainez escreveu: "Conservamos os testemunhos da sua arte violenta, da sua imaginação rica em surpresas, da sua luta por viver, por suportar os rigores de uma atmosfera na qual mal respirava".

As viagens, as deportações, os passeios, as fugas, foram as moções fundamentais da sua vida. Gostava de comparar-se a um caracol, sempre com a casa às costas, deixando um rastro efêmero pelos lugares por onde passava. Também costumava dizer que andar no sentido contrário ao que se deve ir era a única maneira de chegar a algum lado.

Era rápido como ninguém para isso, e frequentemente perdia a todos no caminho, mas depois regressava, com os olhos avermelhados e desorbitados, para contar, a quem quisesse ouvir, o que vira.

28 de Julho, 19:25 hs.

Preparamo-nos para a cerimônia do rolo. Paula está um pouco ansiosa com toda a situação e voltou aos seus risquinhos, que agora faz com um bocado de tijolo que encontrou na praça. Amável está esgotado e cala-se pela primeira vez em todo o dia. A mim preocupa-me que as pessoas não respondam, que nos encontremos sozinhos, sem saber o que fazer, no meio da rua.

Deixo-os e vou dar uma volta pela vila, lembrando a todos que, em dez minutos, os esperamos onde era a casa de Dona Maura. Poucos passos depois, encontro Juan Manuel, que toma ar na rua com toda a sua família. Apresenta-me a sua avó, que aparece em algumas das fotos de Greco em Piedralaves, sustentando uma das placas. A festejamos entre todos e lhe perguntamos se lembra das suas aventuras, mas tem dificuldade em entender o que dizemos – já é muito idosa – e acaba por confundir-me com um dos sobrinhos, que está longe.

Fiz o que estava ao meu alcance. Regresso já em cima da hora. Paula está preparada, pronta para fazer o que veio fazer. Aos que lhe perguntavam o que é o estilo, Cortázar dizia: "Sabem o que é o estilo? Você está aí e, quando há que fazer uma coisa, vai e a faz".

Vamos.

* * *

O que vi

Como se constrói uma casa com um só tijolo?
Bem, como todas. Do princípio.

28 de Julho, 19:45 hs.

Vieram todos. Como pode ser? Estão Amable, Mónica, Juan Manuel, Soledad, Julia, Antonio, Santiago, Gotka, Blanca, Chus, Rodrigo, Camilo, Emma, Mayu, Daniel, Silvia, Clara, Ana, Menchu, Lucía, Pedro, Jordi, Roser, Ana, Nieves, Susana. Trouxeram os seus filhos e netos, endomingados e cheirosos como se fossem à missa.
Mal tenho tempo para montar a câmara, e as pessoas já tiraram o rolo das mãos de Paula e começam a estendê-lo numa cerimônia sem formalidade mas cheia de cuidado e delicadeza, de consideração e ternura, que vai contagiando a todos de uma alegria sem motivo. É tudo muito rápido e ao mesmo tempo parece durar uma eternidade. A rua da igreja revela-se insuficiente, é necessário dar a volta à esquina, subir umas pequenas escadas, para que por fim o rolo se encontre totalmente exposto. Enquanto alguns se encarregam de que o vento não o leve, o resto percorre a sós ou em pequenos grupos, como em procissão, as distintas estações do rolo, celebrando um achado aqui, lendo em voz alta uma passagem divertida lá, e depois vão sentar-se onde Paula escreve agora palavras que trouxe dentro de si durante quinze anos – quinze anos é muito tempo, entram tantas coisas em quinze anos, torna-se tão grande a distância em quinze anos! –, com um bocado de giz, sobre a pedra.

* * *

Faz alguns anos, numa carta, Paula contava-me que um dos seus mestres, isto é, uma dessas pessoas com as que aprendemos mais do que alguém é capaz de nos ensinar, dissera-lhe uma vez que para voltar a sentir a pintura com intensidade, para que na pintura voltassem a coincidir a arte e a vida, que é o que alguém sente quando, do nada, sem compreender porquê, decide que o que quer fazer é pintar, tinha que consagrar-se a uma busca sem a qual nem a arte nem a vida, nem muito menos a pintura, têm sentido algum: a busca do instante primeiro.
Não é uma busca fácil, essa, porque apesar de ser fácil reconhecer nas nossas vidas muitos momentos decisivos, o instante primeiro, esse no

qual se joga a possibilidade de que a nossa liberdade se converta num destino, é por definição rebelde e elusivo. Cada vez que nos encontramos a ponto de identificar o instante primeiro, acontece que não se trata senão de mais um momento decisivo.

Não sei se hoje Paula esteve perto de atingi-lo. Quiçá o instante primeiro sempre se encontre por vir e só tenha sentido pela busca à qual nos instiga. Mas se de algo estou seguro, é disto: seja como for, o que aconteceu hoje em Piedralaves, junto a ela, me acompanhará durante muito tempo, como o brilho persistente de uma epifania.

San Lorenzo de El Escorial, 24 de Julho de 2015

Poderá imaginar a minha surpresa, E., quando, depois de esperar em vão a sua resposta à minha última carta, na qual lhe pedia algumas coisas importantes, soube através de S. que não estava no Brasil, que está há meses em Espanha, onde por um acaso me encontro há dez dias, tentando fechar de uma vez por todas a minha história com Greco. O que está fazendo você em Madrid? Por que não está com S.? O que lhe aconteceu?

Seja como seja, temos que ver-nos de alguma maneira. Tenho uma agenda muito apertada e não posso regressar a Madrid, mas quiçá poderíamos encontrar-nos em Piedralaves, *Capital Internacional do Grequismo*, na próxima terça, e já que está poderia ajudar-me com a câmara, porque estou sozinha e me é muito complicado por vezes filmar as entrevistas.

Não diga que não pode. Devemos-nos isso. Pode se fazer uma ideia do difícil que foi para mim chegar aqui. Para você é só um passo. Vou estar esperando por você na rodoviária a primeira hora da manhã. Tenho tantas coisas para contar-lhe!

Espero que estas palavras lhe alcancem a tempo.
Paula.

28 de Julho, 21:35 hs.

Com algum esforço, alcanço o último ônibus para Madrid. Quase não tivemos tempo de conversar e, contudo, fazia anos – quinze anos! – que não nos sentíamos tão perto.

O que vi

– Vemo-nos logo, não? – diz Paula.

A abraço como se não fosse voltar a vê-la nunca mais, mas digo que sim. Que outra coisa poderia fazer? O motorista pergunta de maus modos se vou subir ou não.

– O meu já deve estar chegando – diz Paula –. Vai. Você está cansado.

Tem razão. Enquanto subo, contra os meus temores de ser novamente dominado pela melancolia, adormeço de imediato.

Sonho com grandes fogueiras iluminando a noite, em que ardem, sem consumir-se, todas as imagens da arte, da fotografia e da literatura, da pintura e do cinema, cobrindo o mundo de um fumo denso e áspero, que gira em redemoinhos sobre as cabeças das pessoas e dissolve os perfis das coisas numa névoa da que parecera poder surgir *qualquer coisa*. Lentamente vai descendo sobre mim, até envolver-me por completo, mas o fumo não me afoga – nele, pelo contrário, respiro com maior facilidade.

* * *

"O do metrô foi alucinante e terminou com fogo e tudo, apesar de que alguns não entenderam nada. Os melhores momentos foram a gigantesca tela pintada com o *vivo-dito*, logo recolhida como um rolo com todos os paus e os potes de pintura e correndo como louco, com isso, jorrando tinta e correndo pelas ruas. Depois a gente correndo para trás, delirante. No final queriam juntar-me a mim também à queima do cadáver. Quando todo o fogo acabou, escrevi sobre um pedaço de tela sem queimar: *o vivo-dito são vocês, o vivo-dito somos nós, o vivo-dito é isto*. Assinei-os todos juntos, traçando um círculo em volta. Assinei a aglomeração e fui embora."

QUARTA PARTE

Tampouco olharás pelos meus olhos,
nem aceitarás o que te digo.

Walt Whitman

O que vi

3 de Agosto

É necessário ter em conta a resistência da matéria em ordem a dar forma a qualquer coisa (uma casa, uma obra de arte, uma sociedade). O oleiro sabe que o barro é maleável, mas que tem os seus limites, além dos quais cede, racha e, em última instância, quebra. Mesmo o sonhador diurno conhece os limites da imaginação, que são os seus próprios limites.

5 de Agosto

Levou-me vários dias a processar o que aconteceu em Piedralaves. Não foi mais um experimento intelectual. Tampouco apenas um almejado reencontro familiar. Foi a prova de que voltei a ser capaz de sentir as coisas com paixão. Quiçá não tenha sabido expressá-lo da forma mais adequada, mas vivi-o intensamente, sem reservas. Penso que talvez me encontre pronto para dar o próximo passo: ir ao encontro do mundo e dos outros.
Isso não significa abandonar o hábito dos livros e das imagens da arte. A minha experiência é mais rica por elas e nelas. Não lhe devo, acaso, a minha recuperação? Jamais me aproximei dessas coisas porque estivesse entediado. Tampouco com o objeto de distrair-me. Não são para mim um sucedâneo da vida. Pelo contrário, conduzem-me à vida, da qual são uma parte importante, substancial.
Assim como algumas pessoas tomam anfetaminas para conquistar um estado generalizado de excitação, eu leio; assim como algumas pessoas tomam alucinógenos procurando uma abertura das portas da percepção, frequento os museus e os cinemas. Me encerrariam se contasse com luxo de detalhes os transportes que me deparam algumas experiências.
De todos os modos, chegou a hora de que volte a comprometer-me com a vida, no sentido que isso tem para todos – sair da minha cabeça, deixar de ser apenas uma superfície sensível, interagir com o que me rodeia.

8 de Agosto

Bloqueado.
Apesar de que procurei entendê-lo de outra forma, não me é possível negá-lo mais e na verdade não sei muito bem como proceder a partir daqui. Durante as duas últimas semanas releguei para segundo plano

a observação, a reflexão e a escrita, dedicando quase todo o meu tempo à vida mundana. Não funcionou como esperava. O que ganhei em sensibilidade, pareço tê-lo perdido em competência social. Se decido contar uma anedota, ninguém acha graça ou, pior, se ofende. Se me deixo levar pela conversa, acabo sempre estendendo-me demais e dizendo coisas fora de lugar.

Isto não é algo insignificante, porque perdi anos dominando a minha timidez e aperfeiçoando-me na arte da conversação, na qual cheguei a sentir-me à vontade inclusive em reuniões multitudinárias e ante desconhecidos. Podia passar uma noite inteira falando das coisas mais diversas e disparatadas sem perder nem por um segundo a atenção de todos e de cada um dos que partilhavam comigo uma mesa. Porque era bom, agora sofro mais com a privação. Talvez não fosse o melhor de mim, mas era um dos lugares onde mais gostava de reconhecer-me – e era, certamente, onde os demais me reconheciam.

Não deixo de pensar no patético destino de Bianco, o decadente mentalista de *A ocasião*, quem, à medida que prospera economicamente, vai perdendo as suas habilidades telepáticas. Comigo as coisas parecem acontecer ao contrário, mas têm o mesmo sentido: à medida que recupero a minha potência para sentir, diminui o meu poder para interagir. E a questão é que não sei se o que ganhei tem o mesmo valor, ou um valor similar pelo menos, daquilo a que resignei por isto.

* * *

S. diria que só nos atrevendo a perder-nos iremos encontrar-nos, alguma vez, mudados – mais experimentados, mais maduros, mais ricos. Mas também a perdi a ela, não é verdade?
– Não!
– Não?
– Não.

9 de Agosto

Isolamo-nos do mundo para olhar dentro de nós, mas dentro de nós só podemos reencontrar o mundo, o mundo inteiro, tal como se reflete e refrata em nós, acolhido e elaborado por nós, desde o primeiro dia das nossas vidas.

Detrás do mundo, não há nada.

10 de Agosto

Primeiro, comprometer-me a viver. Depois, ver o mundo tal como é. Posso confiar em que possuo, como todos, uma disposição natural para isso, e que não devo temer que os meus sentidos me enganem.

* * *

O problema não são os sentidos, mas o modo em que o que se me oferece através deles se processa na minha cabeça, que tem uma notória inclinação a dar saltos absurdos e gosta de voar no vazio como os pombos transcendentais de Kant. Não são coisas que cresçam ao mesmo ritmo, a mente e os sentidos: enquanto a primeira amadurece, os segundos envelhecem.

Ainda há alguns anos atrás eu tinha uma vista perfeita, vinte por vinte, mas servia-me de pouco, fora evitar que batesse contra as coisas. Lendo, saltavam-me frequentemente palavras fundamentais para a intelecção dos textos e tendia a interpolar frases inteiras, que muitas vezes modificavam profundamente o sentido geral do texto. Ainda hoje me acontece regressar sobre livros que li há muito tempo atrás à procura de passagens que nunca estiveram aí. Também a confundir os rostos mais comuns – o de Matt Damon com o de Mark Wahlberg, o de William Hurt com o de Jeff Daniels, o de Kurt Russell com o de Patrick Swayze.

Com os atores é algo que se pode chegar a entender, porque as pessoas são únicas, mas as personagens repetem-se. Mas quando vivia em Lisboa essa anomalia chegou a adquirir em mim proporções preocupantes. Havia uma mulher que costumava tomar o ônibus na paragem da Av. Dom Carlos I, precisamente em frente à paragem onde o eu fazia todos os dias, que era (ou me parecia ser) idêntica a Luciana Rocchietti, de quem sou amigo há mais de vinte anos. A questão é que Luciana não vivia em Lisboa, mas no sul da província de Buenos Aires, na Argentina. Isso pode acontecer a qualquer um, uma vez, mas a mim acontecia-me diariamente. Alguém a quem comentara o caso dissera-me que todos temos um duplo exato em algum lugar. Não consegui convencer-me. Poderia ter-se mudado

Luciana para Lisboa e não me dizer nada? (Poderia tê-lo feito eu, coisa que não ajudava senão a aprofundar o mistério.) Várias vezes estive a ponto de atravessar a rua para interpelá-la ou abraçá-la, tão semelhate me parecía. Como ignorava qual poderia ser o desfecho de um ato dessa ordem, demorava-me em considerações contraditórias até que desaparecia ela ou desaparecia eu. Por fim, um dia, atravessei a rua perigosamente no último instante e subi ao mesmo ônibus a que ela acabara de subir. Sentei-me num dos primeiros lugares, orientado para trás, de onde podia observá-la com naturalidade, sem chamar a atenção. A semelhança era exata, mas os nossos olhares cruzaram-se em duas ocasiões e não houve nenhum sinal de reconhecimento. Resignei-me. Essa mesma noite procurei o seu número entre os meus papéis e liguei para contar-lhe o que me acontecia. Disse-me que estava louco, mas que se alegrava que a tivesse presente. Também prometeu que qualquer dia se escaparia a Lisboa e me faria uma surpresa. O fez ainda em várias ocasiões, invariavelmente no mesmo lugar, cada vez mais parecida a si mesma.

      Essas anedotas podem parecer engraçadas, mas possuem um significado importante para mim. Tanto para o reconhecimento dos rostos como para o da escrita existem no nosso cérebro zonas altamente especializadas. As minhas competências para ver e apreciar podem estar condicionadas, mas as aventuras que conduz o meu olhar não são menos ricas por isso.

* * *

      Hoje pensei ver a S. num bar da *Rua de las Huertas*. Não tive oportunidade de observá-la, foi antes uma espécie de sensação periférica, que me assaltou ao deixar o lugar e que demorei alguns minutos em processar. Quando finalmente ganhou definição na minha consciência, voltei sobre os meus passos e a procurei entre as mesas, mas não estava. Sentei-me novamente onde me encontrava antes e pedi outra cerveja. A bebi demoradamente, alentando o pensamento mágico de que, se a esperasse com suficiente intensidade, S. acabaria por aparecer.

      Faz-me falta.

O que vi

13 de Agosto

Madrid é muito seco. Inesperadamente, isso devolveu-me o som e a sensação da terra pedregosa sob os pés. Por vezes saio dos passeios, isto é algo que poderia tentar qualquer um, não importa quem, só para experimentar essa impressão elementar, que é capaz de arrepiar-me.
Também atribuo à sequidão da atmosfera o fato de ter voltado a sentir o cheiro da tinta antes de penetrar o papel. Tem a intensidade do álcool e pode chegar a embriagar-te da mesma maneira.
Outras sensações recuperadas: as lentas modulações das luz quando a noite desce sobre as ruas do centro (em Natal, a noite *cai*, literalmente), a escansão do tempo em estações bem diferenciadas, a orientação instintiva numa cidade que é possível atravessar a pé.

14 de Agosto

Saio de casa ao fim da tarde, quando começa a descer a temperatura, que é agoniante durante o dia, e não regresso até à madrugada seguinte. Evito passar sozinho muito tempo e não levo cadernos comigo para evitar a tentação de escrever. Alterno as conversações casuais com os encontros marcados com os amigos que negligenciei durante os últimos meses. Ontem fiz a mesma coisa, e anteontem também.
Monotonia.

17 de Agosto

Uma frase musical, um verso, uma pintura, além de constituir artifícios estéticos, são o resultado de uma condensação extraordinária de sensações e ideias, de tudo o que pode suscitar numa pessoa aquilo que a afeta no mundo. Não é incompreensível, portanto, que a excitação que nos produzem seja muito mais intensa do que a que podemos encontrar na experiência cotidiana.

19 de Agosto

Tive este sonho.
Me encontrava conversando numa mesa com conhecidos, alguns dos quais faz anos que não vejo, quando mencionava o nome de um amigo

ausente. Então todos me advertiam que tivesse cuidado ao referir-me a ele, e assinalavam um pequeno prato de vidro onde havia uma porção de polvo à vinagrete – na realidade já quase não restava nada, era praticamente tudo cebola, pimentão e coentro, com um insignificante bocadinho de polvo no meio. Compreendia de imediato que *estava aí*, que esse era o amigo ao que me referira um minuto antes, sob uma forma inexplicável e de alguma maneira inadmissível. Não era apenas uma representação, uma metáfora. Podia sentir a sua presença, isso era muito real no sonho. Nervoso, tentava mudar de tema e falar de outra coisa quando, sem querer, deixava cair da minha boca, no pratinho, um pequeno bocado de polvo que mastigava. Duvidava entre deixá-lo aí sem que ninguém o advertisse ou voltar a pegá-lo, furtivamente, mas ao mesmo tempo entendia que esse bocado pertencia agora ao meu amigo, a quem não sabia se dirigia-lhe a palavra ou levava-o à boca. No final, ele retomava o fio da conversa e toda a situação parecia voltar à normalidade.

Acordei no meio da noite com a sensação de ter sonhado algo extraordinário. Agora, enquanto escrevo o pouco que me lembro, parece-me apenas absurdo.

20 de Agosto

Passo o dia na biblioteca. Ao regressar para casa encontro um envelope na caixa do correio. Não tem remetente nem selos. Abro-o enquanto volto a sair à rua e olho para os lados. Dentro há um guardanapo e no guardanapo um pequeno desenho a tinta azul. Trata-se de um homem debruçado sobre o balcão de um bar, a cabeça apoiada num dos braços, os dedos entrelaçados no cabelo, olhando através de uma das janelas. Frente ao homem há dois vasos vazios. Uma maltratada samambaia cai atrás de si. Esse homem sou eu, ontem, pela noite, perguntando-me o que estou fazendo em Madrid. Coloco-me muito essa pergunta. Não apenas aqui.

O desenho, não duvido disso um instante, é de S. Levanto a cabeça instintivamente, apesar de entender que é absurdo. Esteve frente a mim e fui incapaz de vê-la. Continuo estando cego para tudo o que importa. Quantas vezes se aproximara de mim em vão durante os últimos meses? Quantas vezes a terei ignorado?

Invade-me uma enorme tristeza. Não deixou o desenho para chamar-me a atenção, deixou-o para despedir-se. Para voltar a vê-la, terei que ser eu quem saia a procurá-la. Antes, claro, devo voltar a ver. Se tentasse fazê-lo agora, não serviria de nada.

Volto a entrar no prédio. Não há encontros prodigiosos nessa história. Sem olhar para ele, devolvo o guardanapo ao envelope e, já acima, em casa, o coloco contra a janela do corredor. Pela manhã, exposto à luz do sol, a fraca clausura do papel deixará transparecer as linhas do desenho e serei obrigado a confrontar-me novamente com o meu reflexo. Devo admitir que está bastante bom. S. me conhece como a palma da sua mão.

Apenas lamento uma pequena vacilação no traço, de resto sempre firme, sobre a curva dos olhos; uma linha pesada, excessiva, que perturba o equilíbrio total do rosto, dando ao olhar uma expressão desencaixada, perdida, como de louco.

21 de Agosto

Gosta das árvores? Também eu. Da mesma forma, tanto como das árvores, gosto de histórias. Poderia parecer que tenho alguma preferência, mas nada seria menos certo. São em mim duas formas de uma paixão comum. Escutar ou ler uma história sob a sombra de uma árvore é para mim a imagem mais perfeita do paraíso – da vida sobre a terra.

Da mesma forma que as árvores, de longe, todas as histórias se parecem, mas não há duas que sejam iguais. Ontem pela noite, depois de ler um dos relatos de Saul Bellow – aquele em que o filho trava uma luta com o pai tentando que devolva uma travessa de prata que roubou da casa de uma mulher a quem foram pedir dinheiro, e acaba, anos mais tarde, na cama de um hospital, com o filho lutando novamente com o pai para evitar que arranque as sondas, num abraço desesperado, incapaz de retê-lo da morte –, fiquei a pensar nisso, na absoluta singularidade de cada história, quando é contada com esmero e sinceridade. Da mesma forma que as árvores, cada história é única. Não me canso nunca de escutá-las. São aquilo de que os homens estamos feitos.

Chegará um momento – quiçá, lamentavelmente, esse momento esteja próximo – em que já não restarão bosques sobre a superfície da terra. Não me passa desapercebido que, à medida que as bibliotecas crescem de forma exponencial, diminuem os bosques, ainda que já não seja essencial o papel para produzir livros. Mas quando tenha desaparecido a última árvore ainda existirão – pelo menos durante algum tempo – bosques de histórias.

Porém, sendo uma paisagem desoladora a que projeto, não acho que tudo esteja perdido enquanto os homens continuem a contar histórias, incluindo histórias sobre o último bosque ou a última árvore – como a que Calvino teceu sobre os bosques de Ombrosa, sem deixar mais do que uma única vez as copas das árvores, quando por engano subiu aos cornos de um veado; ou como a que Conti dedicou a um choupo-branco antes de que o tragasse a ditadura.

Hoje sabemos que as sementes possuem uma espantosa capacidade de latência, o que lhes permite superar longos períodos de condições adversas, transportando a vida, literalmente, de um lugar para o outro, atravessando verdadeiros desertos espaciais e temporais. As histórias partilham também isso com as árvores; o que late nelas é o ser humano, ainda que a humanidade pareça apagar-se na história, assolada por forças inumanas que muitas vezes a própria humanidade desencadeou – aguarda o momento que se apresentem as condições para voltar a germinar.

* * *

"Ameixoeira da minha porta,
Se eu não voltasse,
A primavera sempre
Voltará. Tu, floresce."

22 de Agosto

Mesmo que muitas vezes possam vir a contrariá-las, as imagens não são o oposto das histórias. Para Husserl, a fenomenologia – essa reflexão que, idealmente, se reduziria a ver as coisas em si mesmas – dependia do que ele denominava a *ficcionalização da experiência*. Com isso queria dizer que o mundo só se nos oferece em imagem, abrindo-se a uma contemplação livre de constrições e interesses, quando pomos em variação a nossa experiência para além dos pressupostos e das ideias pelas quais se rege cotidianamente.

A famosa redução fenomenológica tem a forma de uma história: fazemos *como se* não fossemos os indivíduos que somos, *como se* carecêssemos de qualquer interesse particular. Husserl diria quiçá que, enquanto espectadores, deixamos de lado o sujeito empírico que somos e damos lugar à emergência do sujeito transcendental que esse eu empírico pressupõe. Então, nos convertemos numa espécie de olhar puro, que observa, mas não participa daquilo que observa (só pensa), que contempla o mundo como fenómeno (só aparece).

Contar histórias é uma forma de interrogar a realidade, de refletir sobre o que se dá aos nossos sentidos e estabelecer nexos onde não existia nexo algum, pondo em jogo (questionando) as assunções que pesam sobre a nossa atitude natural com relação ao mundo, as formas costumeiras nas que vemos e pensamos. A realidade, essa, responde por imagens.

* * *

Ao mesmo tempo, se colocarmos duas imagens juntas, temos o germe de uma história. Win Wenders defende essa hipótese em *Der Stand der Dinge* (O Estado das coisas), à que alguns anos mais tarde lhe dedicará todo um filme – *Lisbon* story (O Céu de Lisboa) –, em que o seu protagonista tenta convencer um realizador, que parece ter-se extraviado, de que é necessário voltar a confiar na velha máquina de filmar.

23 de Agosto

Se vou retomar a minha vida, terei que fazê-lo de outra forma. Hoje voltei ao museu. Fi-lo procurando uma vivência do mundo que não encontro nas ruas. Posso cansar as ruas sem sair da minha cabeça – de fato, mesmo andando atento, tenho dificuldade em resgatar do fluxo da minha experiência as coisas mais simples. Isto é assim porque continua havendo algo errado em mim ou porque o mundo se abisma na banalidade?

* * *

Hegel dizia que o destino é apenas a consciência de si, mas considerada como se se tratasse de um inimigo. É estranho ver-nos dessa forma: escapando de nós próprios, fora do nosso controle.

24 de Agosto

Detenho-me num dos espaços que o museu dedica ao cinema. Não é o lugar mais adequado para ver um filme, mas lá fora está calor e há poucos lugares onde possa descansar no museu sem chamar a atenção.

Além do mais, conheço bem as imagens: as formigas transformam-se nos pêlos da axila de uma mulher estendida sobre a areia, os pêlos da axila num ouriço, as roupas revelam o secreto a vozes da carne. Trata-se do primeiro filme de Luis Buñuel. Passa em *loop*, sem interrupções. Fico até que começa de novo para poder ver a primeira cena. Foi realizada com um olho de bezerro que Dalí comprara no mercado; apesar de lhe aplicarem rímel, notava-se que era o olho de uma vaca. Buñuel contava com que, sendo a cena tão forte, o público não o notara.

* * *

Salvador Dalí: Tive um sonho muito estranho: tinha um buraco na minha mão e dele saíam quantidades enormes de formigas.
Luis Buñuel: Pois eu também sonhei uma coisa muito estranha. Sonhei com a minha mãe e com a lua e com uma nuvem que atravessava a lua, e depois queriam cortar um olho da minha mãe, e ela recuava.

* * *

  Na biblioteca, consulto os livros dedicados a Buñuel. Pensava que iria encontrar mais. Entre todos, chama a minha atenção a biografia que começara a escrever Max Aub, a pedido da Editorial Aguilar, e que a morte impediu de concluir (apesar de que, curiosamente, chegou a escrever o epílogo).
  É interessante, porque Aub tinha sérias diferenças com relação a Buñuel – muitas coisas os separavam, inclusive quando ambos conheceram o exílio e chegaram a colaborar em várias ocasiões. Não são velhos amigos. Apenas se vêm muito esporadicamente. De todos os modos, Aub aceita o encargo e deixa que seja Buñuel quem tome a palavra.
  Entre as últimas coisas que escreveu, está esta: "Quando os homens arriscam a vida costuma ser pela verdade, mas a verdade muda como a luz. Talvez o que mais falte aos nossos olhos seja a piedade". O seu livro não procura canonizar o artista que foi Buñuel, apenas lançar um olhar humano sobre o homem por detrás da obra.
  Vai-se me a tarde.

O que vi

25 de Agosto

Reformulo o meu compromisso: estar presente de forma plena em todo o que faça, pense ou sinta.
(Evidentemente, não digo isto sem algumas reservas.)

26 de Agosto

Os românticos procuravam a inspiração nos cumes das montanhas mais altas – pelo menos das mais altas que eram capazes de remontar, dadas as péssimas condições de saúde que em geral suportavam. Os modernistas, nos cafés de Paris ou na costa mediterrânea, de acordo ao que lhes permitisse em cada caso a situação financeira. Ignoro se hoje existem ainda lugares comuns onde as pessoas se dirijam à procura de inspiração – a inspiração continua a ser um valor na nossa época? Não foi totalmente sepultada pelas tendências do mercado?
Quanto a mim, devolvido por vontade própria – ou por fragilidade de caráter – à clausura da biblioteca e às previsíveis rotas do museu, procuro o valor da vida onde, da vida, só se dá o reflexo – em todo o caso, de formas mais ou menos intensas. Sou solitário, mas não tão solitário como para acreditar que só na natureza possa encontrar refúgio. Entre todas as ilusões, escolhi sempre as da arte e da filosofia. Pode parecer que assim me isolo mais, mas na verdade vou ao encontro dos outros, não sob as formas estabelecidas e homogeneizadas que esgotam isso que a nossa época denomina *relações sociais*, mas de uma maneira mais livre, aberta, não pautada. Aí a minha solidão reconhece a solidão dos outros e, por vezes, entrevê as figuras possíveis de uma comunidade que não me repele – pelo contrário, põe-me a sonhar.

28 de Agosto

Regresso à sala onde passa *Um cão andaluz*. Na sala contígua, ou quase contígua, exibe-se *Os esquecidos*, mas esse não é um filme que possa ser verdadeiramente apreciado num lugar assim (proponho-me, sim, vê-lo na Filmoteca quando tenha oportunidade). Este está bem assim, funciona.
Antes de *Um cão andaluz*, Buñuel considerara aceitar um encargo para realizar um filme sobre Goya, por ocasião do centenário da morte do pintor, o que é difícil de acreditar, dado que não contava com experiência

alguma – estivera em Paris tentando aprender o ofício junto a Jean Epstein, mas a coisa não funcionara (quiçá terminou bastante mal). Também trabalhara intensamente numa ideia para o seu primeiro filme, que planejava montar como um jornal diário, com todas as suas seções: as notícias, os editoriais, as necrológicas, tudo a partir de alguns textos de Ramón Gómez de la Serna – o filme se chamaria *O mundo por dez centavos*, o que custava um jornal naquela época. O primeiro projeto caiu por conta própria, o segundo em virtude do encontro onírico entre Buñuel e Dalí.

A mulher de cabelo curto, rodeada pelo círculo de curiosos, mexe com a ponta de um pau a mão que encontrou na rua. Apesar de tratar-se claramente de um objeto de cutilaria, quiçá o mesmo que Buñuel mandara construir em madeira para a cena das formigas, durante muito tempo circulou a lenda de que se tratava de uma mão real, que Dalí haveria conseguido, pagando a um mendigo uma soma ridícula para que a cortasse.

Agora a mulher ficou sozinha. Os carros passam ao seu lado perigosamente. É a cena que mais me angustia ver. Deixo a sala.

30 de Agosto

Nabokov afirmava que os homens inventaram os museus, entre outras tantas coisas, só para escapar da vertigem do desconhecido. Curiosamente, nos seus contos os museus costumam deparar experiências abismais.

Em *A visita ao museu*, um homem que se dispõe a passar alguns dias em Montisert recebe a solicitação de um amigo para visitar o museu local e averiguar se aí se encontra um retrato do seu avô pintado por Louis Leroy. Mesmo considerando o pedido excessivo, pelo que não pensa cumprir com o encargo, na cidade, procurando refugiar-se da chuva, acaba por acaso no museu, um edifício de proporções modestas. Resignado, adentra-se nas galerias e procura a pintura, que não demora em encontrar. Então as coisas parecem começar a desvairar. Primeiro, o diretor do museu nega que exista o retrato em questão. A seguir, o protagonista propõe uma aposta impulsiva e onerosa, que faz suspeitar que enlouqueceu ou sofreu uma alucinação. Mas quando, juntos, se dispõem a verificar de que lado está a razão, o quadro está lá, o que faz suspeitar que quem está louco é o diretor do museu. A irrupção de uma maré de turistas impede a resolução da intriga e suscita a fuga do protagonista que, como nos sonhos, atravessa salas que se perdem em mais salas, cada vez mais amplas e mais estranhas – salas com névoa e ruas que se perdem de vista, salas que albergam estações de trem sob a neve, salas nas que correm rios do país que fora obrigado a abandonar anos atrás o protagonista (esse país é a Rússia da década de trinta, não a da sua infância). Tentando apagar todos os sinais do seu exílio, desnuda-se completamente na neve, onde, de todos os modos, será preso.

* * *

Não que Nabokov se equivocasse inteiramente ao julgar a função compensatória que tendem a cumprir os museus nas nossas sociedades, mas estou convencido de que é possível subverter o seu funcionamento, convertendo a fuga que nos propõem numa forma de perseverar na exploração do mistério que o homem é para si mesmo.

Certamente, se os museus se apresentam como o depósito *das expressões mais altas e transcendentes do espírito humano*, são um calote e merecem o fogo a que os movimentos modernistas os condenavam – "é uma memória cheia de infâmias". Mas, na medida em que albergam as experiências condensadas de centenas e milhares de seres iguais a nós, podem oferecer-nos uma intercessão fundamental para dar forma à nossa experiência e, a partir da nossa experiência, ao mundo que fazemos entre todos. As obras que contemplamos nas suas salas não expandem simplesmente a nossa percepção, também enriquecem as nossas possibilidades expressivas: *podemos falar com elas*, utilizá-las para descrever, criticar ou recriar a nossa experiência.

* * *

Buñuel dizia que tinha dificuldades para escrever, que necessitava de um escritor *para os diálogos*, mas era sem dúvida capaz de falar por imagens, de pensar sem recurso à linguagem. De fato, nas suas obras as imagens não são apenas uma forma de tornar sensíveis as ideias, são uma maneira de as formular. Através das imagens, expõe o desconhecido, avança tateando, deixando que as associações surjam de forma inconsciente, mas de todas escolhe, e só resgata, aquelas que passam pelo crivo da sua consciência. O seu método não é propriamente surrealista (no surrealismo apenas encontra *uma ética*). O irracional não impugna o racional – o amplia e enriquece. Pensa, por exemplo, o desejo: um homem tenta possuir uma mulher, avança com extremada dificuldade, arrasta consigo dois pianos de cauda, dois burros mortos e dois padres – e as tábuas da lei.

31 de Agosto

Sem dúvida, a mistificação das obras de arte, a canonização de alguns artistas e, em última instância, a projeção de um panteão com as figuras tutelares da cultura são sintomas de embrutecimento. É inexplicável, por isso mesmo, que quase tudo o que nos ensinam sobre a arte promova em nós uma atitude e uma expectativa dessa índole. O patrimônio cultural não vale de nada quando não existe uma experiência que nos ligue a ele (Benjamin). Os museus não podem converter-se nos templos do capitalismo secular sem comprometer o impulso que subjaz à arte finalmente libertada da religião, que é a recusa de qualquer forma de transcendência – começando pela própria.

Isso não significa que não exista nada que experimentar nos museus, *fora de certo sentido de veneração*. Despojados do falso mistério e da falsa religiosidade que os rodeia, como dizia John Berger, os museus podem abrir-nos a uma relação não pautada com as imagens que nos obcecam, com as histórias das que formamos parte, com as vidas que vivemos.

(Antes, Nietzsche afirmara que deram aos homens olhos e ouvidos para ver e ouvir, com algum prazer, o que cada um de nós é, experimenta e deseja: *a arte de pôr cada um em palco perante si mesmo.*)

2 de Setembro

Entro na sala no momento em que começa a chover. Chove na tela, sobre a carteira, não lá fora – lá fora está quente. O homem foi posto de castigo pelo seu próprio duplo, num canto, como na escola, com os braços suspendidos a um lado do corpo. Está há seis anos nessa posição.

São incríveis os lugares aos que pode transportar-nos uma imagem. Tudo parece ter ficado em suspenso ao meu redor. Fecho os olhos. Estou em casa dos meus pais. O quarto está na penumbra. Estive chorando (tenho as bochechas húmidas, frias). Não compreendo bem o que aconteceu.

O que vi

Como sempre, briguei com o meu irmão. Alguma vez nos entenderemos de outra forma? A minha mãe interveio. Ao ver-me livre do abraço asfixiante do meu irmão, descarreguei-me gritando-lhe palavras ofensivas. Tenho nove anos. Na realidade sou incapaz de palavras agravantes. A minha mãe não o entende assim. A mais improvável, a mais infantil de todas, foi considerada inadmissível. Aceito o castigo, apesar de não chegar a compreender a razão. Mais tarde, na escuridão, posso ver, cintilando por um segundo, o sentido perverso e ofensivo da palavra que pronunciara – enjoa-me. Então, soube sempre o que dizia ao meu irmão?

Abro os olhos. O homem apagou a sua boca com a mão. Instintivamente, a mulher pinta os seus lábios, como se temesse que a sua também pudesse desaparecer da mesma forma. A minha abre-se para tomar ar. Saio.

* * *

Evidentemente, o museu converteu-se para mim num lugar onde sou capaz de experimentar algumas coisas surpreendentes. É possível que a maioria das pessoas, digamos, noventa e nove por cento das pessoas, só visite os museus porque *se supõe que uma pessoa culta deve visitá-los*. É mais do que certo, inclusive, que os museus estejam dispostos em grande medida para essas pessoas, com os seus guias auditivos e as suas lojas de souvenires. Porém, são ainda um espaço único para esse um por cento restante – que poderia ser muito mais (estou convencido) se o que lemos e aprendemos sobre a arte nas escolas promovesse em nós uma atitude diferente, mais livre, menos reverente.

Como num laboratório, encontro aqui tudo o que necessito para conduzir as minhas experiências (claro que trouxe muitas coisas comigo, coisas que fui juntando durante anos e anos de viver na intempérie). Como Reger, a personagem de Thomas Bernhard, bem, não, não exatamente como Reger, que no fundo perdeu o rumo depois da morte da sua mulher e apenas continua a visitar o museu para isolar-se do mundo, eu venho aqui todos os dias, detenho-me perante as imagens que me falam mais diretamente, ou perante as que me intrigam pela sua indiferença e exploro as suas falhas (porque não há obras perfeitas, nisso Roger tem razão) para pensar além dos estreitos limites da minha subjetividade, por vezes seduzido, por vezes violentado por elas, em movimentos excêntricos e centrífugos, dos quais saio algumas vezes para longe de mim, como se tivesse me deslocado sem sair do lugar que ocupava, quieto, mas dominado por uma atividade ingente, ante uma projeção, uma escultura ou uma tela. Todos necessitamos de hábitos para sobreviver (essa é outra coisa sobre a qual Roger não se equivoca) e eu contrai este hábito do inabitual, do extraordinário e do irrepetível – "outros vão pela manhã a uma taverna e tomam três ou quatro copos de cerveja" (no melhor dos casos).

* * *

O museu em que tem lugar *Mestres antigos* é o mesmo em que tinha lugar *Museum hours*. Também é o museu que tem por objeto *O grande museu*, o recente filme de Johannes Holzhausen.

O documentário de Holzhausen manifesta uma evidente influência da obra de Frederick Wiseman, quem, por sua vez, depois do filme que dedicou ao ballet da *Ópera de Paris*, acaba de propor a sua própria aproximação aos museus – *National Gallery* (2014). Holzhausen leva ao limite o método de Wiseman, fazendo foco nos constrangimentos políticos, burocráticos e financeiros, as preocupações pela imagem pública da instituição, a negociação dos pressupostos e as estratégias para arrecadar fundos, assim como os processos de restauração e os rituais que regem a montagem das peças, os aparelhos que implica a conservação das obras e a manutenção e limpeza dos espaços. A arte, enquanto experiência sedimentada de homens e mulheres dos quais nos separam por vezes centenas de anos, aberta hoje à experiência de não importa quem, não parece poder sobreviver a esse dispositivo no qual as obras se encontram sempre rodeadas de especialistas para os quais tudo se resume a problemas de autoria, procedência e valor técnico ou patrimonial. Inclusive as considerações políticas e estéticas que suscita a coleção encontram um limite insuperável, que não admite contestação: *marketing!* – em nome do *marketing*, de fato, inclusive as questões extremamente sensíveis que levanta a herança do Império Austro-húngaro são colocadas de lado, "porque *imperial* soa bem e parece agradar às pessoas".

Nesse mundo fechado, no qual alguns critérios pesam mais do que outros, as hierarquias mostram-se sem máscaras. Como na *República* de Platão, cada qual tem um lugar e uma função assignada e espera-se que faça uma coisa e só uma coisa. A curadora da pinacoteca, acompanhada de dois assistentes, solicita aos empregados da manutenção que mudem de lugar os pesados quadros, várias vezes, para no final deixar tudo como se encontrava a princípio – os homens respondem em silêncio, não se lhes solicitou opinião alguma; são considerados capacitados para entender as ordens que se lhes dirige, não capazes de linguagem. Numa reunião com os guardas de sala – os membros mais baixos da escala, rebatizados recentemente com um eufemismo magnífico: "equipe de recepção ao visitante" –, uma mulher, que tem mais de dez anos trabalhando no museu, pede a palavra para fazer ouvir a sua consternação perante a forma em que as coisas estão organizadas: quando começou a trabalhar, diz, esperava que, quando surgisse a oportunidade, fosse apresentada ao resto das pessoas que trabalham no museu, mas isso nem sequer aconteceu nas festas de Natal que se celebram a cada ano – ninguém parece interessado em conhecê-los, como se a sua participação no funcionamento só fosse instrumental e não tivessem nada para dizer a respeito.

Isto é muito interessante, porque é justamente um guarda de sala quem, no filme de Jem Cohen, resgata dessa trama de especialistas e curadores, de restauradores e burocratas, o *Kunsthistorisches Art Museum* e, através deste, os museus em geral, devolvendo-lhes um sentido existencial e uma função vital possível na vida das pessoas. Um guarda de sala e uma espectadora comum (e casual) contra os administradores do património da humanidade e os agentes do turismo cultural talvez sejam suficientes para libertar os museus do fogo a que os modernistas os condenavam – e que muitas vezes parecem continuar a merecer.

3 de Setembro

Ontem publicaram a foto de uma criança síria que foi parar na costa de Lampedusa. Hoje aparece reproduzida em todos os jornais. Parece adormecida (não está, está morta, afogou-se junto de boa parte da sua família). Não quero ser pessimista em relação ao que essa imagem possa vir a suscitar (já sei, provavelmente nada, tudo se resolverá na imediatez da emoção e provocará comportamentos substitutivos, um pouco mais de neurose, talvez nem isso).

Quando escrevi sobre isso há alguns meses atrás sentia que logo seria algo datado, uma tragédia (mais uma), mas pertencente ao passado. Haveria outras, evidentemente, por isso escrevia – mesmo não alentando grandes esperanças, pretendia que não fosse apenas um comentário, pretendia que fosse um apelo, uma advertência: isso não podia voltar a acontecer.

Não foi assim. Isso continua acontecendo, isso continua, e cada vez pior, cada vez é mais desesperado, mais espantoso, milhares e milhares de pessoas arriscando a vida para poder viver, morrendo no mar, nas vias do trem, em caminhões lotados, sem ventilação, assassinados ou doentes nos campos de refugiados. Isso continua, à vista de todos – invisível.

* * *

O essencial não é invisível aos olhos, mesmo que seja frequente olharmos para o outro lado quando se manifesta – ou fazermos vista grossa. No museu há uma fotografia de Lee Miller, tomada em 1945, na qual um grupo de soldados norte-americanos contempla um monte de cadáveres em Buchenwald. Entre os soldados há alguns civis. Um deles ri, como se a cena pudesse chegar a provocar em alguém alguma graça. É observado de perto por um soldado muito jovem, cujo rosto expressa incredulidade e tristeza. Por acaso não vêm a mesma coisa? É possível que estejam vendo a mesma coisa e terem reações tão diferentes?

4 de Setembro

Buñuel conta que em 1931, pouco depois da proclamação da Segunda República em Espanha, quando começaram a ser queimadas algumas igrejas, propôs aos surrealistas aproveitar o momento e viajar a Madrid para queimar o Museu do Prado. Segundo parece, Breton se escandalizou, pelo que Buñuel propôs, como alternativa, queimar na Praça do Tertre, os negativos de uma das suas próprias obras – *A idade de ouro*. Quarenta anos depois, continuava a afirmar que, se lhe propusessem queimar todos os seus filmes, o faria sem pensar um momento.

A arte, para Buñuel, era uma forma de indagar no mistério do mundo, e carecia de qualquer sentido quando era consagrada como objeto de culto. Quando jovem, antes de aproximar-se do surrealismo, participara em Madrid dos círculos ultraístas. Dessas mesas participara também, durante algum tempo, Jorge Luis Borges, que considerava exagerado o horror que provocara nas belas almas o furor incendiário da sua época. Na conclusão de *Pierre Menard, autor do Quixote*, escreveu: "Pensar, analisar, inventar não são atos anómalos, são a normal respiração da inteligência. Glorificar o ocasional cumprimento dessa função, entesourar pensamentos antigos e alheios, lembrar com incrédulo estupor que o *doctor universalis* pensou, é confessar a nossa languidez ou a nossa barbárie".

5 de Setembro

Depois de *Um cão andaluz*, Buñuel realizou dois filmes muito diferentes. Primeiro, em 1930, *A idade de ouro*, uma tentativa de dar continuidade à sua primeira colaboração com Dalí, que resultou num escândalo – a estreia foi sabotada pelos membros da Juventude Patriótica, que lançou garrafas de tinta contra a tela e provocou uma briga que acabaria com a intervenção da polícia, resultando na proibição do filme até 1980. Na realidade, mesmo que continue a exercer a contestação furiosa que caracterizava a ética surrealista, trata-se de um filme bastante convencional se comparado com o anterior. Buñuel o idealizara a partir de uma série de *gags* ou situações visuais, que mais tarde dotou de uma intriga – é, acima de tudo, uma história de *amour fou*. Não deixa de ser interessante, mas jamais me cativou. A parte final, em todo o caso, na que se sugere de forma enfática a identificação de Cristo com Sade, bastou para que fosse proibida e, de um modo retorcido, *canonizada* pela crítica.

Dois anos mais tarde, em 1932, Buñuel tenta algo totalmente diferente: *As Hurdes*, ou *Terra sem pão*, um documentário inspirado num livro de Maurice Legendre, que Buñuel filma em Extremadura, onde permanece dois meses junto a Eli Lotar, Pierre Unik e Rafal Sánchez Ventura. Mais tarde, sem orçamento algum, montaria esse material *à mão*, sobre uma mesa de cozinha, apenas com a ajuda de uma lupa. O filme era originalmente mudo (só foi sonorizado em 1935, ganhando uma voz em *off* que tenta dar conta das imagens). Dessa forma, sem nenhum apoio narrativo, é como funciona melhor. Não entendemos o que acontece e somos forçados a pôr todas as nossas faculdades em ação para tratar que façam um pouco de sentido. As imagens são de uma violência difícil de igualar. Vemos cerimonias selvagens, homens arrancando a cabeça a galos vivos pendurados na praça da aldeia, pessoas agonizando na rua, animais despenhando-se no vazio, crianças mortas. Todos estão descalços. Não há um único sinal de felicidade. Buñuel estava obcecado por algo que reconhecera no cinema de Fritz Lang: *a parede da morte*.

* * *

Depois, quase vinte anos até *Os esquecidos*. Deleuze dizia que esses silêncios, esses vazios eram o mais interessante de uma vida. O pensamento procede por crises. A mim, que estou passando por uma muito profunda, é-me difícil aceitar isso, mas acho que posso compreendê-lo. Deleuze passou pela sua – entre o seu livro sobre Hume e o seu livro sobre Nietzsche passaram oito longos anos. Buñuel passou pela sua. Quiçá não exista forma de poupar-se esses transes. Pelo menos se queremos chegar a pensar, a sentir e a viver de outra maneira da que fizemos até aqui.

6 de Setembro

Encontro Carmen e Miriam em Lavapiés. Falam de um tempo em que viviam em comunidade com um grupo de amigos, tentando escapar das formas de estar junto que tendem a isolar-nos do mundo – o casal, os filhos, etc. Riem ao lembrar que o projeto caia por terra cada vez que *chamava o instinto* – então, dispersavam-se na noite como animais selvagens e havia sempre alguém que ficava sozinho, em vão reclamando aos demais um compromisso impossível[4].

Mais tarde, em casa, volto a pensar nisso. Não sei se poderia viver em grupo, fora, quiçá, de uma comunidade de tipo conventual, onde existissem normas rígidas que condicionaram fortemente as trocas (horas de silêncio, toques de recolhimento, etc.) e penalizassem as transgressões com rigor, de forma tal que só um desejo violento e persistente pudesse chegar alguém a arriscar-se.

Também não sei se sou capaz de viver com alguém, isto é, sob as formas da conjugalidade. Apesar de viver há anos junto a S. (bem, não agora), é algo que exige um trabalho constante. Ninguém pode dizer que está feito para viver com alguém, apenas tentar.

Só resta a solidão, essa senhora sempre ausente. Depois, dentro da solidão, as variações mais comuns: numa cidade, ao abrigo do anonimato e

---

[4] Nota de 17 de Novembro: Votei a conversar com Carmen sobre essa história, que chamara a minha atenção e explicou-me que na realidade trata-se do argumento de um filme de Whit Stillman – *The last days of Disco* (1998) –, ao que assistiram no dia anterior no cineclube de *La morada*. A minha natural desorientação e o ar de lenda que costuma envolver para mim as anedotas de Madrid mobilizado que me contam Carmen e Miriam foram suficientes para confundir as coisas na minha cabeça.

da proximidade paradoxal de pessoas que quiçá nunca chegaremos a conhecer; no retiro, longe do rumor da multidão, ao modo dos eremitas e dos anacoretas; fechado num quarto para escrever, etecetera, etecetera.

* * *

Bataille não acreditava nessas aventuras literárias. Pensava que o ser humano só se realizava no paroxismo da paixão. Num quarto, sim, mas não para escrever, mas não a sós. Sou capaz de deixar-me levar por essa ideia (assustadora), como era capaz, quando era mais jovem, de deixar-me levar pela ideia de retirar-me a um lugar remoto para viver uma vida simples. Não sei o que é melhor. Talvez a questão seja que não exista realização possível para o ser humano, nem sequer no sentido do seu desaparecimento, da sua consumação ou do seu aniquilamento. *Por todos os lados procuramos o absoluto e não encontramos senão coisas.* Vem a ser o mesmo procurar num lugar que noutro, e não há niilismo no que digo, apenas uma afirmação da pluralidade essencial que é o ser humano para si mesmo.

As figuras que se impõem de forma hegemónica numa ou noutra época não são suficientes para ocultar um fato capital: não há forma de preencher por completo o vazio sobre o qual o ser humano conduz a sua existência – quero dizer: "cada homem e cada mulher", a sós com a sua consciência ou na inconsciência de um abraço.

Logo, continuo praticamente no mesmo lugar em que comecei (ninguém se afasta muito do fogo nesta caverna).

7 de Setembro

Nos anos cinquenta, convidado pelo *Cineclube do Instituto Francês da América Latina*, na cidade do México, Buñuel apresenta uma seleção dos sonhos que povoam os seus filmes. Os sonhos sempre foram importantes para Buñuel, não só para o seu cinema. O programa constava de *Um cão andaluz*, integral, e de fragmentos escolhidos de *A idade do ouro*, *Os esquecidos*, *Subida ao céu*, *Ele* e *A ilusão viaja de bonde*.

Os meus preferidos são o da escultura viva sobre a qual se apoia antes de morrer o protagonista de *Um cão andaluz*; o da mão que, enquanto acaricia o rosto da mulher, se transforma num coto, em *A idade de ouro*; e, claro, o alucinante sonho de Pedro em *Os esquecidos*, no qual se confundem de forma fascinante e aterradora a vida e a morte, a realidade e a fantasia, o familiar e o inusitado.

René Clair dizia que a nossa experiência do cinema encontra-se assombrada por uma expectativa excessiva de obras primas, quando na realidade bastam trinta segundos de imagens extraordinárias durante um filme de uma hora e meia para que possamos experimentar toda a sua potência. O sonho de Pedro realiza, nesse sentido, a essência do cinema – que não têm essência.

* * *

Nunca vi *A ilusão viaja de bonde*. Seguramente, se me esforçasse, não me custaria encontrá-lo em alguma livraria, como parte de alguma coleção dedicada ao cinema mexicano, ao surrealismo ou à obra do próprio Buñuel, mas prefiro imaginar isto: alguém, em algum lugar, guarda uma cópia do filme e, daqui a algum tempo, lê estas páginas e procura a maneira de entrar em contato comigo para que a vejamos juntos, ou me envia uma cópia por correio junto a uma pequena nota na que fala da sua própria paixão pelas imagens. Um gesto assim, apenas, seria suficiente para justificar as noites que sacrifiquei à escrita destas notas.

* * *

Como pode ser que não tenha compreendido ainda se as noites dedicadas à escrita se justificam por si próprias ou se são uma completa perda de tempo?

8 de Setembro

Nem os sonhos de Buñuel, nem os sonhos que sonham, em certo sentido, as obras que povoam as salas do museu, guardam relação alguma com a fantasia. A fantasia é especular o que faríamos se ganhássemos a lotaria ou seduzíssemos a pessoa que desejamos sem esperança. O sonho é um excesso da nossa imaginação sobre as condições da experiência, uma capacidade que nós, seres humanos, possuímos para ver, não apenas o visível, mas também o potencialmente visível. Não fecha os olhos à realidade, ainda que possa ver na realidade coisas que não somos capazes de ver com os olhos abertos. Tampouco constitui uma compensação dos nossos desejos frustrados. Os sonhos podem ser, de fato, muito cruéis – no extremo estão os pesadelos. Sonhar sempre foi uma das formas da rebeldia, uma na qual entra em cena, não apenas o que chegámos a ser, mas também aquilo que estamos em vias de devir.

9 de Setembro

Exploro o museu *à caça de sonhos*. Alguns são muito particulares, como os sonhos de Miró, e outros são muito comuns, como *Alegria do campo Vasco* (1920), de Daniel Vázquez Díaz – o sonho de uma vida simples –, ou *O circo* (1949), de Mathias Goeritz – o sonho da infância recuperada. Também os há impessoais, como se fossem os elementos e as coisas sonhando na pintura, na escultura e na fotografia: *Criadouro de pó* (1920), de Man Ray – ou o sonho da matéria; *O espirito dos pássaros* (1952), de Eduardo Chillida – ou o sonho do ar; *O cigano* (1913), de Robert Delauney – ou o sonho da cor.

Há sonhos pesados, como a *Morfologia psicológica* (1939), de Roberto Matta, ou *A fome* (1938), de Remedios Varo; e, claro, também há pesadelos, como os *Desenhos da guerra civil espanhola* (1938), de Antonio Rodríguez, ou *Antro de fósseis* (1930), de Maruja Mallo – sonhos, todos, da morte.

Porque a morte também sonha, e porque algumas vezes os seus sonhos ganham realidade, subtraindo realidade à realidade, empobrecendo o mundo, é necessário continuar sonhando sempre. Sonhos brilhantes como ideias, à maneira de Joaquín Torres García que, como muitos na sua época, sonhou com um mundo novo – *Construtivismo universal* (1930). Sonhos para não desesperar, como quando André Masson sonhou que a vida renascia da morte – *Toledo com crisálidas* (1935). Sonhos não realizados, que só podemos tornar reais juntos, como o que nos convida a continuar sonhando o totem de mais de doze metros de altura, de Alberto, que se levanta na entrada do museu – *O povo espanhol tem um caminho que conduz a uma estrela* (1937).

* * *

Regresso tarde, contente depois de um longo dia de observações felizes. Tenho demasiadas imagens na cabeça para poder ler alguma coisa. Ensaio algumas escalas na guitarra e escrevo duas cartas: a primeira, para

Vinícius, para lhe fazer uma consulta sobre Pasolini; a segunda, para Jonnefer, para saber como foi a boda (se casou recentemente). Vou para a cama cedo – dormirei até de manhã, sossegadamente, um sono profundo, calmo, sem figuras.

12 de Setembro

Ao contrário do que acontece, por exemplo, no teatro, no museu fica a cargo da nossa curiosidade e da nossa criatividade que as imagens deem lugar a um espetáculo – ou a experiências que nada têm em comum com o espetáculo.

13 de Setembro

É importante que esperemos sempre algo do que vemos, como de cada passo que damos, de cada minuto de vida e de cada encontro: alegria, prazer, conhecimento, força, confiança, inspiração, entusiasmo, companhia, consolo, compreensão, alento, felicidade, beleza, novidade, provocação, desafio, dúvida, estímulo, paz de espírito. Como todo em nós, o olhar pressupõe o caráter polimórfico do nosso desejo, encontra-se inevitavelmente submetido às suas variações, às suas fixações e disposições.

Isso quer dizer que no nosso olhar está sempre em jogo uma forma de ver, de sentir, de sermos afetados – e também uma forma de olhar, de reagir, de responder ao que nos afeta. Conhecer, descrever, criticar, julgar, experimentar, fruir, distrair-se, estudar, manipular, repetir, copiar, destruir, consagrar, adorar, contemplar, compreender, dialogar, são apenas algumas das modulações da nossa vontade que podem estar por detrás do modo em que levamos a vista a algo.

Não importa quantas precauções tomemos, no ato de olhar e ver alguma coisa está sempre em jogo uma figura dessa classe. Nem todas valem o mesmo, nem há forma de afirmar de maneira geral uma entre todas como sendo a melhor, a mais adequada. Nenhuma experiência do visível pode reclamar, de direito, um privilegio sobre as demais, assim como nenhuma narrativa ou discurso sobre o que vemos pode aspirar a ser exclusivo ou definitivo, sendo que os critérios para contrastar a sua produtividade ou a sua justeza dependem do mesmo tipo de disposições volitivas.

O que vi

16 de Setembro

Não sou fiel a S. Não tenho que sê-lo. A solidão exigiu-me o celibato. Não tomei nenhum voto. Tampouco perdi o desejo. Simplesmente é algo que não se coloca para mim. Não agora. Posso ser assaltado por um lance de olhos ou pelo lampejar de uma inteligência, e sentir-me de imediato num estado de ebriedade difícil de sobrelevar. Porém, basta que considere a infração à minha solidão que implicaria ir mais longe para que retroceda no ato a esse lugar no qual, à força de sobriedade, nem sequer respondo pelo meu nome e não sou ninguém, nada, indiscernivelmente impostor e verdade pura.
 É interessante, porque, quando decidi vir para Madrid cheguei a fazer algumas fantasias. Preocupava-me, inclusive, que fosse apenas isso o que viera procurar: uma aventura vulgar para dar cor à minha crise de meia idade, provar-me que ainda não estou morto, etecetera, etecetera.
 Não deixa de assombrar-me a medida em que me desconheço. Vinha provar-me que estou vivo, é certo, mas de uma vida singular, que ignora as peripécias das aventuras sentimentais.
 Assim estou, eu, o monge. Não sou fiel a S. Ando flertando com a morte.

* * *

 Talvez deva pô-lo de outra forma. O meu desejo, no fundo, não deixou de manifestar-se, mas parece não ter objeto, ou fixar-se em coisas que não admitem a sua consumação: a voz de uma mulher ouvida de forma casual e fugaz num café, o modo de andar de um homem que cruza o meu caminho, os atritos a que estamos expostos enquanto estamos vivos. Resvala de uma coisa para outra com extremada fluidez e a verdade é que não se tem demorado ultimamente senão sobre imagens e palavras, coisa que algumas vezes pode chegar a produzir-me um imenso prazer, ainda que em geral não faça outra coisa que alimentar ainda mais o meu desejo – de imagens e de palavras. Amo-as com castidade, mas sem equívoco. Isso não significa necessariamente a felicidade.

* * *

Que prazeres mais solitários!

17 de Setembro

Cada dia que passa estou mais convencido de que olhar, e ver alguma coisa, não é uma questão de capacidade, nem de talento, nem sequer de força. É uma questão de perseverança, de paixão e paciência. Qualquer um pode ver as coisas que eu vi. *Se não são tão tuas como minhas, não são nada ou quase nada.* Basta dedicar-lhes tempo e atenção. Não é uma questão de inteligência, nem sequer de criatividade, é apenas questão de ir até o fim da experiência.

Talvez ninguém possa ensinar-nos a olhar, assim como ninguém pode fazer uma experiência por nós, mas seguramente temos muito que aprender daquilo que outros viram antes que nós. Não deixo de surpreender-me nunca com a enorme quantidade de aspectos do mundo que outros foram capazes de ver, aspectos dos que muitas vezes nem sequer suspeitava a existência ou que, à força de misturar-se indiscernivelmente com a minha experiência ordinária, tornaram-se imperceptíveis para mim, como um perfume que usamos habitualmente ou a proeminência do nosso nariz.

* * *

Paul Klee viu uma vez o homem como um herói sem redenção possível, castigado pelo rigor de batalhas sem memória, mistura de Sísifo e Dom Quixote, acicatado por ideais inatingíveis, vítima de limitações incuráveis. Tem o rosto cruzado de cicatrizes, petrificado num rito de enlouquecida determinação – olha para cima, para o céu. O braço direito está amputado até o ombro, onde nasce uma asa breve, mirrada, inútil. O outro braço, o esquerdo, enfaixado, pende de uma fita. Apesar de Klee entrever a sua imagem em 1905, é difícil não ver um augúrio na pose em que foi desenhado, que mima de maneira impossível a saudação fascista – então a imagem, além da sua vocação alegórica, exerce a profecia à maneira de Cassandra, isto é, sem esperança de ser ouvida (já é tarde demais). Uma perna de pau completa a sua perna esquerda, que também foi cerceada de forma violenta, logo por cima do joelho; afunda-se na terra e germina inesperadamente numa rama – de oliveira?

O que vi

Há outra vida, sim, a glória é possível, sim, mas não nos está prometida a nós. Pelo contrário, se o mundo tem um porvir, não contempla a forma humana (Klee soube sondar esse mundo abissal, bárbaro, impessoal, de maneira única).

* * *

É um gesto de resignação ou de impotência atribuir aos artistas faculdades das quais nos achamos incapazes. Se as suas obras nos tocam, se as suas obras nos comovem ou nos põem a pensar, é porque partilham uma mesma sensibilidade e uma mesma inteligência conosco.

Dos grandes observadores que muitos deles foram, contudo, temos muito que aprender. Souberam olhar por mais tempo, ou de ângulos que jamais houvéssemos considerado, com mais atenção e algumas vezes de forma apaixonada, sem precaver-se de nada, expostos sem reservas ou sem ideias preconcebidas do que o mundo é e significa.

Como dizia o próprio Klee, nos encontramos excessivamente sintonizados para perceber certos aspectos do mundo, em detrimento de outros. A arte, quando nos desconcerta, nos presta, portanto, um serviço fundamental, obrigando a ressintonizar-nos para ver o que coloca à nossa frente – outros espectros, outras categorias, outras dimensões do real.

21 de Setembro

Como qualquer aprendizagem, a do olhar implica uma progressão indefinida. Como tudo o que se refere aos nossos sentidos, ver constitui em primeiro lugar uma forma da passividade, pelo que não deve surpreender-nos que tendamos a deixar que as imagens nos conduzam, com docilidade e satisfação, atribuindo-lhes uma objetividade sem mácula e a realidade de tudo o que vemos. Ver é, nesse sentido, uma espécie de delírio, no qual as imagens nos contam histórias que não parecem depender de nós para ganhar sentido. O olhar que corresponde a essa disposição é em certo modo curto de vista, ainda que possa ser muito sério – não perde tempo com o que vê, depois de tudo, *é o que é*. Daí que o espectador que olha dessa forma procure o apoio de especialistas para dar um sentido ao que vê, zeloso de não pôr em causa a objetividade em que parece imbuído.

Se déssemos mais tempo ao que vemos, se perdêssemos o tempo, sem objeto nem fim, não tardaríamos em começar a experimentar, entre o que se dá sob a forma da passividade na nossa sensibilidade e o que a nossa razão reconhece sem assombro, uma espécie de flutuação no visível, que tanto pode ganhar o aspecto das imagens cintilantes das origens do cinema como a plasticidade das figuras que se sucedem no fundo brilhante de um caleidoscópio. Para isso é necessário interromper por um momento os nossos hábitos perceptivos e colocar entre parêntese o nosso saber, isto é, as noções e as categorias com que damos significado ao mundo e sentido à história. Em certa medida, é como voltar a olhar com a fascinada curiosidade da infância, entrando numa espécie de zona de variação, na qual as coisas se comportam de formas imprevisíveis – a cama devém nau, o chão mar embravecido. A puerilidade e o espírito lúdico são os princípios que guiam essa deriva do nosso olhar, que dá azo ao devaneio da imaginação, abrindo-nos a uma multiplicidade de interpretações e de significados, de associações e conceitos. Não está interessada tanto pelo brilho das imagens como pelas suas falhas, e é às falhas que se aferra, por vezes para fazer voar as imagens pelo ar.

Entregar-nos sem reservas a estes jogos infantis pode por vezes deparar-nos uma maturidade superior, dando lugar a um olhar de terceiro tipo, para o qual não se trata de ver e reconhecer a objetividade das imagens – como se o sentido emanasse delas –, tampouco de observar e jogar a descobrir nos seu perfis interpretações imponderáveis, mas de fazer daquilo que se oferece na sensibilidade um ponto de partida ou de inflexão para aventuras espirituais que podem exceder longamente o âmbito do sensível, apesar de devermos retornar necessariamente ao âmbito do sensível para inscrever o resultado dessas experiências. Então não só caem os hábitos, mas também as hierarquias: já não há distâncias qualitativas entre a figura de um rei e o rosto de uma prostituta, os cumes de Sils Maria ou as frutas que rodam sobre a mesa, um passeio ou um sonho. Chegado a esse estádio, o espectador já não se limita a ver: torna sensível. Não é possível olhar sempre dessa maneira, mas quem nunca tenha olhado dessa maneira não pode afirmar com propriedade que tenha visto alguma coisa alguma vez – sendo que só através dessa experiência podemos compreender a excêntrica dialética que, sem princípio necessário nem resolução possível, rege as relações entre a realidade das imagens, os jogos da nossa subjetividade e os transportes da inspiração.

* * *

O que vi

Uma progressão não é um progresso. Podemos sempre adotar uma atitude anterior, voltar a ocupar uma posição que nos parecia superada, e também dar verdadeiros saltos, queimar etapas e entrever o que supostamente só uma longa e persistente ocupação poderia assegurar. Não existem condições suficientes para a experiência e as condições necessárias são tão básicas que qualquer um, em qualquer momento, é capaz de dá-lhes lugar inclusive nas suas formas mais intensas – apenas um pouco de tempo, um pouco de atenção, um pouco de abertura. De resto, a aprendizagem ao que nos convidam as imagens está sempre por recomeçar.

* * *

Lamentavelmente, à medida que amadurece o nosso olhar, vão envelhecendo os nossos olhos.

23 de Setembro

Tempo, desejo e invenção.
Quando Maupassant ainda era uma criança – não lembro onde li isto (quiçá seja uma invenção, em todo o caso não minha) –, Flaubert o colocava perante uma árvore ou um objeto similar e o instava a permanecer aí durante horas, até que fosse capaz de descrevê-la.
Como a beleza, o mundo visível é uma coisa severa e difícil, que não se deixa alcançar facilmente, como diz Frenhofer no romance de Balzac – é preciso abraçá-lo, enlaçá-lo firmemente para obrigá-lo a revelar-se (não apenas na sua atualidade, mas também na sua potência).
O que se dá a ver nem sempre provoca em nós um amor à primeira vista, mas se não desistirmos, se persistirmos na sua frequentação, o nosso olhar pode encontrar nas nossas competências elementos que superem esse primeiro momento de assombro, de recusa ou indiferença. Apenas é preciso observar, dirigir o olhar, conduzir a nossa atenção, e entregar-nos sem reservas aos devaneios da nossa imaginação.

* * *

Não estamos habituados a ver dessa maneira. A tirania da legibilidade total e da satisfação assegurada, que domina a cultura da nossa época, tende a alimentar o nosso olhar com imagens pré-digeridas, propiciando uma atitude indolente. Inscritas em regimes de consumo ou de informação, a maior parte das vezes as imagens chegam a nós sobredeterminadas no seu funcionamento elementar, deixando pouco ou nenhum espaço para um olhar criativo.

Primeiro, as imagens sucedem-se sem descanso, são continuamente substituídas por outras imagens, confundindo-se num espetáculo que suscita o anestesiamento da nossa sensibilidade e a indiferença do nosso olhar, isto é, a *cegueira*.

Segundo, os dispositivos imagéticos contemporâneos tendem a estabelecer a distância, a disposição e a intensidade do nosso olhar, o foco da nossa atenção e a forma da nossa expectativa enquanto espectadores, isto é, a *despaixão*.

Terceiro, apenas sabemos lidar com as imagens sem contextualizá-las e traduzi-las numa linguagem acessível, sem atritos, e segundo parâmetros manejáveis, isto é, a *mediocridade*.

* * *

"Para não ver não é imprescindível estar cego ou fechar os olhos; vemos as coisas de cor, como pensamos repetindo idênticas formas ou idênticas ideias."

* * *

Como não renunciar *à visão pueril* para conquistar *a visão adulta*?

24 de Setembro

Vemos pouco e mal. Vemos apenas o que estamos habituados a ver. Pode ainda a arte ensinar-nos, pelo menos, que não víamos o que vemos, como esperava Valéry? É capaz de nos propor outro jogo, um jogo onde se coloque em questão a própria natureza das imagens que vemos e a experiência que fazemos delas? É imperativo ver o mundo tal como é, mas a verdade é que, sumidos numa atitude que naturaliza o que nos é cotidiano, raramente dirigimos os olhos ao ser do mundo. Pode a arte suspender essa familiaridade e – obrigando o nosso olhar a situar-se, a recompor-se e, sim, também, a reinventar-se – dotar-nos de novos olhos para ver o que, afinal, esteve aí o tempo todo?

* * *

Merleau-Ponty estava convencido de que a arte era capaz de instruir-nos sobre o compromisso perceptivo do nosso corpo no mundo. Com isso queria dizer que as obras não só mostram o que mostram, mas que mostram também como aparece o mostrado a um corpo como o nosso. Não é algo que possa assegurar a nossa emancipação, mas seguramente constitui um ponto de partida tão bom como qualquer outro.

* * *

Exemplo. Entramos na escuridão de uma sala de cinema, deixando em suspenso o nosso dia-a-dia. As imagens cintilam ante nós, ilustrando ou contrariando as inflexões da intriga, pontoadas pelas modulações da música. Acompanhamos com maior ou menor atenção a história, nos perdemos em pensamentos próprios ocasionalmente, *fazemos o filme*. Duas ou três horas depois a tela fica em branco, ilumina-se a sala, deixamos a nossa poltrona, saímos à rua. Durante algum tempo, as imagens da realidade podem chegar a oferecer uma continuidade paradoxal ao que vimos, assim como serem assombradas pelos fantasmas que nos interpelaram na intimidade partilhada da sala. E, se a nossa jornada não acabar, quiçá a sensação de estranheza seja ainda mais intensa. Não são apenas os nossos olhos, então, os que devem habituar-se à luz do dia; são todas as nossas faculdades as que devem voltar a organizar-se em torno de fins mais ou menos comuns, mais ou menos diurnos.

* * *

Hoje as imagens constituem uma peça essencial na articulação das sociedades em que vivemos. Encontram-se no centro das nossas práticas existenciais, culturais e políticas, ocupam o nosso tempo, conformam o nosso desejo, dão forma ao mundo. Enchem o olho. Afirmam, cinicamente, uma realidade deslumbrante na qual ninguém acredita, nem sequer aqueles que aderem incondicionalmente ao espetáculo. Mas não lhes falta realidade. Pelo contrário, são terrivelmente efetivas. E cada vez mais é mais difícil olhar para outro lado – até pestanejar se tornou complicado.

Porém, o verdadeiro problema não está nas imagens, mas no exercício do nosso olhar.

25 de Setembro

A pintura, por exemplo, a pintura é mais que uma ponte entre a mente do pintor e a do espectador (era o que pensava Delacroix).

A pintura nos submete a uma prova, na qual o que está em jogo é a nossa capacidade para interrogar as evidências *do que é* e *do que não é* – pelo menos imediatamente – visível.

Nisso as aventuras da arte guardam certa semelhança com as da observação científica. Tanto num caso como noutro, trata-se de relacionar o que se sabe com o que se ignora, apesar de que, ao contrário do que acontece na ciência, o saber do qual partimos na nossa aproximação à arte não exija nenhuma competência prévia particular. Tudo o que é necessário é ver e interpretar, apreciar e discernir, duvidar e especular, questionar e levantar hipóteses.

26 de Setembro

Certamente, os pintores podem aspirar a dar-nos lições sobre o mundo, mas o que podemos aprender com eles é muito mais do que eles têm para nos ensinar, e não porque ver o mundo seja como ver um quadro, mas porque a pintura exige dos pintores uma especial inclinação para deixar-se afetar pelo mundo, para apreciar o que os impressiona e submetê-lo à consideração e dar-lhe sentido. Os grandes pintores são, antes de mais, grandes observadores.

27 de Setembro

Caminho durante horas, sem rumo, procurando uma maneira de fechar esta história. "Quantos pares de sapatos terá gastado Dante procurando as palavras para a *Comédia*?", se perguntava Ósip Mandelshtam (devo a referência à leitura das memórias de Paul Auster, que estive lendo esporadicamente durante as últimas semanas).

Caminha-se muito, é certo, detrás de nós mesmos. Poucas vezes nos alcançamos e, quando o fazemos, não tardamos em compreender que já estamos a quilômetros de distância do lugar donde nos encontrávamos, pelo que é necessário retomar a marcha. Com as ideias não é muito diferente – não parecem cansar-se nunca, as desgraçadas. As ideias perdem-nos com facilidade.

Caminho durante horas, deixando as ruas do centro e internando-me em bairros que desconheço por completo. É onde me sinto melhor. O cansaço impede-me de qualquer impostura. Há, no fundo disso, uma forma indefinível da autenticidade – sem projeto. A autenticidade não é *um projeto único* (Sartre), é uma abertura geral e constante, um *pôr em jogo* total.

29 de Setembro

As obras de arte não podem nos oferecer o sentido que não encontramos nas nossas vidas, mas a insubstancial matéria da que parecem estar feitas é capaz de dilatar o nosso espírito e permitir que a nossa sensibilidade respire. Dar tempo, fazer espaço – disso a arte é capaz. O resto depende de nós – do engenho, do talento ou da força com que sejamos capazes de dá-lhe continuidade no mundo.

30 de Setembro

Paul Valéry batizou com o nome de *poiética* a ciência e a filosofia do *poiein*, que ensinou durante a década de trinta no *Collège de France*. O seu objeto eram os laços que se estabelecem entre o artista e a sua obra durante o processo de criação. Seria necessário desenvolver uma disciplina similar que estudasse as relações que, pela sua arte, unem e separam a obra e o espectador durante a experiência estética – estudo, não apenas das poéticas autorais, nem apenas da psicologia do olhar, mas das relações complexas que travam as aptidões singulares dos artistas e as competências comuns dos espectadores.

3 de Outubro

O mundo se alarga e enriquece na medida em que se somam imagens do mundo que outros, antes que nós, entreveram e fixaram para que aquilo que existiu uma vez, mesmo no âmbito limitado de uma consciência, continue sendo.

4 de Outubro

Há, no espaço, o espaço. Evoluindo, curvando-se, saindo de si mesmo para si mesmo, dando-se com a pureza e a liberdade do que não persegue objetivo nem fim, participando da beatitude do que é sem consciência do que não é. O gesso não é a matéria da que está feita – essa, é mais sutil e mais difícil de apreender, como a matéria da música, que é só tempo. As ideias de homens amantes da linha e do plano, do ponto e do vazio, deram-lhe forma sem trabalho. Inumeráveis permutações desses elementos precederam a sua figura particular, que é apenas uma curiosidade, uma circunstância, apesar de aparecer aos nossos olhos com a necessidade do dado. Sólida, compacta, imóvel, ascende e gira e cai em movimentos fluidos e sinuosos, como as volutas do fumo de um cigarro. Não oculta a sua intimidade com a poesia, mesmo guardando um parentesco estreito com as matemáticas. Seduz sem esforço aqueles que se aproximam dela e é complicado resistir ao impulso de estender a mão para acompanhar as suas curvas como um cego reconhecendo o rosto de um amigo. Assim, dessa forma, com os olhos fechados, na ponta dos dedos, é como mais se parece ao conceito que torna palpável. Exposta à vertigem do olhar, que encurta distâncias, se desfaz no ar, como o voo de um pássaro.

* * *

Equipo 57. *Sem título* (1959). 34 x 44 x 36 cm. A minha experiência do que isso suscitou em mim, hoje, em Madrid, sendo 4 de Outubro de 2015.

* * *

Dias como o de hoje, em que a minha sensibilidade arde como uma ferida e temo que, aberto ao meio, como uma fruta, pelo fio da contemplação, a beleza me desgarre definitivamente. Sinto-me próximo do mundo como jamais o estive antes; não *no mundo*; antes, como de pé sobre o nada. Receio que o resultado de tudo isto seja a melancolia. Esperava que a solidão me conduzisse a outro lugar.

O que vi

7 de Outubro

Em mim agitam-se forças contraditórias, ideias obsessivas. Assombram-me, como fantasmas, mas são o que existe de mais real para mim – ferem.

11 de Outubro

Sonho com um acidente. Uma multidão se aglomera em torno. Apesar de que me esforço por ganhar o centro da cena e atravesso filas sucessivas de curiosos, não consigo chegar a ver o que aconteceu. Alguém, detrás de mim, me aconselha a permanecer onde me encontro.
– Enquanto não te detenhas – diz-me –, não serás capaz de apreciar o que está acontecendo.
Sem fazer caso das suas palavras, avanço mais um pouco. À medida que me aproximo do espaço onde as coisas têm lugar, o rumor que me atraíra vai se apagando, até instalar-se um ominoso silêncio, que é como uma substância de outro mundo.
– Venha comigo, já estamos indo – diz-me o mesmo homem que me aconselhara um momento antes.
Seguiu-me até onde me encontro agora e aperta o meu braço com uma força invencível. Não consigo mover-me. Ao encará-lo, para exigir-lhe explicações, posso observar, no negro espelho das suas pupilas, a cena em torno à qual nos apinhamos e, no meio, o meu corpo estendido sobre o asfalto, exposto à vista de todos, com os olhos abertos e vidrosos dos que já não veem.
Acordo.

12 de Outubro

Recebo o livro sobre Vila-Matas que Nadier acaba de publicar, quem bem poderia ter inspirado muitas das personagens do catalão (doenças literárias incluídas). Conheci Nadier num improvável seminário sobre Deleuze que ditava no departamento de filosofia. Sofria de uma variante aguda do mal de Montano – que evidentemente deixou para atrás, ou não teria sido capaz de escrever o livro.

Uma noite, depois de que termináramos a aula, convidou-me a acompanhá-lo até o seu carro. O seu rosto era indecifrável. Atravessamos o desolado estacionamento sem trocar uma única palavra. Quando chegámos ao carro, um desengonçado Renault cinza, abriu o porta-malas e me instou a que me aproximasse. Lembrei, como uma amarga premonição, as palavras de Yu Tsun que precedem a morte de Stephen Albert em *O jardim dos caminhos que se bifurcam*: "O porvir já existe, mas eu sou seu amigo". De todos os modos, aproximei-me para ver. No porta-malas havia não menos de seis dúzias de volumes em oitavo.

– São para você – disse.

Acabava de mudar-se com quem hoje é a sua mulher e considerava absurdo manter uma biblioteca duplicada (tinham, como era de esperar, alguns gostos comuns). Eu acabara de chegar a Natal e não tinha muitos livros comigo. Como se fizéssemos algo ilegal, transportámos os livros até o meu carro em absoluto silêncio.

Os verdadeiros leitores são seres solitários. A comunidade à que pertencem é secreta e prescinde de intercâmbios desnecessários. A excêntrica amizade que entre nós teve origem nessa noite não infringiu jamais essa lei não escrita. Durante cinco anos, uma vez a cada quinze dias, reunimo-nos num café próximo da universidade para conversar sobre o que estávamos lendo nesse momento. Quando nos encontrávamos, porém, raramente o fazíamos, como se fosse redundante abundar no que, sabíamos, o outro dava por sobre-entendido, porque o prazer da leitura é no fundo incomunicável. Então, cada qual bebia o seu café sem pressas até que algum dos dois aludia uma desculpa para retornar à solidão da sua biblioteca.

Faz alguns meses, como eu há quinze anos atrás, empreendeu o caminho do exílio. Não é provável que nos voltemos a ver durante muito tempo. Quando isso aconteça, em todo o caso, o nosso silêncio será mais rico que nunca.

13 de Outubro

Não vim escrever um livro. Vim para fazer uma experiência. Entretanto, compreendi que é importante converter esse exercício espiritual em algo tangível. Depois de tanto andar, não é impossível que me encontre escrevendo um livro.

O que vi

* * *

Se escrever pode fazer ainda algum sentido, deve estar acompanhado necessariamente de um cuidadoso exercício do olhar. Do que se trata é de ver e consignar as mudanças que advêm ao que permanece. Nem todas as mudanças são relevantes e muito menos interessantes. Tampouco muda tudo. É necessário ter a precaução de não forçar as coisas só para preencher mais uma página. Mas sobretudo há que estar atento ao imprevisível. E tomar nota de tudo, com todo o detalhe, não guardar nada para si (tentar não guardar nada, pelo menos).

Outra coisa: nem todas nem a maioria das mudanças concernem aos objetos. Estamos feitos de uma substância mais maleável que as coisas. O universo é velho, mas o mundo que fazemos entre todos é sempre novo – lenta, constante, incansavelmente vai vindo a ser.

Escrever, nomeadamente escrever um diário, é uma forma privilegiada de dar testemunho dessa abertura. Tradicionalmente, as jovens o faziam num bonito caderno novo quando compreendiam que algo começava a mudar nelas, mas em geral deixavam-no de lado quando sentiam que se converteriam numa mulher (não Alejandra, nem Catherine, nem Virginia, nem – provavelmente – tu). Não que isso esteja mal – deixá-lo, quero dizer. A escrita é sempre um processo de transição.

Quem se sente à vontade na sua pele, não escreve. Quem julga conhecer-se a si próprio, não escreve. Quem se preocupa por manter uma imagem, não escreve. A escrita é solidária de algo que não conhece estabilidade nem sossego. É por isso que escrever um diário só é interessante quando se está fora de si.

* * *

Escrevo muito. Algo está acontecendo comigo, mesmo que não saiba dizer o que é. Estou mudando. O que escrevo muda comigo. Se alguém o lesse também se exporia à mudança – claro que não necessariamente da mesma forma nem no mesmo sentido.

14 de Outubro

A escrita não se exerce como um ofício, digamos, das oito às doze e das duas às seis. A mesma coisa vale para a pintura. O poeta vê-se assaltado pela poesia continuamente; o pintor sente que as cores e as formas estão sempre à espreita. Nisso também não se distinguem do leitor e do espectador. No fundo, nenhum desses nomes remete aos homens e as mulheres que em diversos momentos podem chegar a assumir essas funções, mas singulares modos de individuação, a verdadeiros acontecimentos que têm lugar quando a sensibilidade e o olhar são capazes de jogar o jogo que as imagens e os textos propõem à nossa liberdade.

15 de Outubro

O dia inteiro na biblioteca. Apenas saí para comer (não comi nada, não estava com fome). Leio sem método (e por momentos, sem atenção). De todos os modos, tenho sorte e encontro algumas pérolas, como esta de Ramón Gómez de la Serna: "A vida é olhar". Ou esta, de Joseph Brodsky: "Uma pessoa é o que olha".
Regressando a casa, pelo caminho, procuro observar algo que me defina. Se me movo, não posso olhar o que se move – para ver as pessoas deveria sentar-me à janela de um bar, por exemplo (faço-o frequentemente; posso passar horas fazendo isso). Ando; logo, olho o que não se move. Contemplo as fachadas dos edifícios, os lugares onde as ruelas se abrem inesperadamente ao céu, as luzes que começam a acender-se à medida que desce a escuridão, mas o que chama a minha atenção é uma parede. Sobre a pedra, no lugar em que a rua torce em esquina, à altura do passeio, uma mancha multicolor – laranja, rosado, amarelo, azul-claro – levanta-se do chão como um fogo fátuo. Alguém que passasse distraído, claro, poderia acreditar que não se trata mais que de um acidente, uma prova feita às pressas para testar a cor que cobrirá a totalidade do muro, recém-pintado, mas a pintura chama o olhar, relumbra na escuridão do beco, dirige-se a mim, e a ti também, nos surpreende, nos desafia. Mesmo se daí, onde se encontra, exerce o seu influxo melhor do que em nenhum outro lugar, bem poderia ocupar um espaço nas salas do Reina Sofia, junto à composição *Nº 3* de Esteban Vicente, por exemplo. Se nos detemos perante ela, é inevitável sentir o prazer que suscita em nós o devaneio que propõe à nossa imaginação. A cidade delira, nós deliramos[5].

O que vi

17 de Outubro

Leio o diário que T. J. Clak dedicou à sua paciente frequentação de duas obras de Nicolas Poussin. Com efeito, acontecem coisas extraordinárias quando voltamos uma e outra vez sobre uma pintura – uma multidão de coisas aflora à superfície (da tela que observamos e do papel sobre o qual escrevemos). O caráter fixo das suas imagens torna a pintura especialmente sensível às mudanças de ambiente, à variação das circunstâncias em que se expõe e às flutuações do ânimo dos espectadores. Na sua persistência e solidez, torna manifestas a volubilidade e a fragilidade da nossa condição. Também nos põe à prova, submetendo as nossas noções sobre o que vemos à irredutível riqueza do que oferece, sem pausa nem flutuação, aos nossos sentidos. Da mesma forma que uma privação sensorial prolongada pode suscitar compensações alucinatórias no nosso cérebro, a exposição contínua à multiplicidade de solicitações de uma pintura tão complexa como a de Poussin pode dar lugar a uma proliferação de ideias imponderável.

Confiando nisso, Clark atreveu-se a sair da sua zona de conforto, arriscando-se além dos limites da sua reconhecida competência profissional, e escrever o que suscitavam nele essas imagens – *Paisagem em calma* e *Paisagem com um homem morto por uma serpente*. Não pretendia fazer uma teoria das imagens, mas dar conta do que nele pudessem vir a provocar. Evidentemente, qualquer olhar está permeado por teorias, mas isso não significa que o olhar se encontre sempre sobredeterminado pela teoria. Clark decidiu começar pelo que, sem conceito nem finalidade, se oferece, continuamente, na sensibilidade. Viu e pensou e escreveu a partir disso. Contadas vezes a história da arte se internou mais profundamente nos meandros da experiência estética.

* * *

---

[5] Nota de 11 de Novembro. Depois de alguma pesquisa, cheguei a saber que o autor dessa pequena intervenção responde pelo nome de Rosch333. Nas ruas de Madrid podem apreciar-se muitas outras manifestações da sua pintura.

Alain Buisine também publicou um diário de espectador em 1991 – *Sur les pas du Grec: Jorunal de voyage* – no qual teoria e narração se misturam. Buisine é também o autor de um pequeno ensaio – *De ce que j'ai cru voir* – no qual defende que qualquer aproximação à pintura é ao mesmo tempo *corpográfica* e *autobiográfica* – pelo menos quando não se reduz a invocar generalidades nem a fazer valer a autoridade da história da arte. Como os fenomenólogos, Buisine está convencido de que o que não se vê condiciona o que se vê, mas que não há outro acesso ao invisível que a interrogação crítica da nossa experiência do visível.

* * *

Manuel Mujica Lainez, por sua vez, tentou uma série de relatos em que os quadros do Museu do Prado cobram vida durante a noite – não para mim, e é algo que me entristece, porque sempre gostei de *A casa*.

Obrigado a escolher, prefiro a assombrada descrição do monumental botão quebrado de Claes Oldenburg que Borges viu uma tarde em Filadélfia, a aberrante paródia que provoca em Cortázar a visão de *O amor sagrado e o amor profano* de Tiziano, ou a já célebre alegoria que Benjamin elaborou a partir do *Angelus Novus* de Klee.

18 de Outubro

Não careço de cultura, mas certamente estou a anos luz dos especialistas em história da arte. A paixão, o desconcerto ou a curiosidade que possam suscitar em mim algumas imagens nunca chegarão a guardar essa distância. Ao mesmo tempo, o espaço e o tempo que consagrei à observação têm-me deparado as visões mais fabulosas. O que a minha ignorância oculta, a minha imaginação revela. Sou consciente que deste modo me passam muitas coisas ao alto, mas também de que é impossível ver *tudo*. Observar – e, claro, escutar, ler, pesquisar – devia ser suficiente.

É suficiente para mim, posso sentir isso.

E tu, também tu sentes assim?

O que vi

19 de Outubro

Para escrever o livro que idealizo, para que funcionasse, e não apenas para mim, teria que ser capaz de fazer aflorar, com cada observação e cada imagem, tudo o que se agita profundamente em mim o que me afeta desde que cheguei a Madrid – as memórias, os fantasmas, as obsessões, os remorsos e os sonhos impossíveis, tudo o que em nome de uma vida tranquila e de um pensamento claro releguei aos estratos mais profundos do meu inconsciente e que, apesar de todos os meus esforços, continuam alimentando a massa informe que dá corpo ao meu desejo, mesmo sob esta forma perversa que consiste em suspender tudo, absolutamente tudo, até mesmo o desejo, para escrever.

Mesmo assim, isso só seria o começo.

20 de Outubro

Escrever um livro sem fórmulas. Pensar à intempérie.

21 de Outubro

Ricardo Piglia escreveu sem esforço aparente um livro que eu teria gostado de escrever; chamou-o: *O último leitor*. Javier Maria escreveu, com uma graça que me parece inatingível, um livro que teria gostado de escrever; chamou-o: *Vidas de escritores*. Alberto Manguel escreveu vários livros assim; o que por mais tempo me acompanhou tinha por título: *Lendo imagens*. Jorge Luís Borges é seguramente a maior influência em todos eles; em *Pierre Menard* e em *Evaristo Carriego* encontram-se os elementos que definem esse gênero híbrido, no qual a arte da narração não contraria as iluminações da inteligência, mas as põe a jogar além dos critérios que determinam a forma do verdadeiro numa época dada (em todos os casos: a nossa).

Juan José Saer escreveu: "não se escrevem ficções para eludir, por imaturidade ou irresponsabilidade, os rigores que exige o tratamento da 'verdade', mas justamente para pôr em evidência o caráter complexo da situação, caráter complexo que, quando aparece limitado ao verificável, implica uma redução abusiva e um empobrecimento da realidade. Ao dar um salto até o inverificável, a ficção multiplica até o infinito as possibilidades de tratamento. Não volta as costas a uma suposta realidade objetiva: muito pelo contrário, submerge-se na sua turbulência, desdenhando da atitude ingênua que consiste em pretender saber de antemão como está constituída essa realidade. Não é uma claudicação ante esta ou aquela ética da verdade, mas a busca de uma menos rudimentar".

* * *

Existem outros modos de escrever livros. A filosofia, por exemplo, tem os seus modos, que são solidários com os conceitos que inventa para pensar o mundo. Os conceitos, também, começam pela ficção e só mais tarde alcançam a verdade (quando o fazem). Então não só pensam o mundo: dão-lhe forma.

Claro que os filósofos nunca tiveram uma grande relação com as imagens e o olhar que lhes dirigimos. Só muito recentemente isso que constitui uma parte tão importante das nossas vidas começou a ser interrogado pela filosofia de forma crítica, sem suspicácias. Entre os pensadores a quem devemos essa revisão, tenho talvez para com Jacques Rancière a minha maior dívida. A sua obra não deixa de lembrar-nos que ser espectador não é nunca uma condição passiva, que necessitaríamos transformar em atividade, mas uma verdadeira potência de emancipação.

* * *

"Aprendemos e ensinamos, atuamos e conhecemos como espectadores que ligam, a todo o momento, aquilo que vêm com aquilo que viram e disseram, fizeram e sonharam."

22 de Outubro

Vejo *20.000 dias na Terra*, o documentário de Iain Forsyth e Jane Pollard sobre a vida de Nick Cave. É um filme assombrado por fantasmas. Toca-me o que Nick Cave diz sobre o significado do cenário para ele: nesse lugar onde se opera uma transfiguração pela qual se converte no homem que gostaria de ser – ainda que seja só aí, só por um momento (e nem sempre).

Foi nas aulas, sem dúvida, que me senti mais perto de converter-me no homem que gostaria de ser (uns poucos estudantes assistiam a essas metamorfoses e, algumas vezes, eles também se transformavam comigo). Por que deixei isso, então?

Na escrita também me transformo noutra coisa, mas não, certamente, no homem que gostaria de ser, e sim em algo mais básico e, em certa medida, mais impessoal (aliás, não existem testemunhos possíveis dessa transformação; mesmo se chegasse a encontrar leitores, não teriam acesso senão ao que vive do outro lado, no papel, pleno na sua imperfeição, sempre igual a si mesmo, completamente alheio ao homem que sou).

23 de Outubro

Cansado da reclusão, caminho longamente à procura de lugares mais propícios para a leitura. Raramente me distraio com as paisagens, mas o perfume das árvores me enleva. Começou o outono.

24 de Outubro

É um erro comportar-se sempre como um homem educado. É um erro prestar atenção a tudo o que nos rodeia. É melhor comportar-se como um animal. Os animais não são educados. Os animais não prestam atenção. Os animais estão à espreita. Pode parecer que estão dormindo (e talvez estejam), pode parecer que não ouvem nada (e talvez não ouçam nada), que não veem nada (em certa medida é sempre assim), mas é suficiente que sobre essa paisagem aparentemente abandonada à indiferença tenha lugar um contraste inesperado, basta que sobre esse ruído branco se eleve um som diferente, para que o animal se arqueje e salte do lugar onde se encontra para assegurar a sua presa. Isso é algo digno de se ver, algo verdadeiramente prodigioso.

O nosso olhar tem muito que aprender com os animais. Devíamos de estar menos atentos, aprender a estar à espreita – isto é, aguardar pacientemente, esperando que surja algo que ponha a vibrar todo o nosso sistema nervoso, algo que acenda o nosso desejo, algo que subleve o nosso sangue e coloque a voar a nossa imaginação.

Eduardo Pellejero

26 de Outubro

De criança orgulhava-me de ser rápido. Quero dizer: mais rápido que os demais. O tempo fez-me compreender que sempre encontraria alguém mais rápido, ou que com os anos me tornaria eu próprio mais lento.
Sheldiz era, seguramente, o mais rápido de todos. Era uma coisa extraordinária ver o seu cérebro trabalhando sem esforço a velocidades fabulosas, cobrindo os quadros da universidade com equações que acompanhávamos com dificuldade, porque costumava saltar passos inteiros o tempo todo e as abandonava muitas vezes sem terminar, quando o resultado lhe parecia óbvio demais como para dar-se ao trabalho de desenvolvê-las até o final. A beleza, inclusive a beleza de uma inteligência, pode ser cruel.
Nunca fui rápido. Não o suficiente.

* * *

Se algo sou, é uma mula. Não me foi concedido nenhum talento especial, mas tenho isso: sou uma mula. À força de obstinação, posso ir tão longe quanto necessário (e sempre é necessário ir mais longe). Trabalho sem pausa, mesmo quando durmo, como Kafka, que costumava acordar cansado de tanto sonhar – era parte do seu trabalho, é parte do meu. A rotina que me impus pode parecer reduzida, mas não admite medidas. Ontem fui deitar-me depois das quatro. Hoje apenas começo a trabalhar quando a jornada acaba para a maior parte das pessoas. Os dias sucedem-se aos dias. Com dificuldade distingo uma segunda de um sábado. Ando sem noção das datas, vivo sem horários. Semana sim, semana não, sou surpreso pelo museu fechado – então sei que é terça.

* * *

Motherwell dizia que a maior parte dos homens são incapazes de imaginar a vida sem um horário estabelecido, mas que uma mente travessa se divertiria muitíssimo se a existência não estivesse tão estritamente escandida por relógios e calendários e o dia durasse dez horas hoje, oitenta e cinco amanhã, e uns poucos minutos depois de amanhã.

O que vi

27 de Outubro

Cansaço.

28 de Outubro

Ontem, pela tarde, quando me dispunha a dar por fechada a jornada de trabalho na biblioteca, as letras do livro que estudava com aplicada concentração perderam o seu caráter de signos e me interpelaram com a força bruta da sua materialidade, negro mate sobre branco acetinado, dando lugar a formações insuspeitadas sobre a superfície do papel, como os labirintos de um jardim, até se perder de vista. Pisquei os olhos várias vezes.

Nem os deuses nem as deusas piscam os olhos, apenas os animais o fazem, e nos seres humanos piscar os olhos constitui o princípio da distância crítica mínima necessária para distinguir-nos do que vemos e minar a plenitude do ser e lhe conferir sentido e significação.

As letras voltaram a formar palavras, e as palavras frases, e as frases uma ideia: *Jardim de palavras*, chamava Sócrates à escrita – não com boas intenções, entenda-se.

* * *

Agnosia é a incapacidade de reconhecer objetos ou símbolos usuais, sem prejuízo para a percepção sensorial. Na filosofia, o termo conheceu acepções mais célebres, que apontavam as limitações próprias do intelecto humano e, mais especificamente, das verdades do sentido comum – assim, Sócrates, aquele que afirma só saber que nada sabe.

31 de Outubro

Hoje faço 43 anos.

* * *

Como em tudo, nisto também existem limites, ainda que a maior parte possa ser superada por qualquer um à força de determinação. Só o tempo é um limite insuperável para nós – mas é possível sempre roubar mais horas à noite.

* * *

Acabo de notar que o relógio da sala parou. Marca 9:45 – da noite? do dia? A música de Satie, o vinho de Porto, o roçar da caneta sobre o papel, tudo conspira para que sinta que, na realidade, foi toda a minha vida que parou, não apenas o relógio.

Hoje apenas saí para comprar algo para comer. Não falei com ninguém. Por vezes sinto que não sofreria demais uma reclusão forçada, sempre que me estivesse permitido continuar a ler e escrever – então não teria que lamentar-me sobre a que devo resignar para fazer isso, isto.

* * *

O meu tempo aqui está chegando ao seu fim.

1º de Novembro

Mais um ano não mudaria nada, mas isso já o sabia. Como o dia festivo que, sobreposto ao domingo, é como qualquer outro dia. Leio, com alguma discrição, as memórias de Kipling. O prazer que me oferece a sua forma simples de narrar não me livra do incômodo que suscitam as suas convicções imperialistas, mas tudo no final é compensado por algumas anedotas que, de tão absurdas, não podem deixar de fazer-me rir sem reparos, como quando confessa que ainda sonha com o luxo – do que desfrutara na sua juventude na Índia – de ser barbeado pelo seu criado *antes de acordar*. A sua mãe costumava repreendê-lo como se fosse uma criança quando se punha com ares de genialidade: "Comigo não te armes em Cervantes – dizia-lhe –, que sabes que és incapaz de inventar um argumento!".

2 de Novembro

O relógio retomou o seu funcionamento regular, apesar de marcar a hora com notável atraso. O mundo não anda todo o tempo em uníssono. Há coisas que por momentos se desprendem do resto, ficam atrás ou se adiantam. Eu fiquei para trás, disso não tenho dúvidas, mas onde?

3 de Novembro

No museu detenho-me ante a *Savonarole*, de Dubuffet, que pertence à série de *Pequenas estatuas da vida precária*. Lembra-me da raiz que, perante o olhar atónito de Roquentin, contamina o mundo de irrealidade. Bataille escreveu: "o monstruoso, o informe provoca em nós uma profunda sedução".

4 de Novembro

Estou sentado num banco do Parque do Retiro. O sol cai entre as árvores e, por momentos, todavia, me enceguece A luz é intensa, mas fria. O inverno caiu sobre a cidade com a velocidade de um raio. Os contrastes entre as cores das diferentes espécies de árvores põem a vibrar tudo ao meu redor. As folhas no chão cobrem os meus pés como uma manta. Deixo o livro que lia – *A filha de Homero*, de Robert Graves – descanso a vista durante um segundo no caminho que conduz ao lago. Ao levantar novamente a vista, sem dar-me conta, os meus olhos se detêm sobre uma mulher – ou trata-se apenas de uma menina? – vestida de azul. Tem os olhos cinzentos. Brilham a cada chamado das suas roupas. Parece ter suspendido repentinamente a sua corrida. Por que corre? De quem? Onde se dirige? Haverá algo que eu possa fazer? Incomodo-a, por acaso? Seguramente tenho a vista cravada nela. Não consigo desviá-la. Virão me repreender por que não deixo de observá-la, e que o faça desta forma interrogativa e persistente? Lembro-me que uma vez, alguns anos atrás, aconteceu-me algo similar no metrô de Lisboa: fui interpelado, posto a ridículo, não soube reagir, fugi como se fosse alguma espécie de criminoso, um pervertido ou um louco. Enquanto penso nisso a menina eleva de modo enérgico um dos seus braços para a frente e deixa cair o outro a um lado do corpo. O impulso que traz tensos os seus músculos numa posse improvável. É rápida. Se não a tivesse capturado com o olhar ter-lhe-iam bastado décimos de segundo para passar junto de mim sem que chegasse a reparar nela. Apesar de tudo, não parece agitada. Olho para ela sem reparos, nos olhos, e ela sustenta-me o olhar. Encontraram-se, os nossos olhares, como se costuma dizer. Vejo, também, mas sem deter-me nisso, tudo o que a rodeia e me rodeia, o fundo contra o qual os seus olhos cinzentos cintilam como chamas gélidas, a paisagem familiar sobre a qual a sua presença se destaca como um grosso traço de pintura, carregado de matéria, sobre a superfície de uma imagem trabalhada com esmero (algo que é habitual, por exemplo, em algumas obras de Francis Bacon). Se pudesse concentrar-me apenas nos seus olhos, penso, talvez pudesse compreender tudo o que passa pela sua cabeça, incluídas as coisas que ela mesma não compreende. Tem fechadas as mãos em punhos – é algo instintivo, os primeiros homens devem ter corrido para caçar ou para fugir, não por prazer. Tem a pele lívida. Cruzam o seu rosto pequenas veias azuladas. Latejam. Os lábios são muito vermelhos, mas não parecem pintados. O que vê em mim? O que é que no visível em mim lhe revela o que não é visível? Tento eliminar do meu olhar qualquer manifestação de desejo, de alienação ou de voluptuosidade. Os meus olhos brilham, posso senti-lo. Não existe olhar sem desejo. Devo dirigir-lhe a palavra? Perguntar-lhe onde se dirige? Poderia responder-me, no caso de que me atrevesse a fazer isso, sem interromper a sua corrida? Não são os seus olhos o bastante eloquentes? Não me revelam tudo o que posso chegar a querer saber dela? Fecho os meus por um instante. Volto a abri-los. Foi apenas um piscar de olhos, uma fração de segundo, nada. Tudo segue igual. A mulher corre. A sua figura tensa entre um passo e outro foi surpresa pelo meu olhar. Nenhum dos seus pés toca o solo. Contudo, o arfar da sua respiração, amplificado pelo silêncio do canto do parque onde nos encontramos, sobrepõe-se sonoramente ao último golpe que deu o seu pé sobre a terra pedregosa que cobre a calçada. Quem viu quem? Seria mais educado se baixasse a vista e retomasse a leitura onde a deixei? Já nos conhecemos? Acho que me lembraria disso, se fosse o caso. O seu corpo, delgado, vibrante, elástico, parece congelado entre quadros, como as imagens que obliteravam e ao mesmo tempo davam a ver os primeiros experimentos do cinematógrafo – cavalos correndo, atletas caminhando. Faço mal comparando-a com um cavalo? O que aconteceria se as imagens, todas as imagens, nos devolvessem o olhar? Quanto tempo seriamos capazes de suster-lhes a vista? Posso especular se ela me vê tal como eu a vejo, interrogando a superfície refletir que sou para ela, até compreender, como agora o faço eu, que no visível espreita o vidente – secreto, inquieto, incessante. Vejo-me vendo-a, curvado sobre mim mesmo, num banco do Parque do Retiro, como se a minha vida dependesse disso de alguma forma. Então volto a piscar e a cena muda por completo. Onde havia uns olhos de um cinza azulado, há agora uma massa translúcida de pó em suspensão. Sensações múltiplas e divergentes tomam conta dos meus sentidos: o som dos passos à carreira perdendo-se atrás de mim, o cheiro da terra batida alagando as minhas narinas, a queda repentina da temperatura arrepiando a minha pele, o travo pastoso da minha própria saliva ressecando-se sobre a língua.

* * *

Filhos de Homero era um dos modos em que os gregos se referiam aos rapsodos. Tratava-se de uma confraria que defendia os seus privilégios e preservava o segredo dos ossos do seu ofício, o que implicava regras estritas de pertença. As mulheres, por exemplo, estavam excluídas. Graves, que escreve o seu romance numa época em que os movimentos feministas agitavam as sociedades ocidentais, põe em cena uma jovem aristocrata, rebelde às formas instituídas e ao lugar assignado às mulheres na Grécia homérica (que se esgotava na administração da casa, na consagração ao matrimónio e no cuidado das crianças). O seu nome é Nausicaa. Durante um banquete, enquanto os homens escutam de um rapsodo passagens da *Ilíada*, pergunta-se por que, se os homens cantam perante os homens, as mulheres não podem cantar perante as mulheres; afinal, Atenas, padroeira das artes intelectuais, é uma mulher, e as Musas, que inspiram todas as canções, são mulheres – inclusive as pitonisas, que profetizam em versos o que depara o destino aos homens, são mulheres. Em silêncio, Nausicaa roga às Musas que entrem no seu coração e lhe revelem a arte de compor hexâmetros. A sua prece é atendida. Mais tarde, depois de ter dado provas de inteligência e de coragem, a sorte lhe assegurará o favor de um rapsodo, a quem Nausicaa perdoa a vida em troca de que este lhe transmita tudo o que sabe. Não tardará a chegar o dia em que o canto de uma mulher, acompanhado de uma lira bem temperada, seja louvado pelos juízes de Delos – esse canto, sugere Graves, é a *Odisseia*.

5 de Novembro

Regressei ao museu para visitar Dora. Apesar de ter vindo porque sentia necessidade de vê-la, a sua imagem hoje não me diz nada. O que é que esperava, depois de tudo? Em vão fico ao pé da pintura durante longos minutos. Como com as pessoas, os desencontros com o que se dá a ver são mais comuns do que os encontros. Pode ser que existam condições necessárias para o olhar, mas não há condições suficientes. Nem tudo depende de nós. Olhar, e ver alguma coisa, também pressupõe as aventuras do involuntário. Podemos nos predispor a fazer uma experiência, mas isso não significa necessariamente que venha a ter lugar, ou que, tendo lugar, seja feliz, ou que sendo feliz nos depare uma revelação, ou que deparando-nos uma revelação sejamos capazes de compreendê-la, ou que sendo capazes de compreendê-la encontremos a forma de dar testemunho do que vimos.

6 de Novembro

À força de prestar atenção até aos detalhes mais insignificantes, perdi qualquer noção do comum. Vivo num mundo onde cada coisa é singular – assim como dois pores do sol não são jamais iguais um a outro. Não desconfio da linguagem, mesmo sabendo que é incapaz de traduzir com fidelidade a minha experiência. Fantasio, sim, com línguas capazes e dizer o ímpar, o irrepetível, o acidental, como a dos habitantes do hemisfério boreal de Tlön, para os quais o substancial se diluía numa confluência eventual de circunstâncias heterogêneas, que expressavam através da conjunção de adjetivos, preposições e advérbios (isto é, a poesia).

* * *

Será possível que o que escrevi com tanto esforço possa ser lido com ligeireza, quase que com facilidade?

10 de Novembro

Entrego-me – como diz Jordi (na realidade ele diria "como dizia Thoreau") – ao prazeroso trabalho de qualificar os dias. Procuro em todas as partes a aventura (no que roço, no que cheiro, no que vejo e escuto). Os limites do mundo retrocedem à medida que avanço. O mistério se me oferece como uma flor. Hoje, na rua, vi uma mulher que falava do porvir – dizia que está carregado de fantasmas, mas também que é imponderável e ilimitado. A sua cabeça ardia como uma chama de madeira de pinho.

O que vi

11 de Novembro

Por algumas vezes a visão de uma coisa – de uma imagem ou de um rosto, de um fato curioso na rua ou de um detalhe numa pintura – é suficiente para que já não vejamos mais nada e andemos o resto do dia como cegos. Outras vezes o mesmo fenómeno dá lugar ao efeito contrário, e passamos a ver o mundo com maior intensidade, até naquilo que tem de mais previsível, de menos interessante.
Ideia: deixar preparadas algumas imagens para ver cada manhã ao acordar, com o olhar refrescado ou inclusive rejuvenescido pelo sono, da mesma forma em que descobrimos a paisagem quando pernoitamos num hotel durante uma viagem, pela manhã, enquanto tomamos o café.

14 de Novembro

Ontem pela noite, em Paris, teve lugar uma série de atentados em que morreram mais de cento e trinta pessoas. As imagens que registraram os fatos foram chegando cedo às televisões e desde então são repetidas sem descanso. Primeiro, quase em silêncio, provocando provavelmente nos espectadores, como provocaram em mim, um sentimento de fragilidade e exposição. Depois, cada vez mais e mais comentadas, até que as imagens deixaram de ser vistas e deram lugar às platitudes que os políticos costumam dizer nestes casos – que estamos em boas mãos, que confiemos que conduzirão uma guerra justa e necessária. Se, por alguma razão, as imagens dessa guerra chegarem à televisão (isto é por demais improvável), contariam seguramente outra história.

* * *

Nadier e Joana estão em Paris (eles estão bem).

15 de Novembro

– Escrever a S. foi muito mais complicado do que imaginara. Deixar que os dias passassem um atrás do outro não ajudou. O que poderia dizer-lhe depois de todo este tempo?
– Que voltaste a sentir, para começar.
– Isso é certo.

– Que voltando a sentir, o primeiro que sentiste foi a sua falta.
– Também senti isso, não posso negá-lo.
– Que a vida não é difícil, que é dificílima.
– Não é fácil para ninguém, se é isso o que queres dizer.
– Que escreveste, afinal?
– O que escrevi, isso, o guardo para mim.

* * *

Josep de Togores pintou dois, nús, recostados sobre a areia. Rosario de Velasco pintou dois: vestem roupas simples, de trabalho, estão descalços, recostados neste caso sobre a grama, conversam – é, provavelmente, domingo. Picasso pintou dois, ainda que as suas figuras se confundam no beijo. Quintanilla pintou dois, já velhos, em Peguerinos, assassinados enquanto dormiam.

* * *

Basta que nos aproximemos com uma pergunta na cabeça para que o museu se reorganize em torno a esquemas provisórios, como a biblioteca idealizada por Aby Warburg. Hoje entrei procurando a S., imaginando ela ao meu lado, como a árvore junto à árvore da fotografia que se expõe na vitrine da sala 202, sem atribuição alguma.

* * *

Julio González pintou dois, repetidamente, sempre mulheres: duas mulheres implorando, duas mulheres conversando, duas mulheres cuidando-se mutuamente. Ángeles Santos pintou dois irmãos e também duas crianças – são pares perturbadores, que antecipam os pesadelos de Paula Rego. Artur Carmonell pintou dois que poderia ter pintado Miró (os dois que, por sua parte, pintou Miró, com o sexo na cabeça, não me agradam muito). Antonio López pintou dois (*Antonio e Carmen*) e depois mais dois (*Sinforoso e Josefa*). Josefa Tolrá pintou um cavaleiro junto da sua musa, como pintam as crianças, dois absolutos e inalcançáveis, como a própria infância. Gerardo Vielba fotografou dois – um jovem casal de ciganos com a sua filha em braços. Joaquim Gomis fotografou dois: duas cadeiras no cume do mundo, dois sifões sobre a neve, um par de sandálias desgastadas pelo uso. Julio Lópoez Hernández desenhou uma vez dois artesãos, e mais tarde deu-lhes corpo, ele mesmo um artesão – hieráticos, permanecem ainda hoje, um junto do outro, ao pé da sua mesa de trabalho. Também Antonio López modelou dois, à escala real, como ídolos de barro (na realidade estão feitos de madeira de bétula), que me remetem *ao meu dois favorito* – as figuras em terracota de Adão e Eva que Ernesto Canto da Maia colocou frente a frente, numa "intimidade tão imensa que a morte a esconde no seu vazio", e que hoje o Museu Nacional de Arte Contemporânea do Chiado, em Lisboa, alberga.

16 de Novembro

Não se entra de um salto na solidão. Como tudo o que vale a pena, isso requer uma longa aprendizagem. Sem os longos meses de recolhimento que me impus seria incapaz de adentrar-me no seu coração com a confiança com que o faço agora. É tranquilo e perigoso como o olho de um furacão. Cada animal tem o seu meio. O escritor que sou sente-se bem no seu seio. Também gosto mais deste homem em que me transformo. Uma vez aí, contudo, a atração do mundo torna-se humanamente irresistível.

17 de Novembro

Sonho com a visão do mar na praia de Parede, nas imediações de Lisboa, em Portugal. Nesse mesmo lugar medi a distância há seis anos atrás, antes de partir para o Brasil. Então, apesar da decisão já estar tomada, o mar parecia mais revolto. Também então S. me acompanhava. No sonho está ao meu lado. Olha para outro lado. Não sei se entre nós há uma história ou algo que excede a lógica das histórias, algo mais elementar e mais pleno, que desconhece as formas da intriga, como quando os corpos se encontram depois de um dia agitado e se oferecem paz e abrigo mutuamente.

19 de Novembro

Começo a sentir que escrevo estas páginas como se fossem os muros da minha cela. Conto os dias para cumprir com a minha sentença. Ignoro qual foi o meu crime. Só eu posso julgar se a pena já foi suficiente.

Eduardo Pellejero

20 de Novembro

"A verdade não chega por uma revelação fulgurante, como tu acreditavas. A verdade é este pouco a pouco, isto que se extingue devagar."

21 de Novembro

Quanto mais conheço a ilha, mais longe se abrem as suas costas para ao desconhecido.

24 de Novembro

Carta de Nacho. Conta que sonhou que entrava num sebo de Jalapa com o seu mestre, Antonio Zirion, e este comprava dois dos meus livros, em exemplares já desgastados pelo uso.

Trata-se de um fato por demais improvável, porque o que poderia encontrar Antonio Zirion nos meus livros que já não conhecesse? Ademais, quem poderia ter-lhes dedicado tanto tempo para que se desgastassem com o uso?

No sonho, em todo o caso, Zirion entesourava os livros como se tratasse de relíquias que merecessem todo o cuidado possível. A capa falsa do mais grosso dos volumes, notara, comportava uma dedicatória muito bela.

No dia seguinte, escreve Nacho, ainda tinha a sensação de que, se ligava para Zirion, este lhe emprestaria os livros, que já não se conseguem.

* * *

Como seria a dedicatória que Nacho entreviu e embelezou no seu sonho?

* * *

Para Nacho, que numa cantina de Morelia me recordou que o homem é uma paixão inútil, mas ao mesmo tempo não há empresa mais nobre que aquela que se abraça tendo consciência de que está condenada ao fracasso por definição.

O que vi

* * *

"Não somos especialmente amantes da vitória."

* * *

– O herói trágico vence na sua queda.
– É uma magra vitória.

25 de Novembro

Regresso à Quinta dos Moinhos (estarei a despedir-me das coisas?). Acabou por converter-se no meu lugar favorito de Madrid. Há algo, aqui, que faz ressoar na minha memória os longos passeios que costumava dar pelos parques de Necochea, há vinte anos atrás, quando ainda vivia na Argentina. Quiçá por isso, de maneira natural, surpreendi-me nos seus bancos lendo alguns livros que então foram muito importantes para mim. Tendo a acreditar que também isso está relacionado com a minha procura da sensibilidade perdida – volta.

26 de Novembro

Vejo *In a lonely place*, de Nicholas Ray, na qual Humphrey Bogart interpreta um escritor que, incapaz de dominar o gume da sua inteligência, acaba por projetar uma sombra de maldição sobre a sua própria vida. O filme é de uma economia de meios incomparável. Exerceu uma escura fascinação sobre mim. Também eu serei capaz de arruinar a minha vida dessa forma? Não seremos todos?

29 de Novembro

Aristóteles dizia que certas coisas que nos desagradam na realidade podem chegar a agradar-nos, e inclusive a produzir-nos um inesperado prazer, quando as vemos representadas em imagens realizadas com habilidade e perícia. A razão que aludia é que podemos sempre aprender algo das imagens, e o saber produz prazer em todos os homens (não apenas nos filósofos), ainda que o objeto do saber possa repugnar-nos.

Não meditei muito nos argumentos de Aristóteles, mas há um pequeno desenho em pastel, realizado por André Masson em 1935, que me atrai de maneira instintiva, apesar de que o seu objeto me desagrade profundamente. Trata-se de *A morte do toureiro*. Detive-me frente a ela sempre, sem falta, cada vez que entrei no museu.

À esquerda está o touro, uma mancha azul e negra na que se destaca o olho enlouquecido e o corno homicida, ambos embebidos em sangue. À direita, luzindo os atributos do seu ofício, o toureiro; tem o rosto da cor dos mortos, os olhos em branco e a boca reclamando o ar que já não chegará aos pulmões, caindo sem vida sobre a areia. No meio, como um raio, o cavalo, interpondo o seu corpo entre um e outro – gesto trágico e tardio –, chora com lágrimas que parecem humanas.

Os filósofos sempre manifestaram dificuldades para conceder que os animais são capazes de chorar, mesmo que as pessoas costumem admitir que alguns animais, como a girafa e o alce, o corço e a gazela, acossados ou feridos pelos seus caçadores, costumam ver os seus olhos alagados pelas lágrimas. De todos os modos, que um cavalo possa chorar a morte do seu ginete é algo ao que não podemos senão atribuir um valor simbólico – a data em que Masson realizou a sua obra e as cores da bandeira de Espanha que chegam a entrever-se na parte inferior da imagem apontam nesse sentido.

Não é isso o que me atrai na pintura, mas algo mais imediato, mais simples, algo quase infantil, um prazer primário, que não requer as elaborações do intelecto nem os saltos da razão, e que associo sem reflexão às formas e às cores, ao trabalho da matéria e à delicadeza dos traços, que não me canso de contemplar, sempre com renovado assombro, sem nunca me desiludir, como se redescobrisse em cada ocasião o que significa que existam imagens no mundo, e a alegria que a sua frequentação apaixonada é capaz de provocar em nós.

1º de Dezembro

Comecei a falsear estas notas há algum tempo. Movem-me duas razões. A primeira é que as minhas experiências cotidianas não vão sempre nem a maior parte das vezes ao encontro dos problemas que me coloca a escrita. A segunda é que as ideias que tinha sobre o que viveria aqui são continuamente excedidas pelas experiências mais ordinárias. Tento preencher essas falhas escrevendo. Simplifico, exagero, mas sobretudo me debato para que o que vejo ganhe algum sentido além das figuras que a nossa época administra para não pensar nisso. Talvez seja hora de deixar tudo.

* * *

Foucault dizia que, por muito bem que se diga o que se viu, o visto não reside jamais no que é dito; e por muito bem que se pretenda fazer ver, por meio de metáforas e comparações, o lugar no qual as palavras resplandecem não é aquele no qual se desdobra o olhar, mas o que definem as sucessões da sintaxe. Entre uma e outra coisa, porém, talvez seja possível expandir os limites da experiência possível, além da ordem do discurso e da evidência do sensível (o conceito de ficção que o próprio Foucault elabora a partir da obra de Jules Verne parece apontar nesse sentido).

3 de Dezembro

Alergia. Impossível fazer qualquer coisa. A hipersensibilidade à luz impede-me inclusive de ler. Passo o dia inteiro deitado na cama, escutando o rádio.

4 de Dezembro

Outro dia perdido.

5 de Dezembro

Sensação de futilidade. Há dias assim, nos que sinto vontade de enterrar a minha harmônica num vaso, como Frobenius, a personagem de *O banquete de Severo Arcângelo*. Apenas uma jornada sem escrever uma página ou fazer uma observação significativa é suficiente para que sinta que não faço outra coisa que perder o tempo. As minhas pálpebras sobem e descem como os cortinados de um teatro abandonado (a imagem é de Vinícius, que me escreveu uma longa carta esta semana) e não há espetáculo capaz de arrancar-me da escuridão na que me encontro.

* * *

Acaso mudou em algo a minha maneira de ver as coisas? O que vi, também tu podes ver, não tem nada de extraordinário. O que vemos os homens, em geral, é previsível e repete-se sem variações.

Quiçá o olho humano não seja capaz de refletir e conter mais do que uma pequena parte da realidade. Tantas perspectivas que nos estão negadas! A do veado na floresta e a da águia das alturas, como sonhou Franz Marc, e a do cachorro que vigia aos nosso pés e a do cavalo na corrida.

Os milhares de olhos de uma mosca – como se refrata o universo nos milhares de olhos de uma mosca? E no enorme olho da baleia?

As estrelas também têm uma perspectiva sobre nós – nos vêm mais grandes do que nós as vemos as elas, mas raramente elas levantam a vista para admirar-nos.

8 de Dezembro

Gosto da minha família de uma forma instintiva. Gosto de umas quantas pessoas sem obrigações nem compromissos – é a amizade. Gosto de S. como se fosse uma parte de mim (não o é). O que é que faço então longe de todos? Não sei. Sinceramente, o ignoro. Mas sou incapaz de dar um passo para desfazer essas distâncias. *É como se não me decidisse a viver.*

9 de Dezembro

Sinto-me preso entre as imagens que a sociedade tem de mim, que a minha família tem de mim, que eu mesmo tenho de mim. Se me desprendesse dessas imagens, restaria acaso alguma coisa do que sou? Pergunto-me isto como se fosse capaz de desfazer-me dos hábitos que suscitaram essas imagens e atingir um ponto, cuja possibilidade ignoro, no qual a experiência fosse ilimitada, aberta, impessoal.

10 de Dezembro

É realmente necessário renunciar à vontade de ser tudo e todos, não sendo, no fundo, nada? Não é possível viver aí, onde se sobrepõem, e talvez se anulem, sobre a superfície do papel, a ilimitação do desejo e a totalidade do possível? Há algo mau em querer envelhecer sem ter que deixar atrás esta adolescência sem idade, há algo errado em não levar a vida como qualquer outra pessoa – apenas uma vida?

Pensar que, a partir daqui, ou de qualquer outro ponto, de um ponto qualquer, as coisas possam vir a suceder-se, sem variações significativas, sempre iguais a si mesmas, durante o resto da minha vida, suscita em mim vontade de gritar.

Seja como for, sinto que é hora de regressar a casa. Só não sei se isso é possível.

11 de Dezembro

Inquieto pelo futuro.

14 de Dezembro

Passo a tarde no museu, andando sem objeto pelas minhas salas favoritas. Não necessito deter-me muito perante as imagens para que manifestem os seus segredos. Apesar de mal as conhecer, tornaram-se para mim velhas conhecidas. Dirijo-lhes, quem sabe, um olhar de despedida, que não faz sentido, porque me acompanharão onde quer que eu vá (gravaram-se profundamente em mim). Se escrevo sobre elas, deixar-me-ão em paz? Na realidade, o que quero dizer é: se escrevo sobre elas, continuarão deparando-me a paz que vim buscar nelas? Trata-se de uma paz que é solidária da inquietação.

15 de Dezembro

De vez em quando interrompo a leitura e levanto a cabeça para contemplar a biblioteca. Mesmo não sendo tarde, a sala já se encontra praticamente vazia, o que em mim, que estou habituado ao estudioso rumor dos livros abertos, produz uma inesperada melancolia. Dir-se-ia que perdeu a sua capacidade para oferecer-me as respostas que vim procurar e que quiçá encontrei (surgiram outras perguntas, claro). Também as imagens mudaram de alguma forma; já não me falam diretamente e sinto que desviam a vista quando as busco; outros olhares avivarão a sua paixão e a eles se entregarão sem reservas – está bem que assim seja. As que me foram mais próximas, em todo o caso, vão comigo, sob a luz sem matizes do meio-dia, arderão intensamente na minha ilha deserta.

    É hora de partir. Fecho o livro que tenho à minha frente e passo a mão sobre a tela que forra a capa. *A irresistível e magnífica presença do sensível*, como dizia Mikel Dufrenne. Quanto a mim, continuo a encontrar o prazer nos lugares que não devia. A angústia que me trouxe aqui continua a morder-me os pés com fome de desesperado, mas começo a aprender a conviver com ela. Pergunto-me se tive alguma chance de curar-me alguma vez. As visões que me depararam as galerias do museu, as lâminas dos catálogos e das enciclopédias, e também as lamentáveis páginas dos jornais, as ruas repletas e o meu quarto habitação vazio, o sonho e a literatura, e, na escuridão das salas de cinema, a cintilante luz dos projetores, começam a confundir-se na minha memória, mais rápido quiçá do que demoro em alinhar estas palavras sobre o papel, dizendo, desdizendo e contradizendo a experiência que lhes deu lugar, tentando dar conta do que vi e do que não vi, do que não fui capaz de ver, em voltas inquietas como o olho, que jamais está imóvel, contando histórias que não acabam (a minha apenas começa), ainda que esta termine aqui.

17 de Dezembro

    O sensível não deixa de vir ao nosso encontro e, ao mesmo tempo, como uma miragem no deserto, retrocede cada vez que tentamos aproximar-nos às suas fontes secretas. Por mais que nos aproximemos, por mais que avancemos na sua direção, não iremos nunca além dos limites da nossa pele. Na persistência, no entanto, talvez sejamos capazes de forjar um espírito.

    Estava errado ao pensar que poderia fazer um parêntese na minha vida para recuperar o exercício da sensibilidade e regressar a casa restabelecido, completo, em equilíbrio. Cem anos não seriam suficientes, como calculava Schiller – nem sequer cem anos! Não que sejam poucos; são, de fato, demasiados. Simplesmente, isso não tem fim. *Somos eternos reincidente*, e não existe outro caminho para a reabilitação que a contínua alteração da nossa substância, isto é, a exposição, sem reservas, à doação do mundo (dirige-se a nós das entranhas). Não há outro ser que o devir, ao menos para os animais que somos, para os pobres animais que somos – *o mero permanecer já é recaída*.

O que vi

De resto, quiçá lhe esteja reservada uma modesta imortalidade a aqueles capazes de fazer com que o mundo continue a viver nas suas perguntas. Além das decisões que possamos tomar a partir do que somos e em vista do que queremos ser, suponho que a realidade se nos oferece a todos como uma tarefa que não tem fim. Continuarei interrogando-a a golpes de olho, palpando-a sem falsos pretextos, urgindo-a a revelar-se, com as pontas dos dedos, entre o paladar e a língua. Há questões que só ganham forma quando intuímos o áspero odor do ozono que anuncia as tempestades elétricas. Sou todo ouvidos.

18 de Dezembro

Há, espalhados, sobre a mesa, pouco menos que media dúzia de cadernos, de diferentes tamanhos e cores, vermelho grande, castanho grande, amarelo pequeno, negro mediano, e um número igual de caderninhos, identificados por etiquetas que, coladas sobre as capas, registam um intervalo temporal variável com duas datas, a da primeira entrada e a da última, menos uma, na qual apenas se lê uma data: 4/11/2015. Sobre a última, aberta de par em par na página 110, repousa uma caneta azul, destapada, sobre uma inscrição que completa uma frase que vem da página anterior – diz: "e quem nunca tenha visto uma pintura como esta é como se nunca tivesse comido um pêssego". Outras duas canetas, uma azul, idêntica à primeira, e outra vermelha, de traço grosso, ambas tapadas, e três ou quatro lápis negros, todos da mesma marca, porém gastos em diferente medida, o que faz com que alguns tenham o dobro do tamanho que outros, encontram-se alinhados a um lado, num ângulo de quarenta e cinco graus em relação à parte superior do caderninho. A um lado, sobre uma pequena pilha de livros, em cujas lombadas podem ler-se três títulos – *Os trabalhos e as noites*, *A lanterna mágica* e *Cartas sobre a educação estética do homem* –, está montado um atril dobrável, de arame de quatro milímetros, sobre o qual por sua vez há outro livro – *Os passos em volta* –, aberto na página 27, onde que foi sublinhada, com tinta vermelha, provavelmente com a mesma caneta vermelha que se encontra sobre a mesa, a frase: "Todos os lugares são no estrangeiro". Atrás do atril há duas xícaras de cerâmica – a primeira com um fundo de café, já ressequido; a segunda ainda cheia de uma infusão de ervas, fria – e um prato coberto de migalhas de pão e de guardanapos usados. Do outro lado, à direita, quase na borda da mesa, há uma passagem aérea, com partida marcada, do aeroporto de Barajas, para o próximo dia 23 de dezembro.

Me atreverei a utilizá-lo? Será esta a última imagem da minha viagem?

19 de Dezembro

A experiência não conhece ponto final. A ilusão de uma obra acabada é apenas um subterfúgio que nos permite evadir-nos esporadicamente daquilo que, sem descanso, afeta a nossa sensibilidade e reclama o compromisso da nossa imaginação e da nossa inteligência, concedendo-nos a evanescente satisfação de uma tarefa cumprida.

A mesma coisa acontece com a literatura. Os livros nunca terminam de escrever-se, e muito menos terminam de ler-se, ao mesmo tempo cuidados e violentados pela recepção dos seus leitores, que lhes prometem uma continuidade literária ou extraliterária cujo signo excede sempre as intenções dos seus autores. Na literatura tampouco há ponto final.

* * *

Augusto costuma contar à filha os contos mais extraordinários na hora de dormir. É o problema dos poetas, que exigem tudo de nós, inclusive quando o cansaço nos pede para fechar os olhos. Uma vez contou-lhe a história de um país que queria colocar um ponto final na sua história. Outra, a de um poema que consistia apenas num ponto negro em meio de uma folha em branco. Dessa forma, não é de estranhar que a filha de Augusto demore cada dia mais em dormir e que, em segredo, tenha um diário, que oculta provavelmente do pai, quem me confessou o seu estupor ante as coisas que escreve a pirralha.

Uma dessas histórias, que me deu uma profunda impressão, fala de um homem que, tentando dar por encerrada a sua vida, recolhe-se para procurar compreender como chegou a esse ponto. Durante meses anota num caderno cada sensação e cada pensamento, cada observação e cada sonho, até que já não tem nada para dizer e sente que pode pôr um ponto final à sua história. Então Augusto, que é uma das personagens mais habituais nas histórias da filha de Augusto, pede ao homem que aproxime o caderno dos seus olhos e olhe através desse ponto – porque, afinal, o ponto era um buraco! O que vê, não há palavras suficientes para descrever.

* * *

Onde nasce então a ilusão de uma palavra depois da qual já não seria dizer mais nada? Ao chegar a Madrid acreditava, sinceramente, sem impostura, que se era capaz de escrever o livro que idealizara já não teria mais nada para provar a mim mesmo e poderia desentender-me do mundo e da literatura e deixar que os dias sucedessem aos dias. Não é tudo o que tenho para dizer sobre a matéria.

20 de Dezembro

Nunca fui bom para me despedir das pessoas. Temo quiçá que as emoções que costumam aflorar nessas circunstâncias se sobreponham às formas habituais de dar-me – regidas por uma circunspecta porém apaixonada exploração das distâncias que me separam e me aproximam dos outros. Ante o dilema que isso me coloca, optei sempre na minha vida por desaparecer sem dar explicações. Suponho que é das piores coisas que se pode esperar de alguém, mas a verdade é que não me sinto capaz de mais nada. A isso costuma estar associado um persistente sentimento de culpa, que tento expiar sem cerimônias mas com sincera constrição. Nada lamento mais do que essa incapacidade nestes momentos, porque na realidade há muitas pessoas às que estou agradecido.

* * *

Obrigado, Gadea. Obrigado, Jordi. Obrigado, Alberto, Lucia, Estrella. Obrigado, parques e jardins. Obrigado, Rodrigo. Obrigado, ruas sem degraus, onde os olhares se encontram. Obrigado, Ana María, Pedro, Antonio, Isabel. Obrigado, Alicia. Obrigado, mãos laboriosas, olhos inquietos, imaginações rebeldes. Obrigado, Menchu, Víctor, Miriam, Gemma, Tim, Adán. Obrigado, luz de Madrid. Obrigado, Lourdes. Obrigado, Alcides. Obrigado, noite, pelas vezes que deixaste que te alisara com palavras. Obrigado, Tânia, Cláudia, Ignacio, Vinícius, Carolina, Augusto. Obrigado, correio, sob todas as tuas formas. Obrigado, Carmen e Jordi. Obrigado, olhos, *pelos privilégios da vista*. Obrigado, Octavio Paz, por essa expressão feliz. Obrigado, Thiare, Alex, Ana, Rosemery. Obrigado ao café e ao vinho. Obrigado, Amable, Mónica, Vito. Obrigado, S., por renegar da distância. Obrigado, Paula. Obrigado, *meus velhos*. E obrigado a ti, que me escutas – inclusive se já me calei há muito tempo.

21 de Dezembro

– Onde foste?
– Lá fora.
– É melhor que aqui dentro?
– É real.
– Isto também é real. Sentes?
– Sim. Agora sim. Volta a fazê-lo.
– ...
– ...
– Estive a ver-te, vendo. As pessoas são indecifráveis quando olham para o outro lado. Havia dias em que parecias morto.
– Mas estava vivo. Vivo de uma forma intensa, de verdade.
– Gostaste do que viste?
– Não sei. Me tocou, me bateu, me comoveu.
– ...
– Muitas vezes também me desvelou...
– ...
– ...mas mais que nada obrigou-me a pensar.
– A pensar em quê?
– Em que há algo ao invés de nada.
– ...
– É um milagre ordinário...
– *Como o latir dos cachorros invisíveis no silêncio da noite.*
– ...mesmo que não signifique nada.
– *Ventos de leves a moderados, borrascas em plena tempestade.*
– Exato. Um milagre cotidiano.
– A beleza do mundo.
– E também a fealdade. O horror, inclusive.
– Como a morte do pombo, a morte da criança síria...
– Como os mortos da guerra civil, cujos ossos esperam ainda, em fossas comuns e sem marcas, ser desenterrados um dia para despejar um pouco de luz sobre o que é e o que foi.

O que vi

– Estás chorando?
– Os olhos fazem isso, por vezes, também.
– ...
– Não prestes atenção em mim.
– ...
– Tenho tantas histórias para te contar!

* * *

    A história do homem que tinha a pele coberta de vidro e a daquele que foge e se perde na solidão, a história do improvável turista que uma vez foi Kafka, a história a meio contar de uma cidade sem mar, a história da leitura, a história do cego que conhece as ruas melhor que ninguém, a história daquele que recomendava que furassem os olhos aos pintores como se faz com os pintassilgos para que cantem melhor, a história de Balzac e da costureirinha chinesa, a história da pintura que anuncia o seu próprio milagre, a história dos que viram o que nenhuma imagem parece capaz de dar a ver, a história dos lugares comuns da crítica, a história do pai que perdeu de vista o seu filho detrás de uma colina, a história da mulher que olhava a morte, a história da escritora que acompanhou uma mosca na sua agonia, a história do fogo que ardeu e continua a arder nas selvas do Vietnam, a história dos corpos que o mar traga, a história da indiferença e a história do compromisso, a história da filosofa que todos os dias ia ao Prado, a história do médico que erra o caminho em meio à tempestade, a história do estranho que não dizia nem ocultava, mas falava por sinais, como o oráculo de Delfos, a história da bengala e do fumo, a história da destruição, a história de Espanha, a história do pintor que já não queria trabalhar, a história entre um abrir e um fechar de olhos, a história do realismo, a história dos pintores que conheceram o exílio, a história do fim da guerra e da traição dos aliados, a história do soldado retirado que adivinhava o futuro nas nuvens, a história interrompida dos que sonharam com outro mundo possível, a história do náufrago que não queria ser julgado pelas suas obras, a história dos que forjam os crimes que testemunham, a história dos que saltavam sem motivo aparente no vazio, a história do que sonhava com uma pintura de Ingres, a história de Cláudia , a história de Tânia, a história de Gemma, a história das lágrimas, que não têm história, e a história do homem que era capaz de ver uma mulher chorar como se olha para uma estrela, a história das paixões que não mudam, a história de Dora, a história da irmã de Shakespeare, a história dos monstros, a história do bêbado que queria comprometer-se, a história daquele que não conseguira lembrar do rosto da sua companheira, a história do atelier que partilharam Picasso e Balzac, a história do cartão postal que permanece em branco sobre uma estante, a história das histórias que fazem adoecer, a história do bebe que se afogava mas vivia, a história das visões que provoca a febre, a história da vez em que Gris quis imitar Artaud e fracassou de forma inapelável, a história daqueles que são capazes de se perder na pintura, a história daquele que continuou a pintar durante a guerra, a história daquele que imaginava a sua própria morte, a história do cartão postal que finalmente é remetido, porém sem palavra alguma, a história dos parques de Madrid, a história da beleza, a história dos barulhentos vizinhos de Kant, que malograram a sua experiência da música, a história da visão de Lilie Briscoe, a história do que tem lugar quando não há ninguém olhando, a história de uma sede que não quer ser saciada, a história do guarda de sala que aprendeu a ver o mundo através dos quadros, a história do comité que esperava um cavalo e viu frustradas as suas expectativas, a história dos que se perderam na noite da história, a história do que, sempre, está começando, a história dos exploradores do abismo, a história do jovem ao que Sartre ajudou a conseguir um quarto para pintar (era um quarto muito pobre), a história do barro e das estrelas, a história do homem cuja cabeça era um campo de batalha para as ideias de outros homens, a história de uma obsessão, a história dos que foram embora, a história da menina que se levava a si própria pela mão, a história daquele que lia os jornais à procura de boas notícias, a história da corrupção, a história do pássaro que deixou o seu rastro sobre a terra, a história do rapaz que regressava a casa deixando um rastro efêmero atrás, a história de um rosto sobre a areia que a próxima maré apagará para sempre (essa é a nossa história), a história que conta, às costas da consciência, a carne, a história daquele que olhava sempre para o mesmo lugar, a história daquele que não conseguia dormir, a história do vento, a história da chuva, a história da areia, a história dos que não queriam deixar marca e a história dos homens sem fama, a história da tribo que errava pela selva do Paraguai, a história do céu e do inferno, a história do escritor que tinha uma ratazana no cérebro, a história daquele que queria alcançar as estrelas e apenas era capaz de roçar os ramos mais baixos das árvores, mas de todos os modos era feliz, a história do que perdemos e almejamos, a história de Paula, que

O que vi

levou quinze anos para encontrar a forma de contar a sua história (a forma custa caro), a história que contam as cartas escritas e recebidas, a história de Greco em Piedralaves, a história de Piedralaves, a história do caminhão da General Motors, a história do reencontro de um irmão com a sua irmã, a história de Amable, a história de Carlos, a história de Mónica, a história de Vito, a história do homem que assinalava as coisas com o dedo, a história da representação de uma paixão de Cristo que acabou em escândalo, a história da artista que teve um filho e depois outros, a história da viagem de metrô entre Sol e Lavapiés, que foi incrível e acabou com fogo e tudo, a história das sereias varadas num balneário de província, a história das histórias que deram lugar a uma lenda, a história do instante primeiro e dos momentos decisivos, a história da que pretendia construir uma casa com um só tijolo, a história das fogueiras, a história da resistência das coisas, a história do regresso a casa, a história da mulher que se parecia com Luciana Rocchietti, a história das sensações recuperadas, a história do que nos promete a arte, a história do que à medida que avança na exploração da sua intimidade perdia as suas competências sociais, a história do homem que gostava das árvores e das histórias, incluídas as histórias sobre árvores, a história dos sonhos que sonhou Buñuel, a história do que é melhor saber quando nos internamos num museu, a história do incêndio do Museu do Prado que não teve lugar porque a Breton lhe pareceu excessivo, a história do olhar e do desejo, a história do tempo e da paciência, a história da coragem que exige ver o mundo tal como é, a história de um herói sem glória, a história da aprendizagem a que nos desafia o visível, a história daquele que queria ver o que passava e teria feito melhor ficando quieto, a história de Nadier, a história das meninas que escrevem um diário, a história do mais rápido, a história possível, a história das letras que se convertem em figuras sem sentido, a história do tempo que passa, que é a história dos nossos limites, a história do relógio parado, a história da mulher que escreveu a *Odisseia*, a verdadeira história da verdade, que não chega como uma revelação fulgurante, a história cotidiana de qualificar os dias, a história daquele que se perguntava como se vê o mundo através dos milhões de olhos das moscas, a história da vida em comunidade que me contaram Carmen e Miriam, que no final era o argumento de um filme, a história daquele que não se decidia começar a viver, a história do que não acaba, do que não pode senão ser recomeçado sempre, a história que se repete, a história daquele que flutua na água como um afogado, a minha própria história, a que vem a seguir.

22 de Dezembro

"Já podem chegar os meses e os anos."

23 de Dezembro

Sonho que acendo um fogo no interior da geladeira. Tudo o que tenho está entre carvões. Para alimentar o fogo arranco as folhas dos cadernos que estive escrevendo durante os últimos meses e as coloco, amarrotadas em pequenas bolas, nos lugares onde as chamas demoram mais em prender. As brancas paredes da geladeira começam a tisnar-se, mas o fogo não levanta temperatura. Consciente do meu fracasso tento às presas resgatar as minhas coisas do fogo.

25 de Dezembro

Sonho com um mundo no qual tudo é visível. Inclusive as coisas mais secretas oferecem-se sem mistério aos olhos daqueles que sabem olhar. Careço de palavras para descrever o que observo. Onde quer que dirija a vista surgem coisas que jamais imaginara possíveis. Há demasiado para assimilar, mesmo para alguém como eu, que consagrou tanto tempo a ver. Os volumes desfazem-se em planos, os planos em linhas. A cor é a derradeira substância da realidade, a matéria prima. Tenho que fechar os olhos regularmente para não perder a cordura. A luz invade-me. Nela dissolvo-me.
Acordo num mundo onde tudo é visível.

27 de Dezembro

Sonho que castigam de forma brutal um cavalo. Não consigo suportá-lo. Penso: Nietzsche ficou louco por algo assim. Interpus-me – isto sem pensar – entre o cavalo e o carroceiro, que alça o chicote de forma ameaçadora. Os trabalhadores vêm que estão sendo explorados e tomam as fábricas. As mulheres vêm que não são tomadas em conta e fazem-se ouvir. Os jovens vêm que os seus sonhos são traídos e comprometem-se com a realidade. Celas, muros, cargas policiais tentam velar esses olhares. Olhos injetados de sangue. O braço do carroceiro descarrega o chicote com toda a sua força. Instintivamente cubro a minha cabeça e fecho os olhos.

Acordo.

28 de Dezembro

Falo com Jordi. Conto-lhe que estou pensando em regressar ao Brasil. Diz-me que não entende. Estou fazendo o que vim fazer. Vi coisas como em nenhum outro lugar. Escreverei, quem sabe, um livro.

Digo-lhe que já não aguento a solidão.

Diz-me:

– Mas tu não estás *realmente* só.

Falo com Rodrigo. Conto-lhe que estou considerando empreender o regresso a casa. Parece-lhe bem. Dá no mesmo estar num lugar como noutro. Neste mundo, a beleza é comum. Pergunta-me:

– S. vai contigo?

O que quer dizer? Que S. esteve comigo todo este tempo?

Acordo.

31 de Dezembro

Estou na praia, junto de S. Regressei ao Brasil há alguns dias. Posso sentir a sensação da areia sob os pés e o ar abrasador do meio-dia queimando-me a pele. Os reflexos do sol sobre a superfície da água deslumbram-me por momentos, ameaçando desfazer a paisagem numa miríade de partículas de luz se tiro a vista dela.

Sob o reparo do guarda-sol, S. lê um livro – *Estas ruínas que vês*, de Jorge Ibargüengoitia –, do qual me comenta de vez em quando as passagens mais divertidas. Apesar de não estarmos sozinhos, não reparo em mais ninguém ao redor. Tirei a camisa e preparo-me para entrar no mar.

Avanço em câmara lenta, observando com assombrado estupor as coisas que veem ao meu encontro: um pequeno caranguejo branco procurando instintivamente a sua toca, as ruínas de um castelo de areia levantado sobre a margem, as rochas cobertas de lapas que aguardam a próxima maré. Quando a água me chega à cintura, mergulho sob a primeira onda. Então é como se tudo apagara: as perguntas, os desejos, as frustrações, a inquietação e a angústia, as dúvidas e os remorsos. Só resta o surdo embalo do mar nos meus ouvidos, milhões e milhões de gotas, batendo aleatoriamente entre si – isso não questiona nem responde, isso canta.

Assim, remexido e arrastado pela corrente, com os braços abertos em cruz e a cabeça afundada na água, poderia permanecer, sem arrependimento, para sempre. Sob a sombra do chapéu, S., levantando a vista por cima do seu livro, vigia-me discretamente. O mar está encrespado e as ondas elevam e deixam cair o meu corpo em movimentos amplos e vertiginosos.

O céu não está totalmente limpo. No horizonte, como é usual nesta época do ano, adivinha-se uma tempestade. S. calcula que não estaremos de regresso em casa antes da hora do almoço, devemos fazer uma parada na estrada e procurar um lugar onde comer. Abriu um caderno de capa vermelha sobre as suas pernas. Passa as páginas até encontrar o lugar onde o deixara na noite anterior.

O corpo de E. flutua agora a cinquenta metros da costa. Uma onda de considerável dimensão aproxima-se do lugar onde se encontra. S. toma a caneta e escreve algumas linhas. Compreende que já não há muito para dizer. As coisas deram uma volta completa. Em parte, tudo continua igual; em parte, tudo mudou.

Escreve essa frase com uma sensação de estranheza, como se alguém a ditasse ao seu ouvido. A onda está agora a ponto de romper. Cairá diretamente sobre E., que permanece inerte, como um afogado. O resto das pessoas se refugiaram debaixo das sombrinhas, porque começou a chover intensamente.

A onda se encrespa ao perder profundidade e rompe fazendo um estrondo ensurdecedor. Por um momento S. perde de vista E. Fechou o caderno e procura agora o seu corpo entre a espuma. Alguém, ao seu lado, estica o braço e, assinalando um ponto distante, grita:

– Ali! Ali!

S. olha nessa direção. A corrente arrastou o corpo para o sul, fazendo-o ondular perigosamente perto das rochas que cortam a linha da costa.

Durante um instante ainda permanece imóvel, abandonado, sem reação, mas em seguida se incorpora, com a água um pouco acima da cintura, dá a volta e, procurando S. com a vista, levanta os braços no ar, eufórico, como se tivesse realizado uma proeza.

"Bem", pensa S., "podemos ir".

O que vi

PRINCIPAIS OBRAS CITADAS

Manuel Millares. Cuadro 173 (1962)
Louis Lumière. Salida de la fábrica III (1896)
Goya. Los desastres de la guerra (1810-1814)
Goya. Yo lo vi (1810-1814)
Alfonso Sánchez García. Niños del barrio de Tetuán (1925)
Harun Farocki. Fuego inextinguible (1969)
Gutierrez Solana. La visita del obispo (1926)
Ortíz Echagüe. Lagarteranas en misa (1920-1923)
Pablo Picasso. Guernica (1937)
André Kertész. Cristal roto (1929)
André Kertész. Port des Arts (1929-1932)
André Kertész. La sombra de la torre Eifel (1929)
André Kertész. Distorsiones (1933-1937)
Marenčič. Partisanos alrededor de una hoguera (1944/5)
André Kertész. Noche de tromba (1944/45)
Jean-Paul Dreyfus. España 1936 (1936)
Luis Quintanilla. Sin título [Yo lo vi…] (1938)
Luis Quintanilla. Ama la paz, odia la guerra (1939)
Luis Quintanilla. Destrucción (1942).
Pablo Picasso. Cabeza de mujer llorando - 21 de Junio de 1937 (1937)
Pablo Picasso. Cabeza de mujer llorando - 27 de Junio de 1937 (1937)
Pablo Picasso. Cabeza de mujer llorando - 22 de Junio (1937)
Pablo Picasso. Sueños y mentiras de Franco (1937)
Dora Maar. Le simulateur (1936)
Dora Maar. Silence (1935-6)
Dora Maar. Portrait d'Ubu (1936)
Dora Maar. Sin título (1934)
Juan Gris. La ventana abierta (1921)
Juan Gris. El violín delante de la ventana abierta (1926)
Juan Gris. Le canigou (1921)
Juan Gris. La vista sobre la bahía (1921)
Juan Gris. Las uvas (1927)
Juan Gris. El libro abierto (1925)
Juan Gris. Manzanas y limones (1926)

Alexander Calder. Carmen (1974)
Alexander Calder. Constelación (1944)
Juan Hidalgo. Lanas (1972-1009)
Joan Miró. Pájaro lunar (1966)
Robert Motherwell. Figura totémica (1958)
On Kawara. One Million Years (1969)
Pablo Picasso, Fermín Aguayo, Pablo Palazuelo y otros. Nuevos prehistóricos (1949)
Robert Motherwell. Elogio de la república española III (1965)
José Guerrero. Balbastro (1965)
José Guerrero. Alpujarra (1963)
Wols. Composición (1948)
Wols. Cassis (1949-1)
Wols. Adoquines (1932-42)
Wols. Poupon sur les povés (1938-9)
Wols. La gran barrera ardiente (1944/5)
Robert Motherwell. Black on White (1961)
Robert Motherwell. Africa nº2 (1964/5)
Robert Motherwell. Drunk with turpentine (1979)
Yves Klein. Antropometría sin título - Ant 56 (1960)
Yves Klein. Cosmografía - Viento Paris-Nice, COS 10 (1960)
Yves Klein. Cosmografía - Viento de viaje, COS 25 (1961)
Yves Klein. Cosmogonía de la lluvia, COS 30 (1961)
Yves Klein. Cosmogonía de la tormenta, COS 34 (1960)
Monserrat Santamaría. Greco en Piedralaves (1963)
Alberto Greco. Gran manifiesto-rollo arte vivo-dito (1963)
Alberto Greco. ¿Con qué guita pago el whisky? (1962)
Alberto Greco. Querida amiga Eugenia (1962)
Alberto Greco. Mamá. (1962)
Luis Buñuel. Un perro andaluz (1929)
Luis Buñuel. Los olvidados (1950)
Lee Miller. Buchenwald (1945)
Luis Buñuel. La edad del oro (1930)
Luis Buñuel. Las Hurdes - Tierra sin pan (1932)
Daniel Vázquez Díaz. Alegría en el campo (1920)
Mathias Goeritz. El circo (1949)
Man Ray. Criadero de polvo (1920)
Eduardo Chillida. El espíritu de los pájaros (1952)

O que vi

Robert Delauney. El gitano (1913)
Roberto Matta. Morfología psicológica (1939)
Remedios Varo. El hambre (1938)
Antonio Rodríguez. Dibujos de la guerra civil española (1938)
Maruja Mallo. Antro de fósiles (1930)
Joaquín Torres García. Constructivismo universal (1930)
André Masson. Toledo con crisálidas (1935)
Alberto. El pueblo español tiene un camino que conduce a una estrella (1937)
Paul Klee. El héroe alado (1905)
Equipo 57. Sin título (1959).
Esteban Vicente. Nº3 (1959)
Jean Dubuffet. Savonarole (1954)
Josep de Togores. Pareja en la playa (1922)
Rosario de Velasco. Adán y Eva (1932)
Pablo Picasso. Figuras al borde del mar I (1932)
Julio González. Dos mujeres sentadas implorando (1928)
Ángeles Santos. Dos hermanos (1930)
Ángeles Santos. Niños y plantas (1930)
Artur Carmonell. Dos figuras (1931)
Joan Miró. Pintura (1950)
Antonio López. Antonio y Carmen (1956)
Antonio López. Sinforoso y Josefa (1955)
Josefa Tolrá. Caballero y su musa amada (1952)
Gerardo Vielba. Los padres (1962)
Julio López. Pareja de artesanos (1965)
Antonio López. Hombre y mujer (1968-1994)
Ernesto Canto de Maya. Adão e Eva (1929-1939)
André Masson. La muerte del torero (1935)

www.ingramcontent.com/pod-product-compliance
Lightning Source LLC
Chambersburg PA
CBHW031609210526
45464CB00004B/1489